AF345303

Selected Letters Of Cicero

Clarendon Press Series

SELECTED LETTERS

OF

CICERO

PRICHARD AND BERNARD

London

MACMILLAN AND CO.

PUBLISHERS TO THE UNIVERSITY OF

Oxford

Clarendon Press Series

SELECTED LETTERS

OF

CICERO

WITH NOTES FOR THE USE OF SCHOOLS

BY THE LATE

CONSTANTINE E. PRICHARD, M.A.

Formerly Fellow of Balliol College

AND

EDWARD R. BERNARD, M.A.

Fellow of Magdalen College

Oxford

AT THE CLARENDON PRESS

M DCCC LXXII

PREFACE.

THE text adopted in this selection is that of Baiter and Kayser. In their edition of Cicero's works the letters of Cicero to his friends, and to his brother Quintus, occupy the ninth volume (Leipsic, 1866); and those to Atticus and Brutus the tenth volume (1867.) There are some passages in these selected letters which Baiter and Kayser, and all critical editors, are obliged to print in a hopelessly corrupt state. But inasmuch as the present edition is intended for the use of schools, it seemed desirable to adopt in most cases such conjectural emendations as might enable the passage to bear translation.

Besides these graver departures from the text of Baiter, some deviations in spelling have been adopted.

The brackets and italics are from Baiter and Kayser, and denote respectively that the words so treated ought probably to be omitted, or inserted.

The letters of Cicero appear to have been widely known down to the latest times of the Western Empire, but to have wholly fallen out of knowledge before the middle of the twelfth century. Their rediscovery was reserved for a man who merited such fortune, one of the foremost of the revivers of literature. In the year 1345 the poet Petrarch found at

Verona, to his infinite joy and surprise, a manuscript of the eleventh century, containing the letters to Atticus, Brutus, and Quintus. He copied them, and his copy, with marginal readings added by Coluccius Salutatus, is the basis of the existing text of those letters, since the original from which he made it has disappeared. Petrarch's MS. is called 'Codex Mediceus,' and is preserved in the Laurentian Library at Florence. Unfortunately Petrarch's copy was carelessly made, and the text of the Letters to Atticus is in an unsatisfactory state, as may be gathered from the fact that Baiter's critical observations on those letters occupy 116 pages as against 70 pages on the letters 'ad Familiares.'

Until 1855 critics thought they could find trustworthy aid in restoring the text from an edition by Bosius (Limoges, 1580), who professed to have had before him a MS. which he had obtained from a common soldier, and some valuable readings furnished him by a certain Crusellius. The former was spoken of as 'Decurtatum Bosii.' But it has now been clearly proved by Haupt and Mommsen that Bosius invented all the various readings which appear in his edition, and that the 'Decurtatum Bosii,' and the 'Lectiones Crusellianae,' never existed. Bosius, otherwise Simeon Dubois, was a magistrate at Limoges, born 1535, and killed by robbers, 1580—a just retribution for his wickedness, according to the critics.

The assistance to be relied upon for supplementing the Medicean MS. is, in the first place, the edition of Cratander (1528), who seems to have had before him a MS. of value, possibly of a different origin from the Medicean. He has not used it as the basis of his edition, but has placed its various readings in his margin. Secondly, some weight may be attached to the readings preserved by Lambinus from the lost Codex Tornaesianus. Lambinus' edition bears date 1565. So far with regard to the text of the letters to Atticus, Brutus, and Quintus.

We now come to the letters 'ad Familiares,' or 'ad Diversos,' as they were formerly called. Petrarch probably discovered these at Vercelli, some little time after his discovery of the letters to Atticus at Verona. The MS. which he discovered is most happily still in existence in the Medicean library, together with the copy made by Petrarch. There are many other MSS. of these letters in existence; but it has been elaborately proved by Orelli, in his 'Historia Critica Epistolarum Tullianarum,' that all of them, including the Vatican MS., are later than and drawn from the Medicean, which therefore may be taken as the sole and sufficient authority.

As regards conjectures and emendations, Baiter has made judicious but sparing use of those put forward by Ernesti, Wesenberg, Orelli, Klotz; and, in the letters to Atticus, of those of Boot.

With regard to critical editions previous to that of Baiter and Kayser, it seems unnecessary for present purposes to say more than that the edition of Orelli and Baiter (1845) formed a new era, discarding as it did all those MSS. which had claimed to rival the Medicean. The example set by Orelli was followed by Klotz, the editor of the Teubner edition, who brought out the letters to Atticus, 1854, and those 'ad Familiares,' 1858. He exhibits, however, some improvements on Orelli, and is less subservient to the MSS.

But the discovery in 1855 of the fraud of Bosius, made again a fresh starting-point for criticism as far as the letters to Atticus are concerned. Since that date we have the edition of the letters to Atticus by Boot (1865), and a selection of letters by Hofmann (1860 and 1865). Both these editors accompany their text with a Commentary.

Of explanatory editions, that by Schütz, 1809, deserves especial mention, and has contributed much to the notes of this edition. It contains valuable remarks collected from ancient and modern commentators, such as Manutius, Graevius, and Ernesti. It is the first edition which combines all the letters of Cicero in a chronological order.

Owing to unavoidable delay in the publication of these notes, the editor has been able to consult Mr. Watson's 'Select Letters,' and to obtain from that excellent edition the means of increasing and revising the observations of Mr. Prichard upon several of the letters now published. The short Life of Cicero, prefixed to this edition, is in the main an abstract of the clear and exhaustive introductions, prefixed by Mr. Watson to the several parts of his work.

THE letters in this selection are printed in the order of Schütz's chronological arrangement. The lines of each letter have been numbered in the text to facilitate reference to the notes. Reference in the notes to a passage contained in this selection is made thus, Ep. 2. 1, the first figure referring to the number of the letter in this selection, and the second figure to the line in the text. References to letters not in this selection are preceded by abbreviations describing where the letter is to be found, according to the usual arrangement of Cicero's Letters; thus, Att. 1. 1; Fam. 1. 1; Q. F. 1. 1. In these cases the first figure gives the number of the book, the second the number of the letter. Frequent references have been made to Madvig's Latin Grammar (as Madv.), which, with other references, and some of the notes themselves, are addressed rather to the teacher than to the pupil.

LIFE OF CICERO.

M. Tullius Cicero was born at Arpinum, Jan. 3, 106
B.C. His father had a house and an estate there, which the
orator inherited at his death, and in its neighbourhood lay
the estate of Arcanum which we find in the possession
of his brother Quintus (Ep. 29).

Cicero's father seems to have removed him to Rome at
an early age, for the purpose of study. Here the two great
orators L. Crassus and M. Antonius noticed the boy, and the
former seems to have directed and overlooked the teachers
who were instructing him. Cicero gives the best proof of
his gratitude for this timely influence by the interest which
he in turn takes in the sons of his friends, e. g. in young
Lepta (Ep. 53). In his seventeenth year he served a short
campaign in the Social War, but returned to his studies,
which now extended to law, philosophy, logic and rhetoric.
There is no record of his having taken part in the struggles
between Sulla and Marius.

Cicero first came under public notice by his defence of
Sex. Roscius. By this act, and still more by his attacks on
Sulla's arbitrary measures in a subsequent cause, he made
a bold and vigorous beginning of his career, though it was
immediately interrupted by his departure from Rome for the
benefit of his health, and for further rhetorical instruction.
He was absent about two years, and it was during this
absence that he first became acquainted with Athens. About
this time he married Terentia. On his return he was of age

to hold office, and was accordingly elected quaestor B. C. 76, at the age of thirty. The lot decided that he should serve in Sicily under Sex. Peducaeus. Soon after the conclusion of Cicero's term of office Verres began his oppressive administration ; and it is as his accuser that Cicero next appears. Cicero's conduct of that famous trial, B. C. 70, raised him at once to a position of political importance. In the same year he was elected aedile. In 68 B. C. he lost his father, and his cousin Lucius (Ep. 1). In the following year he was elected praetor. After discharging the office of praetor, he renounced his right to a province, and began at once to look to the consulship, though he could not legally hold it till 63 B. C. (Ep. 3). Catiline was, as he expected, his competitor, but not his colleague. Cicero was at the head of the poll, and Antonius had a small majority over Catiline.

Cicero entered on his consulship Jan. 1, 63 B.C. His last three months of office were occupied with the discovery and suppression of the conspiracy of Catiline, ending in the execution of Lentulus and Cethegus, and the defeat and death of Catiline. In 61 B. C. Cicero incurred the enmity of Clodius by his course in promoting the prosecution of the latter for his violation of the mysteries of the Bona Dea, the year before (Ep. 7. 30). Hence in 60 B. C. we find Clodius making, through Herennius (Ep. 7. 49), his first attempt to cross over to the plebs and become qualified for the tribuneship, from which position he intended to attack Cicero. In the same year Cicero's efforts to maintain a good understanding between the senate and 'equites' were thwarted, and the first triumvirate formed by the coalition for political purposes of Caesar, Pompey, and Crassus. The most important result of this coalition was the Lex Vatinia, 59 B.C., giving to Caesar the military command in Gaul for five years, which he made the foundation of his subsequent greatness. Next year, 58 B.C., Clodius, already adopted into a plebeian family and elected tribune, came forward with a series of measures adapted to win popularity and prepare the way for his attack on Cicero. The attack was in the form of a law enacting that any one who had put to death Roman citizens without trial should be denied fire and water. After some hesitation Cicero fled from Rome towards the end of March. He took up his abode at Thessalonica in the house of his friend Cn. Plancius. Before the conclusion of the year various unsuccessful attempts were made to procure his recall, but at the beginning of the next year, 57 B.C., the senate declared itself in his favour, and on Aug. 4 a law was at last passed by the 'comitia centuriata' to sanction his return. Cicero landed at Brundisium and proceeded to Rome, where he was warmly welcomed on Sept. 4 (Ep. 17). The site of his house, which Clodius had destroyed, was restored to him, and the damage he had sustained was made good. But he was destined to find little satisfaction in public affairs. After vain attempts at resistance he was obliged to submit, and witness the state fall under the entire control of the triumvirs, who early in 55 B.C. established themselves in military commands of five years duration, Pompey in Spain, Crassus in Syria, and Caesar, as before, in Gaul. Cicero seems at this time to have lost all regard for his political consistency, and to have undertaken the defence of men whom he despised, such as Vatinius, Caesar's instrument (Ep. 22). In 53 B.C. Cicero was chosen to fill a vacancy in the college of augurs (Ep. 56, note). In 51 B.C. Cicero was obliged, as an exofficial, to undertake a province, and had Cilicia assigned to him, hitherto held by Appius Claudius Pulcher (Ep. 28). He travelled by Brundisium and Actium to Athens (Ep. 30). Thence he sailed to Ephesus, and so reached his province in July. The expected Parthian invasion took another direction, and Cicero found employment for the forces, which he had raised to observe it, in attacking the independent tribes of Mount Amanus, and capturing the strong fort of Pindenissum (Ep. 32). He now began to be anxious to return to Rome, where the important question of recalling Caesar from his command was beginning to be raised. He was also ambitious of obtaining the honour of a triumph for his successes in the province, and was by no means satisfied with the inferior honour of a 'supplicatio.' Cato, who had opposed even the latter distinction, warns him not to expect a triumph (Ep. 34). This caused an estrangement between the two men who were most capable of assisting the state in its perilous position. Cicero's daughter Tullia had been left a widow by the death of C. Calpurnius Piso, and her father was disappointed to find that Terentia had arranged a marriage for her with P. Cornelius Dolabella. On Nov. 24, 50 B. C., Cicero landed at Brundisium on his return from Cilicia (Ep. 38). He had been obliged to leave his favourite freedman Tiro at Patrae owing to his serious illness (Ep. 37). On Jan. 4, 49 B.C., Cicero reached the walls of Rome (Ep. 40. 10), and found that Caesar was already moving upon Rome, and had been joined by his partisans from thence. Pompey's forces retired before him, and were successively embarked at Dyrrhachium. Cicero lingered in Italy, and although he had a friendly interview with Caesar in March, yet he finally joined Pompey in Epirus, where he remained till after the decisive battle of Pharsalus, at which however he was not present. Toward the close of the year (48 B. c.) he returned to Italy. On Caesar's return he was treated by him with great forbearance, in spite of his late offence in joining Pompey; and he was suffered to reside in Rome or wherever he chose. The state of his mind at this time is portrayed in Epp. 46, 47, 48. About this time he divorced his wife Terentia, and in Ep. 51

we find that Atticus had been writing to him on the subject of a second marriage. He chose his ward Publilia, but the choice was unfortunate (Ep. 57), and she also was divorced. The death of Tullia, early in 45 B.C., occasioned the beautiful letter of Sulpicius (Ep. 58), an attempt to console Cicero's excessive grief. Writing to Lucceius (Ep. 60) he says that now he can find no ray of comfort either in his family or in public affairs. The battles of Thapsus in Africa, Apr. 6, 45, and Munda in Spain, Mar. 17, 45, finally crushed all resistance on the part of the optimates; but Caesar's triumph did not last long, and very shortly after the date of the last letter in this selection, he was murdered by Brutus and his associates, Mar. 15, 44 B.C. Cicero immediately joined the conspirators, with great hopes of the restoration of liberty; but he soon saw the danger threatened by the power and disposition of Antony. He paid a short visit to Athens in the course of the summer, but returned in August, and immediately began with the first Philippic his attack on the policy of Antony. Antony's violent reply evoked before long the second Philippic, which made the breach hopeless. In the struggle between Antony and the Senate which followed, Cicero behaved with dignity and courage. But in spite of the victory of Mutina there was no real chance of success for the Senate. Their chief leaders had fallen. Octavius had a powerful army, and the prestige of his adopted father Julius Caesar. He refused to follow up the victory gained over Antony, and his demand for the consulship could not be resisted. He speedily arranged terms with Antony and Lepidus for the formation of the second triumvirate, and one of the stipulations was the death of Cicero. He was beheaded near his Formian villa, on Dec. 7, 43 B.C., aged sixty-four.

A

SELECTION FROM THE LETTERS

OF

M. T. CICERO.

1. (ATT. i. 5.)

Cicero announces the death of his cousin, replies to suggestions of Atticus, and gives account of commissions with which he had charged him.

CICERO ATTICO SAL.

QUANTUM dolorem acceperim et quanto fructu sim privatus et forensi et domestico Lucii fratris nostri morte, in primis pro nostra consuetudine tu existimare potes; nam mihi omnia, quae iucunda ex humanitate alterius et moribus
5 homini accidere possunt, ex illo accidebant: qua re non dubito quin tibi quoque id molestum sit, cum et meo dolore moveare et ipse omni virtute officioque ornatissimum tuique et sua sponte et meo sermone amantem, adfinem amicumque amiseris. Quod ad me scribis de sorore tua, testis erit tibi
10 ipsa, quantae mihi curae fuerit, ut Quinti fratris animus in eam esset is, qui esse deberet; quem cum esse offensiorem arbitrarer, eas litteras ad eum misi, quibus et placarem ut fratrem et monerem ut minorem et obiurgarem ut errantem: itaque ex iis, quae postea saepe ab eo ad me scripta sunt,
15 confido ita esse omnia, ut et oporteat et velimus. De litterarum *inter*missione sine causa abs te accusor; numquam

enim a Pomponia nostra certior sum factus esse cui dare
litteras possem, porro autem neque mihi accidit ut haberem
qui in Epirum proficisceretur, nequedum te Athenis esse
audiebamus. De Acutiliano autem negotio quod mihi man- 20
daras, ut primum a tuo digressu Romam veni, confeceram,
sed accidit ut et contentione nihil opus esset et ut ego, qui
in te satis consilii statuerim esse, mallem Peducaeum tibi
consilium per litteras quam me dare. Etenim cum multos
dies auris meas Acutilio dedissem, cuius sermonis genus tibi 25
notum esse arbitror, non mihi grave duxi scribere ad te de
illius querimoniis, cum eas audire, quod erat subodiosum,
leve putassem; sed abs te ipso, qui me accusas, unas mihi
scito litteras redditas esse, cum et otii ad scribendum plus et
facultatem dandi maiorem habueris. Quod scribis, etiam si 30
cuius animus in te esset offensior, a me recolligi oportere,
teneo, quid dicas, neque id neglexi, sed est miro quodam
modo adfectus. Ego autem, quae dicenda fuerunt de te,
non praeterii; quid autem contendendum esset, ex tua
putabam voluntate me statuere oportere, quam si ad me 35
perscripseris, intelleges me neque diligentiorem esse voluisse,
quam tu esses, neque neglegentiorem fore, quam tu velis.
De Tadiana re, mecum Tadius locutus est te ita scripsisse,
nihil esse iam quod laboraretur, quoniam hereditas usu capta
esset. Id mirabamur te ignorare, de tutela legitima, in qua 40
dicitur esse puella, nihil usu capi posse. Epiroticam emptio-
nem gaudeo tibi placere. Quae tibi mandavi et quae tu
intelleges convenire nostro Tusculano, velim, ut scribis,
cures, quod sine molestia tua facere poteris; nam nos ex
omnibus molestiis et laboribus uno illo in loco conquiesci- 45
mus. Q. fratrem cotidie exspectamus. Terentia magnos
articulorum dolores habet; et te et sororem tuam et matrem
maxime diligit salutemque tibi plurimam ascribit et Tulliola,
deliciae nostrae. Cura ut valeas et nos ames et tibi persuadeas te a me fraterne amari. 50

2. (ATT. i. 3.)

Home news, including the death of Atticus' grandmother, and the
engagement of Cicero's daughter.

CICERO ATTICO SAL.

Aviam tuam scito desiderio tui mortuam esse et simul,
quod verita sit ne Latinae in officio non manerent et in
montem Albanum hostias non adducerent.   Eius rei consolationem ad te L. Saufeium missurum esse arbitror.   Nos
5 hic te ad mensem Ianuarium exspectamus, ex quodam rumore an ex litteris tuis ad alios missis ; nam ad me de eo
nihil scripsisti. Signa, quae nobis curasti, ea sunt ad Caietam
exposita : nos ea non*dum* vidimus ; neque enim exeundi
Roma potestas nobis fuit ; misimus qui pro vectura solveret.
10 Te multum amamus, quod ea abs te diligenter parvoque
curata sunt.   Quod ad me saepe scripsisti de nostro amico
placando, feci et expertus sum omnia, sed mirandum in
modum est animo abalienato; quibus de suspitionibus, etsi
audisse te arbitror, tamen ex me, cum veneris, cognosces.
15 Sallustium praesentem restituere in eius veterem gratiam non
potui. Hoc ad te scripsi, quod is me accusare de te solebat :
in se expertus est illum esse minus exorabilem, meum studium nec tibi *nec sibi* defuisse.   Tulliolam C. Pisoni L. f.
Frugi despondimus.

3. (ATT. i. 2.)

The birth of Cicero's only son.   The prospects of his canvass for the
consulship, and mention of a dishonourable stratagem.

CICERO ATTICO SAL.

L. Iulio Caesare C. Marcio Figulo consulibus filiolo me
auctum scito salva Terentia. Abs te tam diu nihil litterarum ?
Ego de meis ad te rationibus scripsi antea diligenter, hoc
tempore Catilinam, competitorem nostrum, defendere cogi-

tamus; iudices habemus, quos voluimus, summa accusatoris 5
voluntate. Spero, si absolutus erit, coniunctiorem illum nobis
fore in ratione petitionis; sin aliter acciderit, humaniter feremus. Tuo adventu nobis opus est maturo; nam prorsus
summa hominum est opinio tuos familiares, nobiles homines,
adversarios honori nostro fore: ad eorum voluntatem mihi 10
conciliandam maximo te mihi usui fore video. Qua re
Ianuario mense, ut constituisti, cura ut Romae sis.

4. (FAM. 5. 7.)

Congratulations to Pompey on the successes announced in his letters,
and a frank expression of disappointment on Cicero's part that his own
services to Pompey were not more fully acknowledged therein.

**M. TULLIUS M. F. CICERO S. D. CN. POMPEIO CN. F. MAGNO
IMPERATORI.**

S. T. E. Q. V. B. E. Ex litteris tuis, quas publice misisti,
cepi una cum omnibus incredibilem voluptatem; tantam
enim spem otii ostendisti, quantam ego semper omnibus te
uno fretus pollicebar; sed hoc scito, tuos veteres hostes,
novos amicos, vehementer litteris perculsos atque ex magna 5
spe deturbatos iacere. Ad me autem litteras, quas misisti,
quamquam exiguam significationem tuae erga me voluntatis
habebant, tamen mihi scito iucundas fuisse; nulla enim re
tam laetari soleo quam meorum officiorum conscientia, quibus si quando non mutue respondetur, apud me plus officii 10
residere facillime patior: illud non dubito, quin, si te mea
summa erga te studia parum mihi adiunxerint, res publica
nos inter nos conciliatura coniuncturaque sit. Ac ne ignores,
quid ego in tuis litteris desiderarim, scribam aperte, sicut et
mea natura et nostra amicitia postulat: res eas gessi, quarum 15
aliquam in tuis litteris et nostrae necessitudinis et rei publicae
causa gratulationem exspectavi; quam ego abs te praetermis-
sam esse arbitror, quod vererere ne cuius animum offenderes.

Sed scito ea, quae nos pro salute patriae gessimus, orbis
20 terrae iudicio ac testimonio comprobari; quae, cum veneris,
tanto consilio tantaque animi magnitudine a me gesta esse
cognosces, ut tibi multo maiori, quam Africanus fuit, me non
multo minorem quam Laelium facile' et in re publica et in
amicitia adiunctum esse patiare.

5. (FAM. 5. 5.)

Cicero endeavours to obtain for Atticus the assistance of C. Antonius by
reminding the latter of favours past, and of his need for further help.

M. CICERO S. D. C. ANTONIO M. F. IMP.

Etsi statueram nullas ad te litteras mittere nisi commen-
daticias — non quo eas intellegerem satis apud te valere,
sed ne iis, qui me rogarent, aliquid de nostra coniunctione
inminutum esse ostenderem —, tamen, cum T. Pomponius,
5 homo omnium meorum in te studiorum et officiorum maxime
conscius, tui cupidus, nostri amantissimus, ad te proficisceretur, aliquid mihi scribendum putavi, praesertim cum aliter
ipsi Pomponio satis facere non possem. Ego si abs te
summa officia desiderem, mirum nemini videri debeat;
10 omnia enim a me in te profecta sunt, quae ad tuum commodum, quae ad honorem, quae ad dignitatem pertinerent:
pro his rebus nullam mihi abs te relatam esse gratiam, tu es
optimus testis, contra etiam esse aliquid abs te profectum ex
multis audivi; nam 'comperisse' me non audeo dicere, ne
15 forte id ipsum verbum ponam, quod abs te aiunt falso in me
solere conferri. Sed ea, quae ad me delata sunt, malo te ex
Pomponio, cui non minus molesta fuerunt, quam ex meis
litteris cognoscere. Meus in te animus quam singulari officio
fuerit, et senatus et populus Romanus testis est; tu quam
20 gratus erga me fueris, ipse existimare potes; quantum mihi
debeas, ceteri existimant. Ego quae tua causa antea feci,
voluntate sum adductus posteaque constantia; sed reliqua,

mihi crede, multo maius meum studium maioremque gravitatem et laborem desiderant : quae ego si non profundere ac perdere videbor, omnibus meis viribus sustinebo ; sin 25 autem ingrata esse sentiam, non committam ut tibi ipse insanire videar. Ea quae sint et cuius modi, poteris ex Pomponio cognoscere. Atque ipsum tibi Pomponium ita commendo, ut, quamquam ipsius causa confido te facturum esse omnia, tamen abs te hoc petam, ut, si quid in te residet 30 amoris erga me, id omne in Pomponii negotio ostendas : hoc mihi nihil gratius facere potes.

6. (ATT. i. 17.)

An account by Atticus of an estrangement between himself and Quintus leads Cicero to assure Atticus that he at least appreciates his true friendship. The conclusion of the letter is devoted to politics.

CICERO ATTICO SAL.

Magna mihi varietas voluntatis et dissimilitudo opinionis ac iudicii Q. fratris mei demonstrata est ex litteris tuis, in quibus ad me epistolarum illius exempla misisti ; qua ex re et molestia sum tanta adfectus, quantam mihi meus amor summus erga utrumque vestrum adferre debuit, et admira- 5 tione, quidnam accidisset quod adferret Q. fratri meo aut offensionem tam gravem aut commutationem tantam voluntatis. Atque illud a me iam ante intellegebatur, quod te quoque ipsum discedentem a nobis suspicari videbam, sub- esse nescio quid opinionis incommodae sauciumque esse 10 eius animum et insedisse quasdam odiosas suspitiones, qui- bus ego mederi cum cuperem antea saepe et vehementius etiam post sortitionem provinciae, nec tantum intellegebam ei esse offensionis, quantum litterae tuae declarant, nec tan- tum proficiebam, quantum volebam. Sed tamen hoc me 15 ipse consolabar, quod non dubitabam quin te ille aut Dyr- rhachii aut in istis locis uspiam visurus esset ; quod cum accidisset, confidebam ac mihi persuaseram fore ut omnia

placarentur inter vos non modo sermone ac disputatione, sed
20 conspectu ipso congressuque vestro. Nam, quanta sit in
Quinto fratre meo comitas, quanta iucunditas, quam mollis
animus ad accipiendam et ad deponendam offensionem, nihil
attinet me ad te, qui ea nosti, scribere. Sed accidit perin-
commode, quod eum nusquam vidisti; valuit enim plus quod
25 erat illi non nullorum artificiis inculcatum quam aut officium
aut necessitudo aut amor vester ille pristinus, qui plurimum
valere debuit. Atque huius incommodi culpa ubi resideat,
facilius possum existumare quam scribere; vereor enim ne,
dum defendam meos, non parcam tuis; nam sic intellego,
30 ut nihil a domesticis volneris factum sit, illud quidem, quod
erat, eos certe sanare potuisse. Sed huiusce rei totius vitium,
quod aliquanto etiam latius patet quam videtur, praesenti tibi
commodius exponam. De iis litteris, quas ad te Thessalonica
misit, et de sermonibus, quos ab illo et Romae apud amicos
35 tuos et in itinere habitos putas, ecquid tantum causae sit
ignoro, sed omnis in tua posita est humanitate mihi spes
huius levandae molestiae. Nam, si ita statueris, et irritabilis
animos esse optimorum saepe hominum et eosdem placabilis,
et esse hanc agilitatem, ut ita dicam, mollitiamque naturae
40 plerumque bonitatis et, id quod caput est, nobis inter nos
nostra sive incommoda sive vitia sive iniurias esse tolerandas,
facile haec, quem ad modum spero, mitigabuntur: quod ego
ut facias te oro; nam ad me, qui te unice diligo, maxime
pertinet neminem esse meorum, qui aut te non amet aut abs
45 te non ametur. Illa pars epistolae tuae minime fuit necessaria, in qua exponis, quas facultates aut provincialium aut
urbanorum commodorum et aliis temporibus et me ipso consule praetermiseris; mihi enim perspecta est ingenuitas et
magnitudo animi tui, neque ego inter me atque te quicquam
50 interesse umquam duxi praeter voluntatem institutae vitae,
quod me ambitio quaedam ad honorum studium, te autem
alia minime reprehendenda ratio ad honestum otium duxit:

vera quidem laude probitatis, diligentiae, religionis neque
me tibi neque quemquam antepono, amoris vero erga me,
cum a fraterno [amore] domesticoque discessi, tibi primas 55
defero ; vidi enim, vidi penitusque perspexi in meis variis
temporibus et sollicitudines et laetitias tuas : fuit mihi saepe
et laudis nostrae gratulatio tua iucunda et timoris consolatio
grata ; quin mihi nunc te absente non solum consilium, quo
tu excellis, sed etiam sermonis communicatio, quae mihi 60
suavissima tecum solet esse, maxime deest—quid dicam ? in
publica re, quo in genere mihi neglegenti esse non licet, an
in forensi labore, quem antea propter ambitionem sustine-
bam, nunc, ut dignitatem tueri gratia possim, an *in* ipsis
domesticis negotiis ? in quibus ego cum antea, tum vero post 65
discessum fratris, te sermonesque nostros desidero. Postremo
non labor meus, non requies, non negotium, non otium, non
forenses res, non domesticae, *non publicae*, non privatae carere
diutius tuo suavissimo atque amantissimo consilio ac sermone
possunt. Atque harum rerum commemorationem verecundia 70
saepe impedivit utriusque nostrum : nunc autem ea fuit necessaria propter eam partem epistolae tuae, per quam te ac
mores tuos mihi purgatos ac probatos esse voluisti. Atque
in ista incommoditate alienati illius animi et offensi illud
inest tamen commodi, quod et mihi et ceteris amicis tuis 75
nota fuit et abs te aliquando testificata tua voluntas omit-
tendae provinciae, ut, quod una non estis, non dissensione
ac discidio vestro, sed voluntate ac iudicio tuo factum esse
videatur. Qua re et illa, quae violata, expiabuntur et haec
nostra, quae sunt sanctissime conservata, suam religionem 80
obtinebunt. Nos hic in re publica infirma, misera commu-
tabilique versamur : credo enim te audisse nostros equites
paene a senatu esse disiunctos ; qui primum illud valde graviter tulerunt, promulgatum ex senatus consulto fuisse, ut de
eis, qui ob iudicandum *pecuniam* accepissent, quaereretur. 85
Qua in re decernenda cum ego casu non adfuissem sensis-

semque id equestrem ordinem ferre moleste neque aperte
dicere, obiurgavi senatum, ut mihi visus sum, summa cum
auctoritate, et in causa non verecunda admodum gravis et
90 copiosus fui. Ecce aliae deliciae equitum vix ferendae ! quas
ego non solum tuli, sed etiam ornavi : Asiam qui de censori-
bus conduxerant questi sunt in senatu se cupiditate prolapsos
nimium magno conduxisse; ut induceretur locatio, postula-
verunt. Ego princeps in adiutoribus atque adeo secundus;
95 nam, ut illi auderent hoc postulare, Crassus eos impulit.
Invidiosa res, turpis postulatio et confessio temeritatis ; summum erat periculum ne, si nihil impetrassent, plane aliena-
rentur a senatu : huic quoque rei subventum est maxime a
nobis perfectumque, ut frequentissimo senatu et liberalissimo
100 uterentur, multaque a me de ordinum dignitate et concordia
dicta sunt Kal. Decembr. et postridie; neque adhuc res confecta est, sed voluntas senatus perspecta. Unus enim contra
dixerat Metellus consul designatus; quin erat dicturus, ad
quem propter diei brevitatem perventum non est, heros ille
105 noster Cato. Sic ego conservans rationem institutionemque
nostram tueor, ut possum, illam a me conglutinatam concordiam, sed tamen, quoniam ista sunt tam infirma, munitur
quaedam nobis ad retinendas opes nostras tuta, ut spero, via,
quam tibi litteris satis explicare non possum, significatione
110 parva ostendam tamen : utor Pompeio familiarissime. Video,
quid dicas : cavebo quae sunt cavenda ac scribam alias ad te
de meis consiliis capessendae rei publicae plura. Lucceium
scito [consulatum] habere in animo statim petere ; duo enim
soli dicuntur petituri : Caesar cum eo coire per Arrium co-
115 gitat, et Bibulus cum hoc se putat per C. Pisonem posse
coniungi. Rides? Non sunt haec ridicula, mihi crede. Quid
aliud scribam ad te ? quid ? multa sunt ; sed *si* in aliud
tempus exspectare velis, cures ut sciam. Iam illud moleste
120 rogo, quod maxime cupio, ut quam primum venias. Nonis
Decembribus.

7. (ATT. 1. 18.)

Cicero desires the society of a man like Atticus for conversation with him on the threatening aspect of affairs, which he proceeds to unfold.

CICERO ATTICO SAL.

Nihil mihi nunc scito tam deesse quam hominem eum, quocum omnia, quae me cura aliqua adficiunt, una communicem, qui me amet, qui sapiat, quicum ego ex animo loquar, nihil fingam, nihil dissimulem, nihil obtegam.   Abest enim frater ἀφελέστατος et amantissimus.   * Metellus non 5 homo, sed ' litus atque aër et solitudo mera ! ' tu autem, qui saepissime curam et angorem animi mei sermone et consilio levasti tuo, qui mihi et in publica re socius et in privatis omnibus conscius et omnium meorum sermonum et consiliorum particeps esse soles, ubinam es? ita sum ab omnibus 10 destitutus, ut tantum requietis habeam, quantum cum uxore et filiola et mellito Cicerone consumitur; nam illae ambitiosae nostrae fucosaeque amicitiae sunt in quodam splendore forensi, fructum domesticum non habent.   Itaque, cum bene completa domus est tempore matutino, cum ad forum stipati 15 gregibus amicorum descendimus, reperire ex magna turba neminem possumus, quocum aut iocari libere aut suspirare familiariter possimus.   Qua re te exspectamus, te desideramus, te iam etiam arcessimus; multa sunt enim, quae me sollicitant anguntque, quae mihi videor auris nactus tuas 20 unius ambulationis sermone exhaurire posse. Ac domesticarum quidem sollicitudinum aculeos omnis et scrupulos occultabo, neque ego huic epistolae atque ignoto tabellario committam. Atqui hi—nolo enim te permoveri—non sunt permolesti, sed tamen insident et urgent et nullius amantis 25 consilio aut sermone requiescunt.   In re publica vero, quamquam animus est praesens, tamen voluntas etiam atque etiam ipsa medicina efficit: nam, ut ea breviter, quae post tuum

discessum acta sunt, colligam, iam exclames necesse est res
30 Romanas diutius stare non posse. Etenim post profectionem
tuam primus, ut opinor, introitus fuit in causam fabulae Clo-
dianae, in qua ego nactus, ut mihi videbar, locum resecandae
libidinis et coërcendae iuventutis, vehemens fui et omnis
profudi viris animi atque ingenii mei, non odio adductus
35 alicuius, sed spe corrigendae et sanandae civitatis : adflicta
res publica est empto constupratoque iudicio. Vide, quae
sint postea consecuta : consul est impositus is nobis, quem
nemo praeter nos philosophos aspicere sine suspiritu posset.
Quantum hoc volnus ! Facto senatus consulto de ambitu, de
40 iudiciis, nulla lex perlata, exagitatus senatus, alienati equites
Romani : sic ille annus duo firmamenta rei publicae per me
unum constituta evertit ; nam et senatus auctoritatem abiecit
et ordinum concordiam disiunxit. Instat hic nunc [ille]
annus egregius. Eius initium eius modi fuit, ut anniversaria
45 sacra Iuventatis non committerentur ; nam M. Luculli uxo-
rem Memmius suis sacris initiavit. Menelaus aegre id passus
divortium fecit : quamquam ille pastor Idaeus Menelaum
solum contempserat, hic noster Paris tam Menelaum quam
Agamemnonem liberum non putavit. Est autem C. Heren-
50 nius quidam tribunus pl., quem tu fortasse ne nosti quidem
—tametsi potes nosse ; tribulis enim tuus est, et Sextus,
pater eius, nummos vobis dividere solebat—: is ad plebem
P. Clodium traducit, idemque fert, ut universus populus in
campo Martio suffragium de re Clodii ferat; hunc ego accepi
55 in senatu, ut soleo, sed nihil est illo homine lentius. Metellus
est consul egregius et nos amat, sed imminuit auctoritatem
suam, quod habet dicis causa promulgatum illud idem de
Clodio ; Auli autem filius, O di immortales ! quam ignavus
ac sine animo miles ! quam dignus, qui Palicano, sicut facit,
60 os ad male audiendum cotidie praebeat ! Agraria autem promulgata est a Flavio, sane levis, eadem fere, quae fuit Plotia.
Sed interea πολιτικὸς ἀνὴρ οὐδ᾽ ὄναρ quisquam inveniri potest;

qui poterat, familiaris noster — sic est enim, volo te hoc
scire—Pompeius togulam illam pictam silentio tuetur suam.
Crassus verbum nullum contra gratiam.   Ceteros iam nosti, 65
qui ita sunt stulti, ut amissa re publica piscinas suas fore
salvas sperare videantur.   Unus est, qui curet constantia
magis et integritate, quam, ut mihi videtur, consilio aut
ingenio, Cato, qui miseros publicanos, quos habuit aman-
tissimos sui, tertium iam mensem vexat neque iis a senatu 70
responsum dari patitur : ita nos cogimur reliquis de rebus
nihil decernere ante, quam publicanis responsum sit ; qua re
etiam legationes reiectum iri puto.   Nunc vides, quibus
fluctibus iactemur, et, si ex iis, quae scripsimus tanta, etiam
a me non scripta perspicis, revise nos aliquando et, quam- 75
quam sunt haec fugienda, quo te voco, tamen fac ut amorem
nostrum tanti aestimes, ut eo vel cum his molestiis pervenire
velis ; nam, ne absens censeare, curabo edicendum et pro-
ponendum locis omnibus ; sub lustrum autem censeri germani negotiatoris est.   Qua re cura, ut te quam primum 80
videamus.   Vale.   11. Kal. Febr. Q. Metello L. Afranio
coss.

8. (ATT. 2. 6.)

Cicero's stay near Antium makes him disinclined to either literary or
political exertion.

CICERO ATTICO SAL.

Quod tibi superioribus litteris promiseram, fore ut opus
exstaret huius peregrinationis, nihil iam magno opere confirmo ; sic enim sum complexus otium, ut ab eo divelli non
queam ; itaque aut libris me delecto, quorum habeo Antii
festivam copiam, aut fluctus numero—nam ad lacertas cap- 5
tandas tempestates non sunt idoneae— : a scribendo prorsus
abhorret animus.   Etenim γεωγραφικὰ, quae constitueram,
magnum opus est : ita valde Eratosthenes, quem mihi pro-
posueram, a Serapione et ab Hipparcho reprehenditur ; quid

10 censes, si Tyrannio accesserit? et hercule sunt res difficiles
ad explicandum et ὁμοειδεῖς, nec tam possunt ἀνθηρογραφεῖσθαι,
quam videbantur, et, quod caput est, mihi quaevis satis iusta
causa cessandi est, qui etiam dubitem an hic Antii considam
et hoc tempus omne consumam, ubi quidem ego mallem
15 duumvirum quam Romae fuisse. Tu vero sapientior Buthroti
domum parasti. Sed, mihi crede, proxima est illi municipio
haec Antiatium civitas: esse locum tam prope Romam, ubi
multi sint, qui Vatinium numquam viderint? ubi nemo sit
praeter me, qui quemquam ex vigintiviris vivum et salvum
20 velit? ubi me interpellet nemo, diligant omnes? hic, hic
nimirum πολιτευτέον: nam istic non solum non licet, sed
etiam taedet; itaque ἀνέκδοτα, quae tibi uni legamus, Theo-
pompio genere aut etiam asperiore multo pangentur. Neque
aliud iam quicquam πολιτεύομαι nisi odisse improbos, et id
25 ipsum nullo cum stomacho, sed potius cum aliqua scribendi
voluptate. Sed ut ad rem: scripsi ad quaestores urbanos de
Quinti fratris negotio: vide, quid narrent, ecquae spes sit
denarii an cistophoro Pompeiano iaceamus. Praeterea de
muro statue quid faciendum sit. Aliud quid? Etiam. Quando
30 te proficisci istinc putes, fac ut sciam.

9. (ATT. 2. 20.)

In spite of the friendship of Pompey, Cicero is uneasy at the danger
threatened to himself by the action of Clodius, and to the state by that
of Caesar.

CICERO ATTICO SAL.

Anicato, ut te velle intellexeram, nullo loco defui; Nume-
stium ex litteris tuis studiose scriptis libenter in amicitiam
recepi; Caecilium, quibus rebus possum, tueor diligenter.
Varro satis facit nobis; Pompeius amat nos carosque habet.
5 'Credis?' inquies. Credo: prorsus mihi persuadet. Sed
quia volgo pragmatici homines omnibus historiis, praeceptis,

versibus denique cavere iubent et vetant credere, alterum
facio, ut caveam, alterum, ut non credam, facere non possum.
Clodius adhuc mihi denuntiat periculum: Pompeius adfirmat
non esse periculum; adiurat; addit etiam se prius occisum 10
iri ab eo quam me violatum iri. Tractatur res. Simul et
quid erit certi, scribam ad te: si erit pugnandum, arcessam
ad societatem laboris; si quies dabitur, ab Amalthea te non
commovebo. De re *publica* breviter ad te scribam: iam enim
charta ipsa ne nos prodat pertimesco; itaque posthac, si 15
erunt mihi plura ad te scribenda, ἀλληγορίαις obscurabo.
Nunc quidem novo quodam morbo civitas moritur, ut, cum
omnes ea, quae sunt acta, improbent, querantur, doleant,
varietas nulla in re sit aperteque loquantur et iam clare
gemant, tamen medicina nulla adferatur; neque enim resisti 20
sine internecione posse arbitramur, nec videmus, qui finis
cedendi praeter exitium futurus sit. Bibulus hominum admi-
ratione et benevolentia in caelo est; edicta eius et contiones
describunt et legunt; novo quodam genere in summam gloriam venit: populare nunc nihil tam est quam odium popu- 25
larium. Haec quo sint eruptura, timeo; sed, si dispicere
quid coepero, scribam ad te apertius. Tu, si me amas tantum, quantum profecto amas, expeditus facito ut sis, si incla-
maro, ut accurras; sed do operam et dabo ne sit necesse.
Quod scripseram et Furio scripturum, nihil necesse est tuum 30
nomen mutare: me faciam Laelium et te Atticum; neque
utar meo chirographo neque signo, si modo erunt eius modi
litterae, quas in alienum incidere nolim. Diodotus mortuus
est; reliquit nobis HS. fortasse centiens.\ Comitia Bibulus
[cum] Archilochio edicto in ante diem xv. Kal. Novembr. 35
distulit. A Vibio libros accepi: poëta ineptus, nec tamen
scit nihil et est non inutilis. Describo et remitto.

10.   (FAM. 14. 4.)

Cicero on his way into exile discloses the depth of his sorrow to his
wife and family.

TULLIUS S. D. TERENTIAE ET TULLIAE ET CICERONI SUIS.

Ego minus saepe do ad vos litteras, quam possum, propterea quod cum omnia mihi tempora sunt misera, tum vero,
cum aut scribo ad vos aut vestras lego, conficior lacrimis sic,
ut ferre non possim.   Quod utinam minus vitae cupidi fuis-
5 semus! certe nihil aut non multum in vita mali vidissemus.
Quod si nos ad aliquam alicuius commodi aliquando recu-
perandi spem fortuna reservavit, minus est erratum a nobis;
sin haec mala fixa sunt, ego vero te quam primum, mea vita,
cupio videre et in tuo conplexu emori, quoniam neque di,
10 quos tu castissime coluisti, neque homines, quibus ego semper servivi, nobis gratiam rettulerunt. Nos Brundisii apud
M. Laenium Flaccum dies XIII. fuimus, virum optimum, qui
periculum fortunarum et capitis sui prae mea salutae neglexit
neque legis inprobissimae poena deductus est, quo minus
15 hospitii et amicitiae ius officiumque praestaret: huic utinam
aliquando gratiam referre possimus! habebimus quidem
semper.   Brundisio profecti sumus prid. K. Mai.; per Macedoniam Cyzicum petebamus.   O me perditum! O adflictum!
quid nunc rogem te, ut venias, mulierem aegram, et corpore
20 et animo confectam? non rogem? sine te igitur sim? opinor,
sic agam: si est spes nostri reditus, eam confirmes et re
adiuves; sin, ut ego metuo, transactum est, quoquo modo
potes ad me fac venias.   Unum hoc scito: si te habebo, non
mihi videbor plane perisse.   Sed quid Tulliola mea fiet? iam
25 id vos videte; mihi deest consilium.   Sed certe, quoquo
modo se res habebit, illius misellae et matrimonio et famae
serviendum est.   Quid? Cicero meus quid aget? iste vero

sit in sinu semper et conplexu meo. Non queo plura iam
scribere ; inpedit maeror. Tu quid egeris, nescio : utrum
aliquid teneas an, quod metuo, plane sis spoliata. Pisonem, 30
ut scribis, spero fore semper nostrum. De familia liberata
nihil est quod te moveat: primum tuis ita promissum est,
te facturam esse, ut quisque esset meritus ; est autem in
officio adhuc Orpheus, praeterea magno opere nemo. Ceterorum servorum ea causa est, ut, si res a nobis abisset, 35
liberti nostri essent, si obtinere potuissent, sin ad nos per-
tineret, servirent, praeterquam oppido pauci. Sed haec
minora sunt. Tu quod me hortaris, ut animo sim magno
et spem habeam recuperandae salutis, id velim sit eius modi,
ut recte sperare possimus. Nunc, miser quando tuas iam 40
litteras accipiam? quis ad me perferet? quas ego exspec-
tassem Brundisii, si esset licitum per nautas, qui tempestatem praemittere noluerunt. Quod reliquum est, sustenta
te, mea Terentia, ut potes. Honestissime viximus, florui-
mus ; non vitium nostrum, sed virtus nostra nos adflixit. 45
Peccatum est nullum, nisi quod non una animam cum
ornamentis amisimus. Sed si hoc fuit liberis nostris gratius, nos vivere, cetera, quamquam ferenda *non* sunt, feramus. Atque ego, qui te confirmo, ipse me non possum.
Clodium Philhetaerum, quod valetudine oculorum inpedie- 50
batur, hominem fidelem, remisi. Sallustius officio vincit
omnis. Pescennius est perbenevolus nobis, quem semper
spero tui fore observantem. Sicca dixerat se mecum fore,
sed Brundisio discessit. Cura, quod potes, ut valeas et sic
existimes, me vehementius tua miseria quam mea commo- 55
veri. Mea Terentia, fidissima atque optima uxor, ut mea
carissima filiola, et spes reliqua nostra, Cicero, valete. pr.
K. Mai. Brundisio.

11. (ATT. 3. 7.)

Cicero replies to an invitation from Atticus with a despondency similar
to that expressed in the previous letter.

CICERO ATTICO SAL.

Brundisium veni a. d. xiiii. Kal. Maias : eo die pueri tui
mihi a te litteras reddiderunt, et alii pueri post diem tertium
eius diei alias litteras attulerunt. Quod me rogas et hortaris,
ut apud te in Epiro sim, voluntas tua mihi valde grata est et
5 minime nova.   Esset consilium mihi quidem optatum, si
liceret ibi omne tempus consumere—odi enim celebritatem,
fugio homines, lucem aspicere vix possum—esset mihi ista
solitudo, praesertim tam familiari in loco, non amara ; sed
itineris causa ut devorterer, primum est devium, deinde ab
10 Autronio et ceteris quadridui, deinde sine te ; nam castellum
munitum habitanti mihi prodesset, transeunti non est neces-
sarium.   Quod si auderem, Athenas peterem ; sane ita
cadebat, ut vellem : nunc et nostri hostes ibi sunt et te non
habemus et veremur ne interpretentur illud quoque oppidum
15 ab Italia non satis abesse, nec scribis, quam ad diem te
exspectemus.   Quod me ad vitam vocas, unum efficis, ut a
me manus abstineam, alterum non potes, ut me non nostri
consilii vitaeque paeniteat : quid enim est, quod me retineat,
praesertim si spes ea non est, quae nos proficiscentes prose-
20 quebatur ? non faciam ut enumerem miserias omnes, in quas
incidi per summam iniuriam et scelus non tam inimicorum
meorum quam invidorum, ne et meum maerorem exagitem
et te in eundem luctum vocem : hoc adfirmo, neminem umquam tanta calamitate esse adfectum, nemini mortem magis
25 optandam fuisse, cuius oppetendae tempus honestissimum
praetermissum est : reliqua tempora sunt non tam ad medicinam quam ad finem doloris. De re publica video te colli-
gere omnia, quae putes aliquam spem mihi posse adferre

mutandarum rerum, quae, quamquam exigua sunt, tamen, quoniam placet, exspectemus. Tu nihilo minus, si properaris, nos consequere ; nam aut accedemus in Epirum aut tarde per Candaviam ibimus. Dubitationem autem de Epiro non inconstantia nostra adferebat, sed quod de fratre, ubi eum visuri essemus, nesciebamus ; quem quidem ego nec *quo* modo visurus nec ubi dimissurus sim scio. Id est maximum et miserrimum mearum omnium miseriarum. Ego et saepius ad te et plura scriberem, nisi mihi dolor meus cum omnes partes mentis, tum maxime huius generis facultatem ademisset. Videre te cupio. Cura ut valeas. Data pr. Kal. Mai. Brundisii.

12. (Q. FR. i. 3.)

Cicero writes to his brother Quintus in the same strain as he had used to Terentia and Atticus.

MARCUS QUINTO FRATRI SALUTEM.

Mi frater, mi frater, mi frater, tune id veritus es, ne ego iracundia aliqua adductus pueros ad te sine litteris miserim ? aut etiam ne te videre noluerim ? ego tibi irascerer ? tibi ego possem irasci ? scilicet, tu enim me adflixisti ; tui me inimici, tua me invidia, ac non ego te misere perdidi. Meus ille laudatus consulatus mihi te, liberos, patriam, fortunas, tibi velim ne quid eripuerit praeter unum me. Sed certe a te mihi omnia semper honesta et iucunda ceciderunt ; a me tibi luctus meae calamitatis, metus tuae, desiderium, maeror, solitudo. Ego te videre noluerim ? immo vero me a te videri nolui : non enim vidisses fratrem tuum, non eum, quem reliqueras, non eum, quem noras, non eum, quem flens flentem, prosequentem proficiscens dimiseras ; ne vestigium quidem eius nec simulacrum, sed quandam effigiem spirantis mortui. Atque utinam me mortuum prius vidisses aut audisses ! utinam te non so-

lum vitae, sed etiam dignitatis meae superstitem reliquissem!
sed testor omnes deos me hac una voce a morte esse revo-
catum, quod omnes in mea vita partem aliquam tuae vitae
repositam esse dicebant: qua re peccavi scelerateque feci.
20 Nam si occidissem, mors ipsa meam pietatem amoremque
in te facile defenderet: nunc commisi, ut me vivo careres,
vivo me aliis indigeres, mea vox in domesticis periculis potissimum occideret, quae saepe alienissimis praesidio fuisset.
Nam quod ad re pueri sine litteris venerunt, quoniam vides
25 non fuisse iracundiam causam, certe pigritia fuit et quaedam
infinita vis lacrimarum et dolorum. Haec ipsa me quo fletu
putas scripsisse? eodem, quo te legere certo scio. An ego
possum aut non cogitare aliquando de te aut umquam sine
lacrimis cogitare? cum enim te desidero, fratrem solum desi-
30 dero? ego vero suavitate fratrem prope aequalem, obsequio
filium, consilio parentem. Quid mihi sine te umquam aut
tibi sine me iucundum fuit? quid quod eodem tempore desidero filiam? qua pietate, qua modestia, quo ingenio! effigiem
oris, sermonis, animi mei! quid filium venustissimum mihi-
35 que dulcissimum? quem ego ferus ac ferreus e conplexu
dimisi meo, sapientiorem puerum quam vellem: sentiebat
enim miser iam, quid ageretur. Quid vero tuum filium,
imaginem tuam, quem meus Cicero et amabat ut fratrem et
iam ut maiorem fratrem verebatur? quid quod mulierem
40 miserrimam, fidelissimam coniugem, me prosequi non sum
passus, ut esset, quae reliquias communis calamitatis, communes liberos tueretur? sed tamen, quoquo modo potui,
scripsi et dedi litteras ad te Philogono, liberto tuo, quas
credo tibi postea redditas esse; in quibus idem te hortor et
45 rogo, quod pueri tibi verbis meis nuntiarunt, ut Romam
protinus pergas et properes. Primum enim te praesidio esse
volui, si qui essent inimici, quorum crudelitas nondum esset
nostra calamitate satiata; deinde congressus nostri lamenta-
tionem pertimui; digressum vero non tulissem, atque etiam

id ipsum, quod tu scribis, metuebam, ne a me distrahi non 50
posses. His de causis hoc maximum malum, quod te non
vidi, quo nihil amantissimis et coniunctissimis fratribus acerbius miserius*ve* videtur accidere potuisse, minus acerbum,
minus miserum fuit, quam fuisset cum congressio, tum vero
digressio nostra. Nunc, si potes, id quod ego, qui tibi sem- 55
per fortis videbar, non possum, erige te et confirma, si qua
subeunda dimicatio erit : spero, si quid mea spes habet
auctoritatis, tibi et integritatem tuam et amorem in te civitatis
et aliquid etiam misericordiam nostri praesidii laturam ; sin
eris ab isto periculo vacuus, ages scilicet, si quid agi posse 60
de nobis putabis. De quo scribunt ad me quidem multi
multa et se sperare demonstrant, sed ego quod sperem non
dispicio, cum inimici plurimum valeant, amici partim dese-
ruerint me, partim etiam prodiderint, qui in meo reditu fortasse reprehensionem sui sceleris pertimescant. Sed, ista 65
qualia sint, tu velim perspicias mihique declares. Ego tamen,
quam diu tibi opus erit, si quid periculi subeundum videbis,
vivam ; diutius in hac vita esse non possum : neque enim
tantum virium habet ulla aut prudentia aut doctrina, ut tantum dolorem possit sustinere. Scio fuisse et honestius mori- 70
endi tempus et utilius, sed non hoc solum, multa alia prae-
termisi, quae si queri velim praeterita, nihil agam nisi ut
augeam dolorem tuum, indicem stultitiam meam. Illud quidem nec faciendum est nec fieri potest, me diutius, quam
aut tuum tempus aut firma spes postulabit, in tam misera 75
tamque turpi vita commorari, ut, qui modo fratre fuerim,
liberis, coniuge, copiis, genere ipso pecuniae beatissimus,
dignitate, auctoritate, existimatione, gratia non inferior quam
qui umquam fuerunt amplissimi, is nunc in hac tam adflicta
perditaque fortuna neque me neque meos lugere diutius 80
possim. Qua re quid ad me scripsisti de permutatione ?
quasi vero nunc me non tuae facultates sustineant, qua in re
ipsa video miser et sentio quid sceleris admiserim, cum de

visceribus tuis et filii tui satis facturus sis quibus debes, ego
85 acceptam ex aerario pecuniam tuo nomine frustra dissiparim.
Sed tamen et M. Antonio, quantum tu scripseras, *et* Caepioni
tantundem solutum est; mihi ad id, quod cogito, hoc, quod
habeo, satis est; sive enim restituimur, sive desperamus, nihil
amplius opus est.   Tu, si forte quid erit molestiae, te ad
90 Crassum et ad Calidium conferas censeo: quantum Hortensio
credendum sit, nescio.   Me summa simulatione amoris sum-
maque adsiduitate cotidiana sceleratissime insidiosissimeque
tractavit, adiuncto Q. Arrio; quorum ego consiliis, promissis,
praeceptis destitutus in hanc calamitatem incidi.   Sed haec
95 occultabis, ne quid obsint : illud caveto — et eo puto per
Pomponium fovendum tibi esse ipsum Hortensium—, ne ille
versus, qui in te erat conlatus, cum aedilitatem petebas, de
lege Aurelia, falso testimonio confirmetur; nihil enim tam
timeo quam ne, cum intellegant homines, quantum miseri-
100 cordiae nobis tuae preces et tua salus adlatura sit, oppugnent
te vehementius. Messalam tui studiosum esse arbitror; Pompeium etiam simulatorem puto.   Sed haec utinam *ne* expe-
riare ! quod precarer deos, nisi meas preces audire desissent.
Verum tamen precor, ut his infinitis nostris malis contenti
105 sint ; in quibus [non modo] tamen nullius inest peccati in-
famia, sed omnis dolor est, quod optime factis poena maxima
est constituta.   Filiam meam et tuam Ciceronemque nostrum
quid ego, mi frater, tibi commendem ? quin illud maereo,
quod tibi non minorem dolorem illorum orbitas adferet quam
110 mihi.   Sed te incolumi orbi non erunt.   Reliqua, ita mihi
salus aliqua detur potestasque in patria moriendi, ut me
lacrimae non sinunt scribere ! etiam Terentiam velim tueare
mihique de omnibus rebus rescribas ; sis fortis, quoad rei
natura patiatur.   Idibus Iuniis, Thessalonicae.

13. (ATT. 3. 13.)

Cicero explains why he had not come to Buthrotum.

CICERO ATTICO SAL.

Quod ad te scripseram me in Epiro futurum, postea quam extenuari spem nostram et evanescere vidi, mutavi consilium, nec me Thessalonica commovi, ubi esse statueram, quoad aliquid ad me de eo scriberes, quod proximis litteris scripseras, fore uti secundum comitia aliquid de nobis in senatu 5 ageretur; id tibi Pompeium dixisse. Qua de re, quoniam comitia habita sunt tuque nihil ad me scribis, proinde habebo ac si scripsisses nihil esse, neque temporis non longinqui spe ductum *me* esse moleste feram; quem autem motum te videre scripseras, qui nobis utilis fore videretur, eum nuntiant 10 qui veniunt nullum fore. In tribunis pl. designatis reliqua spes est; quam si exspectaro, non erit quod putes me causae meae, voluntati meorum defuisse. Quod me saepe accusas, cur hunc meum casum tam graviter feram, debes ignoscere, cum ita me adflictum videas, ut neminem umquam nec videris 15 nec audieris. Nam quod scribis te audire me etiam mentis errore ex dolore adfici, mihi vero mens integra est; atque utinam tam in periculo fuisset! cum ego iis, quibus meam salutem carissimam esse arbitrabar, inimicissimis crudelissimisque usus sum, qui, ut me paulum inclinari timore vide- 20 runt, sic impulerunt, ut omni suo scelere et perfidia abuterentur ad exitium meum. Nunc, quoniam est Cyzicum nobis eundum, quo rarius ad me litterae perferentur, hoc velim diligentius omnia, quae putaris me scire opus esse, perscribas. Q. fratrem meum fac diligas, quem ego miser si 25 incolumem relinquo, non me totum perisse arbitrabor. Data Nonis Sextilibus.

14. (ATT. 3. 15.)

Cicero excuses his dejection, writes at length on the possibility of recall,
and intreats his friend's help.

CICERO ATTICO SAL.

Accepi Idibus Sextilibus quattuor epistolas a te missas :
unam, qua me obiurgas, ut sim firmior; alteram, qua Crassi
libertum ais tibi de mea sollicitudine macieque narrasse;
tertiam, qua demonstras acta in senatu; quartam de eo,
5 quod a Varrone scribis tibi esse confirmatum de voluntate
Pompeii. Ad primam tibi hoc scribo, me ita dolere, ut non
modo a mente non deserar, sed id ipsum doleam, me tam
firma mente ubi utar et quibuscum non habere. Nam si tu
me uno non sine maerore cares, quid me censes, qui et te
10 et omnibus? et, si tu incolumis me requiris, quo modo a me
ipsam incolumitatem desiderari putas? nolo commemorare,
quibus rebus sim spoliatus, non solum quia non ignoras, sed
etiam ne *re*scindam ipse dolorem meum : hoc confirmo, neque tantis bonis esse privatum quemquam neque in tantas
15 miserias incidisse. Dies autem non modo non levat luctum
hunc, sed etiam auget; nam ceteri dolores mitigantur vetus-
tate, hic non potest non et sensu praesentis miseriae et re-
cordatione praeteritae vitae cotidie augeri : desidero enim
non mea solum neque meos, sed me ipsum. Quid enim
20 sum? sed non faciam ut aut tuum animum angam querelis
aut meis volneribus saepius manus adferam. Nam quod
purgas eos, quos ego mihi scripsi invidisse, et in eis Catonem,
ego vero tantum illum puto ab isto scelere afuisse, ut maxime
doleam plus apud me simulationem aliorum quam istius
25 fidem valuisse. Ceteros quod purgas, debent mihi purgati
esse, tibi si sunt. Sed haec sero agimus. Crassi libertum
nihil puto sincere locutum. In senatu rem probe scribis
actam. Sed quid Curio? an illam orationem non legit? quae

unde sit prolata nescio. Sed Axius, eiusdem diei scribens
ad me acta, non ita laudat Curionem.   At potest ille aliquid 30
praetermittere; tu, nisi quod erat, profecto non scripsisti.
Varronis sermo facit exspectationem Caesaris, atque utinam
ipse Varro incumbat in causam! quod profecto cum sua
sponte, tum te instante faciet. Ego, si me aliquando vestri
et patriae compotem fortuna fecerit, certe efficiam ut maxime 35
laetere unus ex omnibus amicis, meaque officia et studia,
quae parum antea luxerunt—fatendum est enim —, sic exse-
quar, ut me aeque tibi ac fratri et liberis nostris restitutum
putes. Si quid in te peccavi, ac potius quoniam peccavi,
ignosce; in me enim ipsum peccavi vehementius.   Neque 40
haec eo scribo, quo te non meo casu maximo dolore esse
adfectum sciam, sed profecto, si, quantum me amas et
amasti, tantum amare deberes ac debuisses, numquam esses
passus me, quo tu abundabas, egere consilio, nec esses
passus mihi persuaderi utile nobis esse legem de collegiis 45
perferri. Sed tu tantum lacrimas praebuisti dolori meo,
quod erat amoris, tamquam ipse ego ; quod meritis meis
perfectum oportuit, ut dies et noctes, quid mihi faciendum
esset, cogitares, id abs te meo, non tuo scelere praetermissum est. Quod si non modo tu, sed quisquam fuisset, qui 50
me Pompeii minus liberali responso perterritum a turpissimo
consilio revocaret, quod unus tu facere maxime potuisti, aut
occubuissem honeste aut victores hodie viveremus. Hic mihi
ignosces : me enim ipsum multo magis accuso, deinde te
quasi me alterum ; et simul meae culpae socium quaero, ac 55
si restituor, etiam minus videbimur deliquisse, abs teque
certe, quoniam nullo nostro, tuo ipsius beneficio diligemur.
Quod te cum Culleone scribis de privilegio locutum, est
aliquid, sed multo est melius abrogari : si enim nemo im-
pediet, quid est firmius? sin erit, qui ferri non sinat, idem 60
senatus consulto intercedet. Nec quicquam aliud opus est
abrogari: nam prior lex nos nihil laedebat; quam si, ut est

promulgata, laudare voluissemus aut, ut erat neglegenda,
neglegere, nocere omnino nobis non potuisset.   Hic mihi
65 primum meum consilium defuit, sed etiam obfuit.   Caeci,
caeci, inquam, fuimus in vestitu mutando, in populo rogando,
quod, nisi nominatim mecum agi coeptum esset, fieri perni-
ciosum fuit.   Sed pergo praeterita; verum tamen ob hanc
causam, ut, si quid agetur, legem illam, in qua popularia
70 multa sunt, ne tangatis.   Verum est stultum me praecipere,
quid agatis aut quo modo : utinam modo agatur aliquid !
multa occultant tuae litterae, credo, ne vehementius despera-
tione perturber.   Quid enim vides agi posse aut quo modo ?
per senatumne ? ast tute scripsisti ad me, quoddam caput
75 legis Clodium in curiae poste fixisse, NE REFERRI NEVE DICI
LICERET.   Quo modo igitur Domitius se dixit relaturum ?
quo modo autem iis, quos tu scribis, et de re dicentibus et,
ut referretur, postulantibus Clodius tacuit ? ac, si per populum, poteritne nisi de omnium tribunorum pl. sententia ?
80 quid de bonis ? quid de domo ? poteritne restitui ? aut, si
non poterit, egomet quo modo potero ? haec nisi vides expediri, quam in spem me vocas ? sin autem spei nihil est,
quae est mihi vita ? itaque exspecto Thessalonicae acta Kal.
Sext., ex quibus statuam in tuosne agros confugiam, ut ne-
85 que videam homines, quos nolim, et te, ut scribis, videam et
propius sim, si quid agatur—idque intellexi cum tibi, tum Q.
fratri placere —, an abeam Cyzicum.   Nunc, Pomponi, quoniam nihil impertisti tuae prudentiae ad salutem meam, quod
aut in me ipso satis esse consilii decreras aut te nihil plus
90 mihi debere quam ut praesto esses, quoniamque ego pro-
ditus, inductus, coniectus in fraudem, omnia mea praesidia
neglexi, totam Italiam [in me] erectam ad me defendendum
destitui et reliqui, me meosque meis tradidi inimicis inspectante et tacente te, qui, si non plus ingenio valebas quam
95 ego, certe timebas minus : si potes, erige adflictos et in eo
nos iuva ; sin omnia sunt obstructa, id ipsum fac ut sciamus

et nos aliquando aut obiurgare aut comiter consolari desine.
Ego si tuam fidem accusarem, non me potissimum tuis tectis
crederem : meam amentiam accuso, quod a te tantum *me*
amari, quantum ego vellem, putavi; quod si fuisset, fidem 100
eandem, curam maiorem adhibuisses, me certe ad exitium
praecipitantem retinuisses, istos labores, quos nunc in nau-
fragiis nostris suscipis, non subisses. Qua re fac ut omnia
ad me perspecta et explorata perscribas meque, ut facis, velis
esse aliquem, quoniam, qui fui et qui esse potui, iam esse 105
non possum, et ut his litteris non te, sed me ipsum a me
esse accusatum putes. Si qui erunt, quibus putes opus esse
meo nomine litteras dari, velim conscribas curesque dandas.
Data xiiii. Kal. Sept.

15. (FAM. 14. 2.)

Cicero commiserates his wife for her share in his misfortunes.

TULLIUS S. D. TERENTIAE ET TULLIOLAE ET CICERONI SUIS.

Noli putare me ad quemquam longiores epistolas scribere,
nisi si quis ad me plura scripsit, cui puto rescribi oportere;
nec enim habeo quod scribam, nec hoc tempore quicquam
difficilius facio. Ad te vero et ad nostram Tulliolam non
queo sine plurimis lacrimis scribere.; vos enim video esse 5
miserrimas, quas ego beatissimas semper esse volui idque
praestare debui et, nisi tam timidi fuissemus, praestitissem.
Pisonem nostrum merito eius amo plurimum : eum, ut potui,
per litteras cohortatus sum gratiasque egi, ut debui. In novis
tribunis pl. intellego spem te habere : id erit firmum, si 10
Pompeii voluntas erit, sed Crassum tamen metuo. A te
quidem omnia fieri fortissime et amantissime video, nec
miror, sed maereo casum eius modi, ut tantis tuis miseriis
meae miseriae subleventur: nam ad me P. Valerius, homo
officiosus, scripsit, id quod ego maximo cum fletu legi, 15

quem ad modum a Vestae ad tabulam Valeriam ducta
esses.   Hem, mea lux, meum desiderium, unde omnes
opem petere solebant! Te nunc, mea Terentia, sic vexari,
sic iacere in lacrimis et sordibus! idque fieri mea culpa, qui
20 ceteros servavi, ut nos periremus! quod de domo scribis,
hoc est de area, ego vero tum dénique mihi videbor resti-
tutus, si illa nobis erit restituta; verum haec non sunt in
nostra manu: illud doleo, quae inpensa facienda est, in eius
partem *te* miseram et despoliatam venire. Quod si conficitur
25 negotium, omnia consequemur; sin eadem nos fortuna premet, etiamne reliquias tuas misera proicies? obsecro te, mea
vita, quod ad sumptum attinet, sine alios, qui possunt, si
modo volunt, sustinere, et valetudinem istam infirmam, si
me amas, noli vexare: nam mihi ante oculos dies noctesque
30 versaris; omnes labores te excipere video; timeo, ut susti-
neas. Sed video in te esse omnia: qua re, ut id, quod speras
et quod agis, consequamur, servi valetudini. Ego, ad quos
scribam, nescio, nisi ad eos, qui ad me scribunt, aut ad eos,
de quibus ad me vos aliquid scribitis. Longius, quoniam ita
35 vobis placet, non discedam, sed velim quam saepissime litteras mittatis, praesertim, si quid est firmius, quod spere-
mus. Valete, mea desideria, valete. D. a. d. iii. Non. Oct.
Thessalonica.

16.   (FAM. 14. 1.)

A second letter of commiseration.

TULLIUS TERENTIAE SUAE, TULLIOLAE SUAE, CICERONI
SUO SALUTEM DICIT.

Et litteris multorum et sermone omnium perfertur ad
me, incredibilem tuam virtutem et fortitudinem esse teque
nec animi neque corporis laboribus defatigari. Me miserum! te ista virtute, fide, probitate, humanitate in tantas

aerumnas propter me incidisse! Tulliolamque nostram, 5
ex quo patre tantas voluptates capiebat, ex eo tantos per-
cipere luctus! nam quid ego de Cicerone dicam? qui cum
primum sapere coepit, acerbissimos dolores miseriasque
percepit. Quae si, tu ut scribis, fato facta putarem, ferrem
paulo facilius, sed omnia sunt mea culpa commissa, qui 10
ab iis me amari putabam, qui invidebant, eos non sequebar,
qui petebant. Quod si nostris consiliis usi essemus neque
apud nos tantum valuisset sermo aut stultorum amicorum
aut inproborum, beatissimi viveremus: nunc, quoniam
sperare nos amici iubent, dabo operam, ne mea valetudo 15
tuo labori desit. Res quanta sit, intellego, quantoque fuerit
facilius manere domi quam redire; sed tamen, si omnes
tribunos pl. habemus, si Lentulum tam studiosum, quam
videtur, si vero etiam Pompeium et Caesarem, non est des-
perandum. De familia, quo modo placuisse scribis amicis, 20
faciemus; de loco, nunc quidem iam abiit pestilentia, sed
quam diu fuit, me non attigit. Plancius, homo officiosis-
simus, me cupit esse secum et adhuc retinet. Ego volebam
loco magis deserto esse in Epiro, quo neque Hispo veniret
nec milites, sed adhuc Plancius me retinet; sperat posse 25
fieri, ut mecum in Italiam decedat: quem ego diem si
videro et si in vestrum conplexum venero ac si et vos et
me ipsum recuperaro, satis magnum mihi fructum videbor
percepisse et vestrae pietatis et meae. Pisonis humanitas,
virtus, amor in omnes nos tantus est, ut nihil supra possit: 30
utinam ea res ei voluptati sit! gloriae quidem video fore.
De Q. fratre nihil ego te accusavi, sed vos, cum praesertim
tam pauci sitis, volui esse quam coniunctissimos. Quibus
me voluisti agere gratias, egi et me a te certiorem factum
esse scripsi. Quod ad me, mea Terentia, scribis te vicum 35
vendituram, quid, obsecro te,— me miserum!— quid futurum est? et, si nos premet eadem fortuna, quid puero
misero fiet? non queo reliqua scribere — tanta vis lacrimarum

est —, neque te in eundem fletum adducam. Tantum
40 scribo : si erunt in officio amici, pecunia non deerit; si non
erunt, tu efficere tua pecunia non poteris. Per fortunas
miseras nostras, vide, ne puerum perditum perdamus. Cui
si aliquid erit, ne egeat, mediocri virtute opus est et mediocri fortuna, ut cetera consequatur. Fac valeas et ad me
45 tabellarios mittas, ut sciam, quid agatur et vos quid agatis.
Mihi omnino iam brevis exspectatio est. Tulliolae et
Ciceroni salutem dic. Valete. D. a. d. vi. K. Decemb. Dyrrhachii.

Dyrrhachium veni, quod et libera civitas est et in me
50 officiosa et proxima Italiae; sed si offendet me loci celebritas, alio me conferam, ad te scribam.

17. (ATT. 4. 1.)

An account of the circumstances of Cicero's return to Rome after
his exile.

CICERO ATTICO SAL.

Cum primum Romam veni fuitque, cui recte ad te
litteras darem, nihil prius faciendum mihi putavi, quam ut
tibi absenti de reditu nostro gratularer; cognoram enim—
ut vere scribam—te in consiliis mihi dandis nec fortiorem
5 nec prudentiorem quam me ipsum, me etiam propter meam
in te observantiam nimium in custodia salutis meae dili-
gentem, eundemque te, qui primis temporibus erroris nostri
aut potius furoris particeps et falsi timoris socius fuisses,
acerbissime discidium nostrum tulisse plurimumque operae,
10 studii, diligentiae, laboris ad conficiendum reditum meum
contulisse : itaque hoc tibi vere adfirmo, in maxima laetitia
et exoptatissima gratulatione unum ad cumulandum gaudium
conspectum aut potius complexum mihi tuum defuisse ; quem
semel nactus si umquam dimisero, ac nisi etiam praeter-

missos fructus tuae suavitatis praeteriti temporis omnes 15
exegero, profecto hac restitutione fortunae me ipse non satis
dignum iudicabo. ⌈Nos adhuc in nostro statu, quod diffi-
cillime recuperari posse arbitrati sumus, splendorem nostrum
illum forensem et in senatu auctoritatem et apud viros bonos
gratiam magis, quam optaramus, consecuti sumus; in re 20
autem familiari, quae quem ad modum fracta, dissipata,
direpta sit, non ignoras, valde laboramus tuarumque non tam
facultatum, quas ego nostras esse iudico, quam consiliorum
ad colligendas et constituendas reliquias nostras indigemus.
Nunc, etsi omnia aut scripta esse a tuis arbitror aut etiam 25
nuntiis ac rumore perlata, tamen ea scribam brevi, quae te
puto potissimum ex meis litteris velle cognoscere. Pr.
Nonas Sextilis Dyrrhachio sum profectus, ipso ille die,
quo lex est lata de nobis; Brundisium veni Nonis Sextilibus:
ibi mihi Tulliola mea fuit praesto natali suo ipso die, qui 30
casu idem natalis erat et Brundisinae coloniae et tuae
vicinae Salutis; quae res animadversa *a* multitudine summa
Brundisinorum gratulatione celebrata est. Ante diem vi.
Idus Sextiles cognovi, [cum Brundisii essem,] litteris Quinti,
mirifico studio omnium aetatum atque ordinum, incredibili 35
concursu Italiae legem comitiis centuriatis esse perlatam :
inde a Brundisinis honestissimis ornatus iter ita feci, ut undi-
que ad me cum gratulatione legati convenerint. Ad urbem
ita veni, ut nemo ullius ordinis homo nomenclatori notus
fuerit, qui mihi obviam non venerit, praeter eos inimicos, 40
quibus id ipsum [se inimicos esse] non liceret aut dissimulare
aut negare. Cum venissem ad portam Capenam, gradus tem-
plorum ab infima plebe completi erant, a qua plausu maximo
cum esset mihi gratulatio significata, similis et frequentia et
plausus me usque ad Capitolium celebravit, in foroque et in 45
ipso Capitolio miranda multitudo fuit. Postridie in senatu,
qui fuit dies Nonarum Septembr., senatui gratias egimus.
Eo biduo cum esset annonae summa caritas et homines ad

theatrum primo, deinde ad senatum concurrissent, impulsu
50 Clodii mea opera frumenti inopiam esse clamarent, cum per
eos dies senatus de annona haberetur et ad eius procura-
tionem sermone non solum plebis, verum etiam bonorum
Pompeius vocaretur idque ipse cuperet, multitudoque a me
nominatim, ut id decernerem, postularet, feci et accurate
55 sententiam dixi. Cum abessent consulares, quod tuto se
negarent posse sententiam dicere, praeter Messaliam et
Afranium, factum est senatus consultum in meam sententiam
ut cum Pompeio ageretur ut eam rem susciperet lexque
ferretur; quo senatus consulto recitato continuo cum more
60 hoc insulso et novo plausum *in* meo nomine recitando
dedissent, habui contionem; omnes magistratus praesentes
praeter unum praetorem et duos tribunos pl. dederunt.
Postridie senatus frequens; et omnes consulares nihil
Pompeio postulanti negarunt; ille legatos quindecim cum
65 postularet, me principem nominavit et *ad* omnia me alterum
se fore dixit. Legem consules conscripserunt, qua Pompeio
per quinquennium omnis potestas rei frumentariae toto orbe
terrarum daretur; alteram Messius, qui omnis pecuniae dat
potestatem et adiungit classem et exercitum et maius impe-
70 rium in provinciis, quam sit eorum, qui eas obtineant: illa
nostra lex consularis nunc modesta videtur, haec Messii
non ferenda. Pompeius illam velle se dicit, familiares hanc. †
Consulares duce Favonio fremunt; nos tacemus, et eo
magis, quod de domo nostra nihil adhuc pontifices respon-
75 derunt: qui si sustulerint religionem, aream praeclaram
habebimus; superficiem consules ex senatus consulto
aestimabunt: sin aliter, demolientur, suo nomine locabunt,
rem totam aestimabunt. Ita sunt res nostrae, ut in secundis, fluxae, ut in adversis, bonae. In re familiari valde
80 sumus, ut scis, perturbati. Praeterea sunt quaedam domes-
tica, quae litteris non committo. Q. fratrem insigni pietate,
virtute, fide praeditum sic amo, ut debeo. Te exspecto et

oro ut matures venire eoque animo venias, ut me tuo consilio
egere non sinas. Alterius vitae quoddam initium ordimur.
Iam quidam, qui nos absentes defenderunt, incipiunt prae- 85
sentibus occulte irasci, aperte invidere: vehementer te
requirimus.

18. (FAM. 5. 12.)

Cicero asks Lucceius the historian to do more than justice to his
achievements; and suggests that he should treat of them in a separate
work.

M. CICERO S. D. L. LUCCEIO Q. F.

Coram me tecum eadem haec agere saepe conantem
deterruit pudor quidam paene subrusticus, quae nunc
expromam absens audacius; epistola enim non erubescit.
Ardeo cupiditate incredibili neque, ut ego arbitror, reprehendenda, nomen ut nostrum scriptis inlustretur et cele- 5
bretur tuis ; quod etsi mihi saepe ostendisti te esse factu
rum, tamen ignoscas velim huic festinationi meae. Genus
enim scriptorum tuorum etsi erat semper a me vehementer exspectatum, tamen vicit opinionem meam meque ita
vel cepit vel incendit, ut cuperem quam celerrume res 10
nostras monimentis commendari tuis; neque enim me
solum commemoratio posteritatis ad spem quandam in-
mortalitatis rapit, sed etiam illa cupiditas, ut vel auctoritate
testimonii tui vel indicio benevolentiae vel suavitate ingenii
vivi perfruamur. Neque tamen, haec cum scribebam, eram 15
nescius, quantis oneribus premerere susceptarum rerum et
iam institutarum; sed quia videbam Italici belli et civilis
historiam iam a te paene esse perfectam, dixeras autem mihi
te reliquas res ordiri, deesse mihi nolui, quin te admonerem
ut cogitares, coniunctene malles cum reliquis rebus nostra 20
contexere an, ut multi Graeci fecerunt, Callisthenes Pho-

cicum bellum, Timaeus Pyrrhi, Polybius Numantinum, qui
omnes a perpetuis suis historiis ea, quae dixi, bella separa-
verunt, tu quoque item civilem coniurationem ab hostilibus
25 externisque bellis seiungeres. Equidem ad nostram laudem
non multum video interesse, sed ad properationem meam
quiddam interest non te exspectare, dum ad locum
venias, ac statim causam illam totam et tempus arripere.
Et simul, si uno in argumento unaque in persona mens tua
30 tota versabitur, cerno iam animo, quanto omnia uberiora
atque ornatiora futura sint. Neque tamen ignoro, quam
inpudenter faciam, qui primum tibi tantum oneris inponam
—potest enim mihi denegare occupatio tua—, deinde etiam
ut ornes me postulem. Quid, si illa tibi non tanto opere
35 videntur ornanda? sed tamen, qui semel verecundiae fines
transierit, eum bene et naviter oportet esse inpudentem.
Itaque te plane etiam atque etiam rogo, ut et ornes ea
vehementius etiam, quam fortasse sentis, et in eo leges
historiae neglegas gratiamque illam, de qua suavissume
40 quodam in prooemio scripsisti, a qua te flecti non magis
potuisse demonstras quam Herculem Xenophontium illum
a Voluptate, eam, si me tibi vehementius commendabit, ne
aspernere amorique nostro plusculum etiam, quam concedet
veritas, largiare. Quod si te adducemus, ut hoc suscipias,
45 erit, ut mihi persuadeo, materies digna facultate et copia tua.
A principio enim coniurationis usque ad reditum nostrum
videtur mihi modicum quoddam corpus confici posse, in
quo et illa poteris uti civilium commutationum scientia vel
in explicandis causis rerum novarum vel in remediis incom-
50 modorum, cum et reprehendes ea, quae vituperanda duces,
et quae placebunt exponendis rationibus conprobabis, et,
si liberius, ut consuesti, agendum putabis, multorum in nos
perfidiam, insidias, proditionem notabis. Multam etiam
casus nostri varietatem tibi in scribendo suppeditabunt
55 plenam cuiusdam voluptatis, quae vehementer animos

hominum in legendo [te scriptore] retinere possit; nihil
est enim aptius ad delectationem lectoris quam temporum
varietates fortunaeque vicissitudines, quae etsi nobis opta-
biles in experiendo non fuerunt, in legendo tamen erunt
iucundae; habet enim praeteriti doloris secura recordatio 60
delectationem. Ceteris vero nulla perfunctis propria molestia, casus autem alienos sine ullo dolore intuentibus, etiam
ipsa misericordia est iucunda. Quem enim nostrum ille
moriens apud Mantineam Epaminondas non cum quadam
miseratione delectat? qui tum denique sibi evelli iubet 65
spiculum, postea quam ei percontanti dictum est clipeum
esse salvum, ut etiam in volneris dolore aequo animo cum
laude moreretur. Cuius studium in legendo non erectum
Themistocli fuga redituque retinetur? etenim ordo ipse
annalium mediocriter nos retinet quasi enumeratione fasto- 70
rum; at viri saepe excellentis ancipites variique casus habent
admirationem, exspectationem, laetitiam, molestiam, spem,
timorem: si vero exitu notabili concluduntur, expletur
animus iucundissima lectionis voluptate. Quo mihi acciderit
optatius, si in hac sententia fueris, ut a continentibus tuis 75
scriptis, in quibus perpetuam rerum gestarum historiam
conplecteris, secernas hanc quasi fabulam rerum even-
torumque nostrorum; habet enim varios actus mutationesque
et consiliorum et temporum. Ac non vereor ne adsenta-
tiuncula quadam aucupari tuam gratiam videar, cum hoc 80
demonstrem, me a te potissimum ornari celebrarique velle:
neque enim tu is es, *qui*, quid sis, nescias et qui non eos
magis, qui te non admirentur, invidos quam eos, qui laudent,
adsentatores arbitrere; neque autem ego sum ita demens,
ut me sempiternae gloriae per eum commendari velim, qui 85
non ipse quoque in me commendando propriam ingenii
gloriam consequatur. Neque enim Alexander ille gratiae
causa ab Apelle potissimum pingi et a Lysippo fingi volebat,
sed quod illorum artem cum ipsis tum etiam sibi gloriae fore

90 putabat. Atqui illi artifices corporis simulacra ignotis nota
faciebant, quae vel si nulla sint, nihilo sint tamen obscuriores
clari viri; nec minus est Spartiates Agesilaus ille perhibendus,
qui neque pictam neque fictam imaginem suam passus est
esse, quam qui in eo genere laborarunt; unus enim Xeno-
95 phontis libellus in eo rege laudando facile omnes imagines
omnium statuasque superavit. Atque hoc praestantius mihi
fuerit et ad laetitiam animi et ad memoriae dignitatem,
si in tua scripta pervenero, quam si in ceterorum, quod non
ingenium mihi solum suppeditatum fuerit tuum, sicut Timo-
00 leonti a Timaeo aut ab Herodoto Themistocli, sed etiam
auctoritas clarissimi et spectatissimi viri et in rei publicae
maximis gravissimisque causis cogniti atque in primis
probati : ut mihi non solum praeconium, quod, cum in
Sigeum venisset, Alexander ab Homero Achilli tributum
05 esse dixit, sed etiam grave testimonium impertitum clari
hominis magnique videatur. Placet enim Hector ille mihi
Naevianus, qui non tantum 'laudari' se laetatur, sed addit
etiam ' a laudato viro.' Quod si a te non impetro, hoc est,
si quae te res impedierit—neque enim fas esse arbitror
10 quicquam me rogantem abs te non impetrare—, cogar
fortasse facere, quod non nulli saepe reprehendunt : scribam
ipse de me, multorum tamen exemplo et clarorum virorum.
Sed, quod te non fugit, haec sunt in hoc genere vitia : et
verecundius ipsi de sese scribant necesse est, si quid est
15 laudandum, et praetereant, si quid reprehendendum est;
accedit etiam, ut minor sit fides, minor auctoritas, multi
denique reprehendant et dicant verecundiores esse prae-
cones ludorum gymnicorum, qui cum ceteris coronas inpo-
suerint victoribus eorumque nomina magna voce pronun-
20 tiarint, cum ipsi ante ludorum missionem corona donentur,
alium praeconem adhibeant, ne sua voce se ipsi victores esse
praedicent. Haec nos vitare cupimus et, si recipis causam
nostram, vitabimus ; idque ut facias, rogamus. Ac ne forte

mirere, cur, cum mihi saepe ostenderis te accuratissume
nostrorum temporum consilia atque eventus litteris manda- 125
turum, a te id nunc tanto opere et tam multis verbis petamus:
illa nos cupiditas incendit, de qua initio scripsi, festinationis,
quod alacres animo sumus, ut et ceteri viventibus nobis ex
libris tuis nos cognoscant et nosmet ipsi vivi gloriola nostra
perfruamur.   His de rebus quid acturus sis, si tibi non est 130
molestum, rescribas mihi velim: si enim suscipis causam,
conficiam commentarios rerum omnium; sin autem differs
me in tempus aliud, coram tecum loquar.   Tu interea non
cessabis et ea, quae habes instituta, perpolies nosque
diliges.   135

19. (ATT. 4. 10.)

Cicero in retirement at Cumae writes to ask whether the report
about Ptolemy is true.

CICERO ATTICO SAL.

Puteolis magnus est rumor Ptolemaeum esse in regno:
si quid habes certius, velim scire.   Ego hic pascor bibliotheca Fausti; fortasse tu putaras, his rebus Puteolanis et
Lucrinensibus: ne ista quidem esnt.   Sed mehercule *ut*
a ceteris oblectationibus deseror voluptatum propter rem 5
publicam, sic litteris sustentor et recreor maloque in illa tua
sedecula, quam habes sub imagine Aristotelis, sedere quam
in istorum sella curuli tecumque apud te ambulare quam cum
eo, quocum video esse ambulandum.   Sed de illa ambula-
tione fors viderit aut si qui est, qui curet, deus.   Nostram 10
ambulationem et Laconicum eaque, quae Cyrea sint, velim,
cum poteris, invisas et urgeas Philotimum, [ut properet,]
ut possim tibi aliquid in eo genere respondere.   Pompeius
in Cumanum Parilibus venit; misit ad me statim, qui
salutem nuntiaret: ad eum postridie mane vadebam, cum 15
haec scripsi.

20. (FAM. 7. 1.)

Cicero congratulates Marius on their common absence from the
games. But he finds the legal employments, which he had preferred
to them, almost as distasteful.

M. CICERO S. D. M. MARIO.

Si te dolor aliqui corporis aut infirmitas valetudinis tuae
tenuit, quo minus ad ludos venires, fortunae magis tribuo
quam sapientiae tuae; sin haec, quae ceteri mirantur,
contemnenda duxisti et, cum per valetudinem posses, venire
5 tamen noluisti, utrumque laetor, et sine dolore corporis
te fuisse et animo valuisse, cum ea, quae sine causa mirantur
alii, neglexeris; modo ut tibi constiterit fructus otii tui,
quo quidem tibi perfrui mirifice licuit, cum esses in ista
amoenitate paene solus relictus. Neque tamen dubito quin
10 tu in illo cubiculo tuo, ex quo tibi Stabianum perforasti et
patefecisti Misenum, per eos dies matutina tempora lecti-
unculis consumpseris, cum illi interea, qui te istic reliquerunt,
spectarent communes mimos semisomni. Reliquas vero
partes diei tu consumebas iis delectationibus, quas tibi
15 ipse ad arbitrium tuum compararas; nobis autem erant
ea perpetienda, quae Sp. Maecius probavisset. Omnino,
si quaeris, ludi adparatissimi, sed non tui stomachi; con-
iecturam enim facio de meo: nam primum honoris causa
in scaenam redierant ii, quos ego honoris causa de scaena
20 decesse arbitrabar; deliciae vero tuae, noster Aesopus, eius
modi fuit, ut ei desinere per omnes homines liceret. Is
iurare cum coepisset, vox eum defecit in illo loco ' si sciens
fallo.' Quid tibi ego alia narrem? nosti enim reliquos
ludos, qui ne id quidem leporis habuerunt, quod solent
25 mediocres ludi; adparatus enim spectatio tollebat omnem
hilaritatem, quo quidem adparatu non dubito quin animo

aequissimo carueris : quid enim delectationis habent ses-
centi muli in Clytaemnestra? aut in Equo Troiano creterrarum tria milia? aut armatura varia peditatus et equi-
tatus in aliqua pugna? quae popularem admirationem 30
habuerunt, delectationem tibi nullam attulissent. Quod
si tu per eos dies operam dedisti Protogeni tuo, dum
modo is tibi quidvis potius quam orationes meas legerit,
ne tu haud paulo plus quam quisquam nostrum delectationis habuisti; non enim te puto Graecos aut Oscos 35
ludos desiderasse, praesertim cum Oscos ludos vel in
senatu vestro spectare possis, Graecos ita non ames, ut
ne ad villam quidem tuam via Graeca ire soleas. Nam
quid ego te athletas putem desiderare, qui gladiatores
contempseris? in quibus ipse Pompeius confitetur se et 40
operam et oleum perdidisse. Reliquae sunt venationes
binae per dies quinque, magnificae—nemo negat—, sed
quae potest homini esse polito delectatio, cum aut homo
inbecillus a valentissima bestia laniatur aut praeclara bestia
venabulo transverberatur? quae tamen, si videnda sunt, 45
saepe vidisti; neque nos, qui haec spectamus, quicquam
novi vidimus. Extremus elephantorum dies fuit, in quo
admiratio magna volgi atque turbae, delectatio nulla exstitit:
quin etiam misericordia quaedam consecuta est atque opinio
eius modi, esse quandam illi beluae cum genere humano 50
societatem. His ego tamen diebus, [ludis scaenicis,] ne
forte videar tibi non modo beatus, sed liber omnino fuisse,
dirupi me paene in iudicio Galli Caninii, familiaris tui.
Quod si tam facilem populum haberem, quam Aesopus
habuit, libenter mehercule artem desinerem tecumque et 55
cum similibus nostri viverem; nam me cum antea taedebat,
cum et aetas et ambitio me hortabatur, et licebat denique,
quem nolebam, non defendere, tum vero hoc tempore vita
nulla est; neque enim fructum ullum laboris exspecto,
et cogor nonnumquam homines non optime de me meri- 60

tos rogatu eorum, qui bene meriti sunt, defendere. Itaque quaero causas omnes aliquando vivendi arbitratu meo, teque et istam rationem otii tui et laudo vehementer et probo, quodque nos minus intervisis, hoc fero animo aequiore, quod, si Romae esses, tamen neque nos lepore tuo neque te—si qui est in me—meo frui liceret propter molestissimas occupationes meas; quibus si me relaxaro—nam, ut plane exsolvam, non postulo—, te ipsum, qui multos annos nihil aliud commentaris, docebo profecto, quid sit humaniter vivere. Tu modo istam inbecillitatem valetudinis tuae sustenta et tuere, ut facis, ut nostras villas obire et mecum simul lecticula concursare possis. Haec ad te pluribus verbis scripsi quam soleo, non otii abundantia, sed amoris erga te, quod me quadam epistola subinvitaras, si memoria tenes, ut ad te aliquid eius modi scriberem, quo minus te praetermisisse ludos paeniteret. Quod si adsecutus sum, gaudeo; sin minus, hoc me tamen consolor, quod posthac ad ludos venies nosque vises neque in epistolis relinques meis spem aliquam delectationis tuae.

21. (FAM. 7. 5.)

Cicero recommends Trebatius to Caesar's notice without asking any specified post for him.

CICERO CAESARI IMP. S. D.

Vide, quam mihi persuaserim te me esse alterum non modo in iis rebus, quae ad me ipsum, sed etiam in iis, quae ad meos pertinent: C. Trebatium cogitaram, quocumque exirem, mecum ducere, ut eum meis omnibus studiis, beneficiis quam ornatissimum domum reducerem. Sed postea quam et Pompeii commoratio diuturnior erat, quam putaram, et mea quaedam tibi non ignota dubitatio aut impedire profectionem meam videbatur aut certe

tardare, vide, quid mihi sumpserim : coepi velle ea Trebatium
exspectare a te, quae sperassét a me, neque mehercule 10
minus ei prolixe de tua voluntate promisi, quam eram
solitus de mea polliceri.   Casus vero mirificus quidam
intervenit quasi vel testis opinionis meae vel sponsor
humanitatis tuae : nam cum de hoc ipso Trebatio cum
Balbo nostro loquerer accuratius domi meae, litterae mihi 15
dantur a te, quíbus in extremis scriptum erat : ' M. †
Rufum, quem mihi commendas, vel regem Galliae faciam,
vel hunc † Leptae delega, si vis : tu ad me alium mitte,
quem ornem.'   Sustulimus manus et ego et Balbus : tanta
fuit opportunitas, ut illud nescio quid non fortuitum, sed 20
divinum videretur.   Mitto igitur ad te Trebatium atque
ita mitto, ut initio mea sponte, post autem invitatu tuo
mittendum duxerim.   Hunc, mi Caesar, sic velim omni tua
comitate complectare, ut omnia, quae per me possis adduci
ut in meos conferre velis, in unum hunc conferas ; de quo 25
tibi homine haec spondeo, non illo vetere verbo meo, quod,
cum ad te de Milone scripsissem, iure lusisti, sed more
Romano, quo modo homines non inepti loquuntur, probiorem
hominem, meliorem virum, pudentiorem esse neminem ;
accedit etiam, quod familiam ducit ih iure civili singulari 30
memoria, summa scientia.   Huic ego neque tribunatum
neque praefecturam neque ullius beneficii certum nomen
peto ; benevolentiam tuam et liberalitatem peto, neque
inpedio, quo minus, si tibi ita placuerit, etiam hisce eum
ornes gloriolae insignibus ; totum denique hominem tibi 35
ita trado, de manu, ut aiunt, in manum tuam istam et victoria et fide praestantem.   Simus enim putidiusculi, quam
per te vix licet ; verum, ut video, licebit.   Cura, ut valeas, et
me, ut amas, ama.

22. (Q. F. 2. 16.)

Cicero sends the news of the city to his brother Quintus now serving
with Caesar, and congratulates him on his advantages as an author.

MARCUS QUINTO FRATRI SALUTEM.

Cum a me litteras librarii manu acceperis, ne paulum
quidem me otii habuisse iudicato, cum autem mea, paulum :
sic enim habeto, numquam me a causis et iudiciis districtiorem
fuisse atque id anni tempore gravissimo et caloribus maximis.
5 Sed haec, quoniam tu ita praescribis, ferenda sunt, neque
committendum ut aut spei aut cogitationi vestrae ego videar
defuisse, praesertim cum, si id difficilius fuerit, tamen ex
hoc labore magnam gratiam magnamque dignitatem sim
conlecturus. Itaque, ut tibi placet, damus operam, ne cuius
10 animum offendamus atque ut etiam ab iis ipsis, qui nos cum
Caesare tam coniunctos dolent, diligamur, ab aequis vero
aut etiam a propensis in hanc partem vehementer et colamur
et amemur. De ambitu cum atrocissime ageretur in senatu
multos dies, quod ita erant progressi candidati consulares, ut
15 non esset ferendum, in senatu non fui : statui ad nullam
medicinam rei publicae sine magno praesidio accedere.
Quo die haec scripsi, Drusus erat de praevaricatione a
tribunis aerariis absolutus, in summa, quattuor sententiis,
cum senatores et equites damnassent. Ego eodem die
20 post meridiem Vatinium eram defensurus : ea res facilis est.
Comitia in mensem Septembrem reiecta sunt. Scauri iudicium
statim exercebitur, cui nos non deerimus. Συνδείπνους
Σοφοκλέους, quamquam a te actam fabellam video esse festive,
nullo modo probavi. Venio nunc ad id, quod nescio an
25 primum esse debuerit : o iucundas mihi tuas de Britannia
litteras ! Timebam Oceanum, timebam litus insulae. Reliqua
non equidem contemno, sed plus habent tamen spei quam
timoris, magisque sum sollicitus exspectatione ea quam

metu. Te vero ὑπόθεσιν scribendi egregiam habere video: quos tu situs, quas naturas rerum et locorum, quos mores, 30 quas gentes, quas pugnas, quem vero ipsum imperatorem habes! Ego te libenter, ut rogas, quibus rebus vis adiuvabo et tibi versus, quos rogas, γλαῦκ' εἰς 'Αθήνας, mittam. Sed heus tu, celari videor a te: quomodonam, mi frater, de nostris versibus Caesar? nam primum librum 35 se legisse scripsit ad me ante, et prima sic, ut neget se ne Graeca quidem meliora legisse; reliqua ad quendam locum ῥᾳθυμότερα: hoc enim utitur verbo. Dic mihi verum, num aut res eum aut χαρακτὴρ non delectat? nihil est, quod vereare: ego enim ne pilo quidem minus me amabo. Hac 40 de re φιλαληθῶς et, ut soles, scribe fraterne.

23. (FAM. 7. 10.)

Cicero rallies Trebatius on his new position in attendance on Caesar, but concludes with serious inquiries about his prospects of advantage in it.

[M.] CICERO S. D. TREBATIO.

Legi tuas litteras, ex quibus intellexi te Caesari nostro valde iureconsultum videri: est quod gaudeas te in ista loca venisse, ubi aliquid sapere viderere. Quod si in Britanniam quoque profectus esses, profecto nemo in illa tanta insula peritior te fuisset. Verum tamen — rideamus 5 licet; sum enim a te invitatus — subinvideo tibi, ultro *te* etiam arcessitum ab eo, ad quem ceteri, non propter superbiam eius, sed propter occupationem, adspirare non possunt. Sed tu in ista epistola nihil mihi scripsisti de tuis rebus, quae mehercule mihi non minori curae sunt quam 10 meae. Valde metuo ne frigeas in hibernis; quam ob rem camino luculento utendum censeo—idem Mucio et Manilio placebat—, praesertim qui sagis non abundares: quamquam vos nunc istic satis calere audio; quo quidem nuntio valde

15 mehercule de te timueram. Sed tu in re militari multo es
cautior quam in advocationibus, qui neque in Oceano natare
volueris, studiosissimus homo natandi, neque spectare essedarios, quem antea ne andabata quidem defraudare potera-
mus. Sed iam satis iocati sumus. Ego de te ad Caesarem
20 quam diligenter scripserim, tute scis; quam saepe, ego. Sed
mehercule iam intermiseram, ne viderer liberalissimi hominis
meique amantissimi voluntati erga me diffidere; sed tamen
iis litteris, quas proxime dedi, putavi esse hominem commo-
nendum. Id feci: quid profecerim, facias me velim certiorem
25 et simul de toto statu tuo consiliisque omnibus; scire enim
cupio, quid agas, quid exspectes, quam longum istum tuum
discessum a nobis futurum putes. Sic enim tibi persuadeas
velim, unum mihi esse solacium, qua re facilius possim pati
te esse sine nobis, si tibi esse id emolumento sciam ; sin
30 autem id non est, nihil duobus nobis est stultius: me, qui te
non Romam attraham, te, qui non huc advoles. Una mehercule nostra vel severa vel iocosa congressio pluris erit quam
non modo hostes, sed etiam fratres nostri Haedui. Qua re
omnibus de rebus fac ut quam primum sciam :

35   Aut consolando aut consilio aut re iuvero.

24. (Q. F. 3. 5. et 6.)

Cicero writes with much interest about his treatise ' De Republica,'
but says that he is not in the mood for poetical composition. He concludes by answering one or two questions and requests.

MARCUS QUINTO FRATRI SALUTEM.

Quod quaeris, quid de illis libris egerim, quos, cum essem
in Cumano, scribere institui, non cessavi neque cesso, sed
saepe iam scribendi totum consilium rationemque mutavi ;
nam iam duobus factis libris, in quibus novendialibus iis
5 feriis, quae fuerunt Tuditano et Aquilio consulibus, sermo
est a me institutus Africani paulo ante mortem, et Laelii,

Phili, Manilii, *P. Rutilii*, Q. Tuberonis et Laelii generorum,
Fannii et Scaevolae, sermo autem in novem et dies et libros
distributus de optimo statu civitatis et de optimo cive—sane
texebatur opus luculente hominumque dignitas aliquantum 10
orationi ponderis adferebat—, ii libri cum in Tusculano mihi
legerentur audiente Sallustio, admonitus sum ab illo multo
maiore auctoritate illis de rebus dici posse, si ipse loquerer
de re publica, praesertim cum essem non Heraclides Ponticus,
sed consularis et is, qui in maximis versatus [in re publica] 15
rebus essem; quae tam antiquis hominibus attribuerem, ea
visum iri ficta esse; oratorum sermonem in illis nostris libris,
quod esset de ratione dicendi, belle a me removisse, ad eos
tamen rettulisse, quos ipse vidissem; Aristotelem denique,
quae de re publica et praestanti viro scribat, ipsum loqui. 20
Commovit me, et eo magis, quod maximos motus nostrae
civitatis attingere non poteram, quod erant inferiores quam
illorum aetas, qui loquebantur : ego autem id ipsum tum
eram secutus, ne in nostra tempora incurrens offenderem
quempiam. Nunc et id vitabo et loquar ipse tecum, et tamen 25
illa, quae institueram, ad te, si Romam venero, mittam; puto
enim te existimaturum a me illos libros non sine aliquo meo
stomacho esse relictos. Caesaris amore, quem ad me per-
scripsti, unice delector ; promissis iis, quae ostendit, non
valde pendeo: nec sitio honores nec desidero gloriam, magis- 30
que eius voluntatis perpetuitatem quam promissorum exitum
exspecto; vivo tamen in ea ambitione et labore, *tam*quam id,
quod non postulo, exspectem. Quod me de versibus faciendis rogas, incredibile est, mi frater, quam egeam tempore,
nec sane satis commoveor animo ad ea, quae vis, canenda. 35
ὑποθέσεις vero ad ea, quae ipse ego ne cogitando quidem
consequor, tu, qui omnes isto eloquendi et exprimendi genere
superasti, a me petis ? facerem tamen, ut possem, sed, quod
te minime fugit, opus est ad poëma quadam animi alacritate,
quam plane mihi tempora eripiunt. Abduco me equidem ab 40

omni rei publicae cura dedoque litteris, sed tamen indicabo
tibi, quod mehercule in primis te celatum volebam: angor,
mi suavissime frater, angor nullam esse rem publicam, nulla
iudicia, nostrumque hoc tempus aetatis, quod in illa aucto-
45 ritate senatoria florere debebat, aut forensi labore iactari aut
domesticis litteris sustentari, illud vero, quod a puero
adamaram,

πολλὸν ἀριστεύειν καὶ ὑπείροχος ἔμμεναι ἄλλων,

totum occidisse, inimicos a me partim non oppugnatos, par-
50 tim etiam esse defensos, meum non modo animum, sed ne
odium quidem esse liberum, unumque ex omnibus Caesarem
esse inventum, qui me tantum, quantum ego vellem, amaret,
aut etiam, sicut alii putant, hunc unum esse, qui vellet: quorum tamen nihil est eius modi, ut ego me non multa con-
55 solatione cotïdie leniam, sed illa erit consolatio maxima, si
una erimus. Nunc ad illa vel gravissimum accedit desiderium
tui. Gabinium si, ut Pansa putat oportuisse, defendissem,
concidissem; qui illum oderunt—ii sunt toti ordines—propter
quem oderunt, me ipsum odisse coepissent. Tenui me, ut
60 puto, egregie, tantum ut facerem, quantum omnes viderent;
et in omni summa, ut mones, valde me ad otium pacemque
converto. De libris, Tyrannio est cessator; Chrysippo dicam,
sed res operosa est et hominis perdiligentis: sentio ipse, qui
in summo studio nihil adsequor. De Latinis vero, quo me
65 vertam, nescio: ita mendose et scribuntur et veneunt; sed
tamen, quod fieri poterit, non neglegam. Crebrius, ut ante
ad te scripsi, Romae est, et qui omnia adiurat, debere tibi
valde renuntiant. Ab aerario puto confectum esse, dum
absum.

70   Quattuor tragoedias sedecim diebus absolvisse *te* cum
scribas, tu quicquam ab alio mutuaris? et χρέος quaeris, cum
Electram et Troadas scripseris? cessator esse noli et illud
γνῶθι σεαυτόν noli putare ad adrogantiam minuendam solum
esse dictum, verum etiam ut bona nostra norimus. Sed et

istas et Erigonam mihi velim mittas.   Habes *ad* duas epistolas proximas.

25. (FAM. 7. 12.)

Cicero affects to believe that his friend Trebatius has become an
Epicurean, and shows him how his new creed will embarrass him in his
profession.

CICERO TREBATIO.

Mirabar, quid esset, quod tu mihi litteras mittere inter-
misisses : indicavit mihi Pansa meus Epicureum te esse
factum.   O castra praeclara ! quid tu fecisses, si te Tarentum
et non Samarobrivam misissem ? iam tum mihi non place-
bas, cum idem tuebare, quod † Zeius familiaris meus.   Sed
quonam modo ius civile defendes, cum omnia tua causa
facias, non civium? Ubi porro illa erit formula fiduciae VT
INTER BONOS BENE AGIER OPORTET ? Quis enim [est], qui
facit nihil nisi sua causa ? Quod ius statues COMMVNI DIVID-
VNDO, cum commune nihil possit esse apud eos, qui omnia
voluptate sua metiuntur ? Quo modo autem tibi placebit
IOVEM LAPIDEM iurare, cum scias Iovem iratum esse nemini
posse? Quid fiet porro populo Ulubrano, si tu statueris,
πολιτεύεσθαι non oportere ? Qua re si plane a nobis deficis,
moleste fero; sin Pansae adsentari commodum est, ignosco.
Modo scribe aliquando ad nos, quid agas et a nobis quid fieri
aut curari velis.

26. (FAM. 7. 18.)

Another bantering letter to Trebatius.

CICERO TREBATIO SAL.

Accepi a te aliquot epistolas uno tempore, quas tu
diversis temporibus dederas : in quibus me cetera delectarunt ; significabant enim te istam militiam iam firmo

animo ferre et esse fortem virum et constantem; quae
5 ego paulisper in te ita desideravi, non inbecillitate animi
tui, sed magis, ut desiderio nostri te aestuare putarem.
Qua re perge, ut coepisti; forti animo istam tolera militiam: multa, mihi crede, adsequere; ego enim renovabo
commendationem, sed tempore. Sic habeto, non tibi ma-
10 iori esse curae, ut iste tuus a me discessus quam fructuo-
sissimus tibi sit, quam mihi; itaque, quoniam vestrae
cautiones infirmae sunt, Graeculam tibi misi cautionem
chirographi mei. Tu me velim de ratione Gallici belli
certiorem facias; ego enim ignavissimo cuique maximam
15 fidem habeo. Sed, ut ad epistolas tuas redeam, cetera
belle; illud miror: quis solet eodem exemplo plures dare,
qui sua manu scribit? nam quod in palimpsesto, laudo
equidem parsimoniam; sed miror, quid in illa chartula
fuerit, quod delere malueris quam haec *non* scribere, nisi
20 forte tuas formulas; non enim puto te meas epistolas
delere, ut reponas tuas. An hoc significas, nihil fieri,
frigere te, ne chartam quidem tibi suppeditare? iam ista
tua culpa est, qui verecundiam tecum extuleris et non hic
nobiscum reliqueris. Ego te Balbo, cum ad vos proficis-
25 cetur, more Romano commendabo. Tu, si intervallum
longius erit mearum litterarum, ne sis admiratus; eram
enim afuturus mense Aprili. Has litteras scripsi in Pomptino, cum ad villam M. Aemilii Philemonis devertissem, ex
qua iam audieram fremitum clientium meorum, quos quidem
30 tu mihi conciliasti; nam Ulubris honoris mei causa vim
maximam ranunculorum se commosse constabat. Cura
ut valeas. vi. Id. April. de Pomptino.

Epistolam tuam, quam accepi ab L. Arruntio, conscidi
innocentem; nihil enim habebat, quod non vel in contione
35 recte legi posset: sed et Arruntius ita te mandasse aiebat
et tu adscripseras. Verum illud esto. Nihil te ad me
postea scripsisse demiror, praesertim tam novis rebus.

27. (FAM. 5. 17.)

Cicero endeavours to console Sittius in his exile.

M. CICERO S. D. P. SITTIO P. F.

Non oblivione amicitiae nostrae neque intermissione
consuetudinis meae superioribus temporibus ad te nullas
litteras misi, sed quod priora tempora in ruinis rei publicae
nostrisque iacuerunt, posteriora autem me a scribendo tuis
iniustissimis atque acerbissimis incommodis retardarunt. 5
Cum vero et intervallum iam satis longum fuisset et tuam
virtutem animique magnitudinem diligentius essem mecum recordatus, non putavi esse alienum institutis meis
haec ad te scribere : ego te, P. Sitti, et primis temporibus
illis, quibus in invidiam absens et in crimen vocabare, 10
defendi, et, cum in tui familiarissimi iudicio ac periculo
tuum crimen coniungeretur, ut potui accuratissime te
tuamque causam tutatus sum, et proxime, recenti adventu
meo, cum rem aliter institutam offendissem ac mihi placuisset,
si adfuissem, tamen nulla re saluti tuae defui; cumque eo 15
tempore invidia annonae, inimici non solum tui, verum
etiam amicorum tuorum, iniquitas totius iudicii multaque
alia rei publicae vitia plus quam causa ipsa veritasque val-
uissent, Publio tuo neque opera neque consilio neque labore
neque gratia neque testimonio defui. Quam ob rem omnibus 20
officiis amicitiae diligenter a me sancteque servatis ne hoc
quidem praetermittendum esse duxi, te ut hortarer roga-
remque, ut et hominem te et virum esse meminisses, id est,
ut et communem incertumque casum, quem neque vitare
quisquam nostrum nec praestare ullo pacto potest, sapienter 25
ferres et dolori fortiter ac fortunae resisteres cogitaresque et
in nostra civitate et in ceteris, quae rerum potitae sunt,
multis fortissimis atque optimis viris iniustis iudiciis tales
casus incidisse. Illud utinam ne vere scriberem, ea te re

30 publica carere, in qua neminem prudentem hominem res
ulla delectet! de tuo autem filio, vereor ne, si nihil ad te
scripserim, debitum eius virtuti videar testimonium non
dedisse, sin autem omnia, quae sentio, perscripserim, ne
refricem meis litteris desiderium ac dolorem tuum: sed
35 tamen prudentissime facies, si illius pietatem, virtutem,
industriam, ubicumque eris, tuam esse, tecum esse duces;
nec enim minus nostra sunt quae animo conplectimur quam
quae oculis intuemur. Quam ob rem et illius eximia virtus
summusque in te amor magnae tibi consolationi debet esse,
40 et nos ceterique, qui te non ex fortuna, sed ex virtute tua
pendimus semperque pendemus, et maxime animi tui conscientia, cum tibi nihil merito accidisse reputabis et illud
adiunges, homines sapientes turpitudine, non casu, et delicto
suo, non aliorum iniuria commoveri. Ego et memoria
45 nostrae veteris amicitiae et virtute atque observantia filii tui
monitus nullo loco deero neque ad consolandam neque ad
levandam fortunam tuam: tu si quid ad me forte scripseris,
perficiam ne te frustra scripsisse arbitrere.

28. (FAM. 3. 2.)

Cicero begs Appius, his predecessor in Cilicia, to arrange affairs in it
with a view to his convenience.

M. CICERO PROCOS. S. D. APPIO PULCHRO IMP.

Cum et contra voluntatem meam et praeter opinionem
accidisset, ut mihi cum imperio in provinciam proficisci
necesse esset, in multis et variis molestiis cogitationibusque
meis haec una consolatio occurrebat, quod neque tibi ami-
5 cior, quam ego sum, quisquam posset succedere neque ego
ab ullo provinciam accipere, qui mallet eam quam maxime
mihi aptam explicatamque tradere. Quod si tu quoque eandem de mea voluntate erga te spem habes, ea te profecto

numquam fallet. A te maximo opere pro nostra summa
coniunctione tuaque singulari humanitate etiam atque etiam 10
quaeso et peto ut, quibuscumque rebus poteris—poteris autem plurimis—prospicias et consulas rationibus meis. Vides
ex senatus consulto provinciam esse habendam : si eam,
quod eius facere potueris, quam expeditissumam mihi tra-
dideris, facilior erit mihi quasi decursus mei temporis. Quid 15
in eo genere efficere possis, tui consilii est; ego te, quod tibi
veniet in mentem mea interesse, valde rogo. Pluribus verbis
ad te scriberem, si aut tua humanitas longiorem orationem
exspectaret aut id fieri nostra amicitia pateretur aut res
verba desideraret ac non pro se ipsa loqueretur. Hoc velim 20
tibi persuadeas, si rationibus meis provisum a te esse intel-
lexero, magnam me ex eo et perpetuam voluptatem esse
capturum.

29. (ATT. 5. 1.)

Cicero, after his departure, writes to Atticus, chiefly to justify his
   brother Quintus, by showing the provocation which his wife (Atticus'
   sister) gave him.

CICERO ATTICO SAL.

Ego vero et tuum in discessu vidi animum et meo sum
ipse testis; quo magis erit tibi videndum, ne quid novi decernatur, ut hoc nostrum desiderium ne plus sit annuum.
De Annio Saturnino curasti probe. De satis dando vero te
rogo, quoad eris Romae, tu ut satis des ; et sunt aliquot 5
satisdationes secundum mancipium, veluti Mennianorum
praediorum vel Atilianorum. De Oppio factum est *ut* volui,
et maxime quod DCCC. aperuisti ; quae quidem ego utique
vel versura facta solvi volo, ne extrema exactio nostrorum
nominum exspectetur. Nunc venio ad transversum illum 10
extremae epistolae tuae versiculum, in quo me admones de
sorore. Quae res se sic habet : ut veni in Arpinas, cum ad
me frater venisset, in primis nobis sermo, isque multus, de te

fuit; ex quo ego veni ad ea, quae fueramus ego et tu inter
5 nos de sorore in Tusculano locuti; nihil tam vidi mite, nihil
tam placatum, quam tum meus frater erat in sororem tuam,
ut etiam, si qua fuerat ex ratione sumptus offensio, non ap-
pareret. Illo sic die; postridie ex Arpinati profecti sumus.
ut in Arcano Quintus maneret, dies fecit, ego Aquini, sed
10 prandimus in Arcano. Nosti hunc fundum : quo ut venimus,
humanissime Quintus ' Pomponia,' inquit ' tu invita mulieres,
ego accivero pueros.' Nihil potuit, mihi quidem ut visum est,
dulcius, idque cum verbis, tum etiam animo ac voltu ; at illa
audientibus nobis ' ego sum ' inquit ' hic hospita.' Id autem
15 ex eo, ut opinor, quod antecesserat Statius, ut prandium
nobis videret. Tum Quintus ' en ' inquit mihi ' haec ego
patior cotidie.' Dices ' quid, quaeso, istuc erat ? ' magnum :
itaque me ipsum commoverat ; sic absurde et aspere
verbis voltuque responderat. Dissimulavi dolens. Discu-
30 buimus omnes praeter illam, cui tamen Quintus de mensa
misit: illa reiecit. Quid multa? nihil meo fratre lenius, nihil
asperius tua sorore mihi visum est, et multa praetereo, quae
tum mihi maiori stomacho quam ipsi Quinto fuerunt. Ego
inde Aquinum ; Quintus in Arcano remansit et Aquinum
35 ad me postridie mane venit mihique narravit nec secum illam
dormire voluisse *et*, cum discessura esset, fuisse eius modi,
qualem ego vidissem. Quid quaeris? vel ipsi hoc dicas licet,
humanitatem ei meo iudicio illo die defuisse. Haec ad te
scripsi fortasse pluribus, quam necesse fuit, ut videres tuas
40 quoque esse partes instituendi et monendi. Reliquum est, ut
ante, quam proficiscare, mandata nostra exhaurias, scribas
ad me omnia, Pomptinum extrudas, cum profectus eris, cures
ut sciam, sic habeas, nihil mehercule te mihi nec carius esse
nec suavius. A. Torquatum amantissime dimisi Minturnis,
45 optimum virum, cui me ad te scripsisse aliquid, in sermone
significes velim.

30. (ATT. 5. 10.)

Cicero describes his moderation in not exacting his right to free quarters
at Athens, which city he finds a pleasant resting-place, though completely cut off from news from Rome.

CICERO ATTICO SAL.

Ut Athenas a. d. vii. Kal. Quinctiles veneram, exspectabam
ibi iam quartum diem Pomptinum, neque de eius adventu
certi quicquam habebam. Eram autem totus, crede mihi,
tecum, et quamquam sine iis per me ipse, tamen acrius
vestigiis tuis monitus de te cogitabam. Quid quaeris? non 5
mehercule alius ullus sermo nisi de te. Sed tu aliquid de
me ipso scire fortasse mavis; haec sunt: adhuc sumptus nec
in me aut publice aut privatim nec in quemquam comitum;
nihil accipitur lege Iulia, nihil ab hospite; persuasum est
omnibus meis serviendum esse famae meae; belle adhuc. 10
Hoc animadversum Graecorum laude et multo sermone cele-
bratur. Quod superest, elaboratur in hoc a me, sicut tibi
sensi placere; sed haec tum laudemus, cum erunt perorata.
Reliqua sunt eius modi, ut meum consilium saepe reprehen-
dam, quod non aliqua ratione ex hoc negotio emerserim : 15
O rem minime aptam meis moribus! O illud verum ἔρδοι τις!
Dices ' quid adhuc? nondum enim in negotio versaris.'
Scio, et puto molestiora restare; etsi haec ipsa fero equidem
fronte, ut puto, et voltu bellissime, sed angor intimis sensi-
bus: ita multa vel iracunde vel insolenter vel in omni genere 20
stultitiae insulse, adroganter et dicuntur et tacentur cotidie.
Quae non quo te celem *non* perscribo, sed quia δυσεξείλητα
sunt; itaque admirabere meam βαθύτητα, cum salvi redieri-
mus: tanta mihi μελέτη huius virtutis datur. Ergo haec quoque hactenus; etsi mihi nihil erat propositum ad scribendum, 25
quia, quid ageres, ubi terrarum esses, ne suspicabar quidem,
nec hercule umquam tam diu ignarus rerum mearum fui,

quid de Caesaris, quid de Milonis nominibus actum sit: ac
non modo nemo sed ne rumor quidem quisquam, ut scire-
30 mus, in re publica quid ageretur.   Qua re si quid erit, quod
scias de iis rebus, quas putabis scire me velle, per mihi gratum erit, si id curaris ad me perferendum.   Quid est praeterea ? nihil sane nisi illud: valde me Athenae delectarunt,
turbae dumtaxat et urbis ornamentum et hominum amores
35 in te et in nos quaedam benevolentia, sed multum ea philosophia sursum deorsum, si quidem est in Aristo, apud quem
eram; nam Xenonem tuum vel nostrum potius Quinto con-
cesseram, et tamen propter vicinitatem totos dies simul
eramus [iunctim].   Cum primum poteris, tua consilia ad me
40 scribes, ut sciam, quid agas, ubi quoque *tempore*, maxime
quando Romae futurus sis.

31.   (FAM. 13. 1.)

Cicero with much persuasiveness begs Memmius to give up to Patro
the Epicurean, a friend of Atticus, the site and ruins of the house of
Epicurus, which had been granted to Memmius to build upon.

M. CICERO S. D. C. MEMMIO.

Etsi non satis mihi constiterat, cum aliquane animi mei
molestia an potius lubenter te Athenis visurus essem, quod
iniuria, quam accepisti, dolore me adficeret, sapientia tua,
qua fers iniuriam, laetitia, tamen vidissem te mallem; nam,
5 quod est molestiae, non sane multo levius est, cum te non
video ; quod esse potuit voluptatis, certe, si vidissem te, plus
fuisset.   Itaque non dubitabo dare operam, ut te videam,
cum id satis commode facere potero : interea, quod per
litteras et agi tecum et, ut arbitror, confici potest, agam
10 nunc.   Ac te illud primum rogabo, ne quid invitus mea
causa facias, sed id, quod mea intelleges multum, tua nullam
in partem interesse, ita mihi des, si tibi, ut id lubenter facias,

ante persuaseris. Cum Patrone Epicurio mihi omnia *communia* sunt, nisi quod in philosophia vehementer ab eo dis-
sentio; sed et initio Romae, cum te quoque et tuos omnes
observabat, me coluit in primis, et nuper, cum ea, quae
voluit, de suis commodis et praemiis consecutus est, me
habuit suorum defensorum et amicorum fere principem; et
iam a Phaedro, qui nobis, cum pueri essemus, ante quam
Philonem cognovimus, valde ut philosophus, postea tamen
ut vir bonus et suavis et officiosus probabatur, traditus mihi
commendatusque est: is igitur Patro, cum ad me Romam
litteras misisset, uti te sibi placarem peteremque, ut nescio
quid illud Epicuri parietinarum sibi concederes, nihil scripsi
ad te ob eam rem, quod aedificationis tuae consilium commendatione mea nolebam inpediri; idem, ut veni Athenas,
cum idem ad te scriberem rogasset, ob eam causam impe-
travit, quod te abiecisse illam aedificationem constabat inter
omnes amicos tuos. Quod si ita est et si iam tua plane nihil
interest, velim, si qua offensiuncula facta est animi tui per-
versitate aliquorum—novi enim gentem illam—, des te ad
lenitatem vel propter summam *tuam* humanitatem vel etiam
honoris mei causa. Equidem, si quid ipse sentiam quaeris,
nec cur ille tanto opere contendat video, nec cur tu re-
pugnes; nisi tamen multo minus tibi concedi potest quam
illi laborare sine causa. Quamquam Patronis et orationem
et causam tibi cognitam esse certo scio: honorem, officium,
testamentorum ius, Epicuri auctoritatem, Phaedri obtestationem, sedem, domicilium, vestigia summorum hominum sibi
tuenda esse dicit. Totam hominis vitam rationemque, quam
sequitur in philosophia, derideamus licet, si hanc eius con-
tentionem volumus reprehendere; sed mehercules, quoniam
illi ceterisque, quos illa delectant, non valde inimici sumus,
nescio an ignoscendum sit huic, si tanto opere laborat; in
quo etiam si peccat, magis ineptiis quam inprobitate peccat.
Sed ne plura—dicendum enim aliquando est—Pomponium

Atticum sic amo, ut alterum fratrem; nihil'est illo mihi nec
carius nec iucundius. Is—non quo sit ex istis; est enim
omni liberali doctrina politissimus, sed valde diligit Patronem, valde Phaedrum amavit—sic a me hoc contendit, homo
50 minime ambitiosus, minime in rogando molestus, ut nihil
umquam magis, nec dubitat quin ego a te nutu hoc consequi
possem, etiam si aedificaturus esses. Nunc vero, si audierit
te aedificationem deposuisse neque tamen me a te impe-
55 trasse, non te in me inliberalem, sed me in se neglegentem
putabit. Quam ob rem peto a te, ut scribas ad tuos posse
tua voluntate decretum illud Areopagitarum, quem ὑπομνημα-
τισμὸν illi vocant, tolli. Sed redeo ad prima : prius velim
tibi persuadeas, ut hoc mea causa libenter facias, quam ut
60 facias ; sic tamen habeto, si feceris, quod rogo, fore mihi
gratissimum. Vale.

32. (ATT. 5. 20.)

Cicero describes the events in his province since his arrival, including
his successes over the independent tribes at Amanus and Pindenissum.
He thanks Atticus for the news which he had received from him, and
makes comments upon it.

CICERO ATTICO SAL.

Saturnalibus mane se mihi Pindenissitae dediderunt,
septimo et quinquagesimo die, postquam oppugnare eos
coepimus. 'Qui, malum! isti Pindenissitae? qui sunt?'
inquies; 'nomen audivi numquam.' Quid ego faciam?
5 num potui Ciliciam Aetoliam aut Macedoniam reddere?
hoc iam sic habeto, nec hoc exercitu *nec* hic tanta negotia geri potuisse; quae cognosce ἐν ἐπιτομῇ : sic enim
concedis mihi proxumis litteris. Ephesum ut venerim,
nosti, qui etiam mihi gratulatus es illius diei celebrita-
10 tem, qua nihil me umquam delectavit magis. Inde oppi-
dis iis, † quae erant, mirabiliter accepti, Laodiceam pridie

Kal. Sextiles venimus. Ibi morati biduum perillustres
fuimus honorificisque verbis omnes iniurias revellimus
superiores; quod idem dein Apameae quinque dies morati
et Synnadis triduum, Philomelii quinque dies, Iconii decem, 15
fecimus. Nihil ea iuris dictione aequabilius, nihil lenius,
nihil gravius. Inde in castra veni a. d. vii. Kalendas
Septembres. a. d. iii. exercitum lustravi apud Iconium.
Ex his castris, cum graves de Parthis nuntii venirent,
perrexi in Ciliciam per Cappadociae partem eam, quae 20
Ciliciam attingit, eo consilio, ut Armenius Artavasdes et
ipsi Parthi Cappadocia se excludi putarent. Cum dies
quinque ad Cybistra [Cappadociae] castra habuissem, certior
sum factus Parthos ab illo aditu Cappadociae longe abesse,
Ciliciae magis imminere; itaque confestim iter in Ciliciam 25
feci per Tauri pylas. Tarsum veni a. d. iii. Nonas Octobres.
Inde ad Amanum contendi, qui Syriam a Cilicia in aquarum
divertio dividit; qui mons erat hostium plenus sempiter-
norum. Hic a. d. iii. Idus Octobr. magnum 'numerum
hostium occidimus. Castella munitissima, nocturno Pom- 30
ptini adventu, nostro matutino, cepimus, incendimus; im-
peratores appellati sumus. Castra paucos dies habuimus
ea ipsa, quae contra Darium habuerat apud Issum Alexander, imperator haud paulo melior quam aut tu aut
ego. Ibi dies quinque morati, direpto et vastato Amano, 35
inde discessimus; scis enim dici quaedam πανικά, dici
item τὰ κενὰ τοῦ πολέμου. Rumore adventus nostri et Cassio,
qui Antiochia tenebatur, animus accessit et Parthis timor
iniectus est: itaque eos cedentes ab oppido Cassius insecutus
rem bene gessit; qua in fuga magna auctoritate Osaces, 40
dux Parthorum, volnus accepit eoque interiit paucis post
diebus. erat in Syria nostrum nomen in gratia. Venit
interim Bibulus; credo, voluit appellatione hac inani nobis
esse par: in eodem Amano coepit loreolam in mustaceo
quaerere. At ille cohortem primam totam perdidit cen- 45

turionemque primi pili, nobilem sui generis, Asinium
Dentonem, et reliquos cohortis eiusdem et Sex. Lucilium,
T. Gavii Caepionis, locupletis et splendidi hominis, filium,
tribunum militum. Sane plagam odiosam acceperat cum
50 re, tum tempore. Nos ad Pindenissum, quod oppidum
munitissimum Eleutherocilicum omnium memoria in armis
fuit. Feri homines et acres et omnibus rebus ad defendendum parati. Cinximus vallo et fossa, aggere maximo,
vineis, turre altissima, magna tormentorum copia, multis
55 sagittariis, magno labore, apparatu; multis sauciis nostris,
incolumi exercitu, negotium ˙confecimus. Hilara sane
Saturnalia, militibus quoque, quibus equis exceptis reliquam
praedam concessimus. Mancipia venibant Saturnalibus
tertiis. Cum haec scribebam, in tribunali res erat ad HS.
60 cxx. Hinc exercitum in hiberna agri male pacati deducendum
Q. fratri dabam; ipse me Laodiceam recipiebam. Haec
adhuc. Sed ad praeterita revertamur. Quod me maxime
hortaris et quod pluris est quam omnia, in quo laboras,
ut etiam Ligurino μώμῳ satis faciamus, moriar, si quic-
65 quam fieri potest elegantius; nec iam ego hanc continen-
tiam appello, quae virtus voluptati resistere videtur: ego
in vita mea nulla umquam voluptate tanta sum adfectus,
quanta adficior hac integritate, nec me tam fama, quae
summa est, quam res ipsa delectat. Quid quaeris? fuit
70 tanti; me ipse non noram nec satis sciebam, quid in
hoc genere facere possem; recte πεφυσίωμαι: nihil est
praeclarius. Interim haec λαμπρά: Ariobarzanes opera mea
vivit, regnat; ἐν παρόδῳ, consilio et auctoritate et quod
insidiatoribus eius ἀπρόσιτον me, non modo ἀδωροδόκητον
75 praebui, regem regnumque servavi. Interea e Cappadocia
ne pilum quidem; Brutum abiectum, quantum potui,
excitavi, quem non minus amo quam tu, paene dixi, quam te.
Atque etiam spero toto anno imperii nostri teruncium
sumptus in provincia nullum fore. Habes omnia. Nunc

publice litteras Romam mittere parabam; uberiores erunt, 80
quam si ex Amano misissem. At te Romae non fore!
sed est totum, quod Kalendis Martiis futurum est; vereor
enim ne, cum de provincia agetur, si Caesar resistet, nos
retineamur: his tu si adesses, nihil timerem. Redeo ad
urbana, quae ego diu ignorans ex tuis iucundissimis litteris 85
a. d. v. Kal. Ianuarias denique cognovi. Eas diligentissime
Philogenes, libertus tuus, curavit perlonga et non satis
tuta via perferendas; nam quas Laenii pueris scribis datas,
non acceperam. Iucunda de Caesare et quae senatus
decrevit et quae tu speras, quibus ille si cedit, salvi sumus. 90
Incendio Plaetoriano quod Seius ambustus est, minus moleste
fero. Lucceius de Q. Cassio cur tam vehemens fuerit et
quid actum sit, aveo scire. Ego, cum Laodiceam venero,
Quinto, sororis tuae filio, togam puram iubeor dare, cui
moderabor diligentius. *Deiotarus*, cuius auxiliis magnis 95
usus sum, ad me, ut scripsit, cum Ciceronibus Laodiceam venturus erat. Tuas etiam Epiroticas exspecto litteras, ut habeam rationem non modo negotii, verum etiam
otii tui. Nicanor in officio est et a me liberaliter tractatur;
quem, ut puto, Romam cum litteris publicis mittam, ut 10
et diligentius perferantur et idem ad me certa de te et a te
referat. Alexis quod mihi totiens salutem adscribit, est
gratum; sed cur non suis litteris idem facit, quod meus ad
te Alexis facit? Phemio quaeritur κέρας. Sed haec hactenus.
Cura ut valeas et ut sciam, quando cogites Romam: etiam 10
atque etiam vale.

Tua tuosque Thermo et praesens Ephesi diligentissime
commendaram et nunc per litteras, ipsumque intellexi esse
perstudiosum tui. Tu velim, quod antea ad te scripsi, de
domo Pammeni des operam, ut, quod tuo meoque beneficio 11
puer habet, cures ne qua ratione convellatur. *Id cum
honestum* utrique nostrum existimo, tum mihi erit pergratum.

33. (FAM. 7. 32.)

Cicero affects anxiety about his reputation as a sayer of good things;
and begs Volumnius to take care that other people's dull wit should
not be attributed to him.

[M.] CICERO S. D. VOLUMNIO.

Quod sine praenomine familiariter, ut debebas, ad me
epistolam misisti, primum addubitavi, num a Volumnio
senatore esset, quocum mihi est magnus usus; deinde
εὐτραπελία litterarum fecit ut intellegerem tuas esse; quibus
5 in litteris omnia mihi periucunda fuerunt praeter illud, quod
parum diligenter possessio salinarum mearum a te procuratore
defenditur: ais enim, ut ego discesserim, omnia omnium
dicta, in his etiam Sestiana, in me conferri. Quid? tu id
pateris? non *me* defendis? non resistis? equidem sperabam
10 ita notata me reliquisse genera dictorum meorum, ut
cognosci sua sponte possent. Sed quoniam tanta faex est
in urbe, ut nihil tam sit ἀκύθηρον, quod non alicui venustum
esse videatur, pugna, si me amas, nisi acuta ἀμφιβολία, nisi
elegans ὑπερβολή, nisi παράγραμμα bellum, nisi ridiculum παρὰ
15 προσδοκίαν, nisi cetera, quae sunt a me in secundo libro ' de
oratore' [per Antonii personam] disputata de ridiculis, ἔντεχνα
et arguta adparebunt, ut sacramento contendas mea non
esse. Nam de iudiciis quod quereris, multo laboro minus :
trahantur per me pedibus omnes rei ; sit vel Selius tam
20 eloquens, ut possit probare se liberum: non laboro. Urbanitatis possessionem, amabo, quibusvis interdictis defendamus: in qua te unum metuo, contemno ceteros.
Derideri te putas? nunc demum intellego te sapere. Sed
mehercules extra iocum : valde mihi tuae litterae facetae
25 elegantesque visae sunt. Illa, quamvis ridicula essent,

sicut erant, mihi tamen risum non moverunt: cupio enim
nostrum illum amicum in tribunatu quam plurimum habere gravitatis; id*que* cum ipsius causa—est mihi, ut scis,
in amoribus—, tum mehercule etiam rei publicae; quam
quidem, quamvis in me ingrata sit, amare non desinam. 30
Tu, mi Volumni, quoniam et instituisti et mihi vides esse
gratum, scribe ad me quam saepissime de rebus urbanis, de
re publica: iucundus est mihi sermo litterarum tuarum.
Praeterea Dolabellam, quem ego perspicio et iudico cupid-
issimum esse atque amantissimum mei, cohortare et confirma 35
et redde plane meum; non mehercule, quo quicquam desit,
sed quia valde cupio, non videor nimium laborare.

34.　(FAM. 15. 5.)

Cato wishes Cicero joy of the thanksgiving decreed for his administration, but warns him not to expect a triumph.

M. CATO S. D. M. CICERONI IMP.

Quod et res publica me et nostra amicitia hortatur, libenter
facio, ut tuam virtutem, innocentiam, diligentiam cognitam
in maximis rebus domi togati, armati foris pari industria
administrare gaudeam: itaque, quod pro meo iudicio facere
potui, ut innocentia consilioque tuo defensam provinciam, 5
servatum Ariobarzanis cum ipso rege regnum, sociorum
revocatam ad studium imperii nostri voluntatem sententia
mea et decreto laudarem, feci. Supplicationem decretam,
si tu, qua in re nihil fortuito, sed summa tua ratione et con-
tinentia rei publicae provisum est, dis inmortalibus gratulari 10
nos quam tibi referre acceptum mavis, gaudeo: quod si tri-
umphi praerogativam putas supplicationem et idcirco casum
potius quam te laudari mavis, neque supplicationem sequitur
semper triumphus, et triumpho multo clarius est senatum
iudicare potius mansuetudine et innocentia imperatoris pro- 15

vinciam quam vi militum aut benignitate deorum retentam
atque conservatam esse; quod ego mea sententia censebam.
Atque haec ego idcirco ad te contra consuetudinem meam
pluribus scripsi, ut, quod maxime volo, existimes me labo-
20 rare, ut tibi persuadeam me et voluisse de tua maiestate,
quod amplissimum sim arbitratus, et, quod tu maluisti, factum esse gaudere.   Vale et nos dilige et instituto itinere
severitatem diligentiamque sociis et rei publicae praesta.

35. (ATT. 6. 6.)

Cicero explains the embarrassment which he felt in giving his daughter
to Dolabella; and excuses himself for leaving Caelius in his province
as governor ad interim.

CICERO ATTICO SAL.

Ego, dum in provincia omnibus rebus Appium orno,
subito sum factus accusatoris eius socer. ' Id quidem' inquis
' di adprobent!'   Ita velim, teque ita cupere certo scio; sed
crede mihi, nihil minus putaram ego, qui de Ti. Nerone,
5 qui mecum egerat, certos homines ad mulieres miseram, qui
Romam venerunt factis sponsalibus.   Sed hoc spero melius;
mulieres quidem valde intellego delectari obsequio et
comitate adulescentis: cetera noli ἐξακανθίζειν.   Sed heus tu,
πυροὺς εἰς δῆμον Athenis? placet hoc tibi? etsi non impedie-
10 bant mei certe libri; non enim ista largitio fuit in cives, sed
in hospites liberalitas.   Me tamen de Academiae προπύλῳ
iubes cogitare, cum iam Appius de Eleusine non cogitet? de
Hortensio te certo scio dolere, equidem excrucior; decreram
enim cum eo valde familiariter vivere.   Nos provinciae prae-
15 fecimus Caelium: ' puerum' inquies ' et fortasse fatuum et
non gravem et non continentem.'   Adsentior: fieri non

potuit aliter. Nam quas multo ante tuas acceperam litteras,
in quibus ἐπέχειν te scripseras, quid esset mihi faciendum de
relinquendo, eae me pungebant; videbam enim, quae tibi
essent ἐποχῆς causae, et erant eaedem mihi: puero tradere? 20
fratri autem? illud non utile nobis; nam praeter fratrem
nemo erat, quem sine contumelia quaestori, nobili praesertim,
anteferrem. Tamen, dum impendere Parthi videbantur, statueram fratrem relinquere aut etiam rei publicae causa contra
senatus consultum ipse remanere, qui posteaquam incredibili 25
felicitate discesserunt, sublata dubitatio est. Videbam ser-
mones: ' hui, fratrem reliquit! num est hoc non plus annum
obtinere provinciam? quid, quod senatus eos voluit praeesse
provinciis, qui non praefuissent? at hic triennium.' Ergo
haec ad populum. Quid, quae tecum? numquam essem sine 30
cura, si quid iracundius aut contumeliosius aut neglegentius,
quae fert vita hominum. Quid, si quid filius puer et puer
bene sibi fidens? qui esset dolor? quem pater non dimittebat
teque id censere moleste ferebat. At nunc Caelius, non dico
equidem, quid egerit, sed tamen multo minus laboro. Adde 35
illud : Pompeius, eo robore vir, iis radicibus, Q. Cassium
sine sorte delegit, Caesar Antonium; ego sorte datum offenderem, ut etiam inquireret in eum, quem reliquissem? hoc
melius, et huius rei plura exempla, senectuti quidem nostrae
profecto aptius. At te apud eum, di boni! quanta in gratia 40
posui, eique legi litteras non tuas, sed librarii tui. Amicorum
litterae me ad triumphum vocant, rem a nobis, ut ego arbitror, propter hanc παλιγγενεσίαν nostram non neglegendam :
qua re tu quoque, mi Attice, incipe id cupere, quo nos minus
inepti videamur.   45

36. (FAM. 15. 6.)

Cicero affects to be greatly satisfied with Cato's letter, but will not abandon his expectation of a triumph.

M. CICERO S. D. M. CATONI.

' Laetus sum laudari me' inquit Hector, opinor apud
Naevium, ' abs te, pater, a laudato viro;' ea est enim profecto iucunda laus, quae ab iis proficiscitur, qui ipsi in laude
vixerunt. Ego vero vel gratulatione litterarum tuarum vel
5 testimoniis sententiae dictae nihil est quod me non adsecu-
tum putem; idque mihi cum amplissimum, tum gratissimum
est, te libenter amicitiae dedisse, quod liquido veritati dares.
Et, si non modo omnes, verum etiam multi Catones essent
in civitate nostra, in qua unum exstitisse mirabile est, quem
10 ego currum aut quam lauream cum tua laudatione confer-
rem ? nam ad meum sensum et ad illud sincerum ac subtile
iudicium nihil potest esse laudabilius quam ea tua oratio,
quae est ad me perscripta a meis necessariis. Sed causam
meae voluntatis, non enim dicam cupiditatis, exposui tibi
15 superioribus litteris, quae etiamsi parum iusta tibi visa est,
hanc tamen habet rationem, non ut nimis concupiscendus
honos, sed tamen, si deferatur a senatu, minime aspernandus
esse videatur. Spero autem illum ordinem pro meis ob rem
publicam susceptis laboribus me non indignum honore, usitato
20 praesertim, existimaturum. Quod si ita erit, tantum ex te
peto, quod amicissime scribis, ut, cum tuo iudicio, quod amplissimum esse arbitraris, mihi tribueris, si id, quod maluero,
acciderit, gaudeas: sic enim fecisse te et sensisse et scripsisse video, resque ipsa declarat tibi illum honorem nostrum
25 supplicationis iucundum fuisse, quod scribendo adfuisti ;
haec enim senatus consulta non ignoro ab amicissimis eius,
cuius honor agitur, scribi solere. Ego, ut spero, te propediem videbo, atque utinam re publica meliore quam timeo !

37. (FAM. 16. 1.)

Cicero on his way home from his province writes assurances of the tenderest affection to Tiro, whom he had been obliged to leave ill at Patrae.

TULLIUS TIRONI SUO SAL. PLUR. DIC. ET CICERO MEUS
ET FRATER ET FRATRIS F.

Paulo facilius putavi posse me ferre desiderium tui, sed plane non fero et, quamquam magni ad honorem nostrum interest, quam primum ad urbem me venire, tamen peccasse mihi videor, qui a te discesserim; sed quia tua voluntas ea videbatur esse, ut prorsus nisi confirmato corpore nolles 5 navigare, adprobavi tuum consilium, neque nunc muto, si tu in eadem es sententia; sin autem postea, quam cibum cepisti, videris tibi posse me consequi, tuum consilium est. Marionem ad te eo misi, ut aut tecum ad me quam primum veniret, aut, si tu morarere, statim ad me rediret.   Tu autem 10 hoc tibi persuade, si commodo valetudinis tuae fieri possit, nihil me malle quam te esse mecum; si autem intelleges opus esse te Patris convalescendi causa paulum commorari, nihil me malle quam te valere. Si statim navigas, nos Leucade consequere; sin te confirmare vis, et comites et 15 tempestates et navem idoneam ut habeas, diligenter videbis. Unum illud, mi Tiro, videto, si me amas, ne te Marionis adventus et hae litterae moveant: quod valetudini tuae maxime conducet, si feceris, maxime obtemperaris voluntati meae.   Haec pro tuo ingenio considera.   Nos ita te deside- 20 ramus, ut amemus; amor, ut valentem videamus, hortatur; desiderium, ut quam primum: illud igitur potius. Cura ergo potissimum, ut valeas; de tuis innumerabilibus in me officiis erit hoc gratissimum.   III. Non. Nov.

38. (FAM. 16. 9.)

Another letter of affectionate cautions to Tiro, with an account of
Cicero's own journey as far as Brundisium.

TULLIUS ET CICERO TIRONI SUO SAL. PLUR. DIC.

Nos a te, ut scis, discessimus a. d. IIII. Non. Nov.;
Leucadem venimus a. d. VIII. Id. Nov., a. d. VII. Actium;
ibi propter tempestatem a. d. VI. Id. morati sumus. Inde
a. d. v. Id. Corcyram bellissime navigavimus. Corcyrae
5 fuimus usque *ad* a. d. XVI. K. Dec. tempestatibus retenti.
A. d. XV. K. in portum Corcyraeorum ad Cassiopen stadia
cxx processimus; ibi retenti ventis sumus usque ad a. d.
VIIII. K. Interea, qui cupide profecti sunt, multi nau-
fragia fecerunt. Nos eo die cenati solvimus: inde austro
10 lenissimo, caelo sereno, nocte illa et die postero in Italiam ad
Hydruntem ludibundi pervenimus, eodemque vento postridie
—id erat a. d. VII. K. Dec.—hora IIII. Brundisium venimus,
eodemque tempore simul nobiscum in oppidum introiit
Terentia, quae te facit plurimi. A. d. v. K. Dec. servus Cn.
15 Plancii Brundisii tandem aliquando mihi a te exspectatissimas
litteras reddidit, datas Idibus Nov., quae me molestia valde
levarunt, utinam omnino liberassent! sed tamen Asclapo
medicus plane confirmat propediem te valentem fore. Nunc
quid ego te horter, ut omnem diligentiam adhibeas ad
20 convalescendum? tuam prudentiam, temperantiam, amorem
erga me novi; scio te omnia facturum, ut nobiscum quam
primum sis; sed tamen ita velim, ut ne quid properes.
Symphoniam Lysonis vellem vitasses, ne in quartam heb-
domada incideres; sed, quoniam pudori tuo maluisti obsequi
25 quam valetudini, reliqua cura. Curio misi, ut medico honos
haberetur et tibi daret quod opus esset; me, cui iussisset,
curaturum. Equum et mulum Brundisii tibi reliqui. Romae
vereor ne ex K. Ian. magni tumultus sint. Nos agemus omnia

modice. Reliquum est, ut te hoc rogem et a te petam, ne
temere naviges—solent nautae festinare quaestus sui causa 30
—, cautus sis, mi Tiro—mare magnum et difficile tibi
restat—, si poteris, cum Mescinio—caute is solet navigare—, si minus, cum honesto aliquo homine, cuius auctoritate navicularius moveatur. In hoc omnem diligentiam
si adhibueris teque nobis incolumem stiteris, omnia a te 35
habebo. Etiam atque etiam, noster Tiro, vale. Medico,
Curio, Lysoni de te scripsi diligentissime. Vale, salve.

39.   (ATT. 7. 2.)

Cicero expresses his anxiety about the health of Atticus and Tiro;
is bent upon the grant of a triumph, if Bibulus is to have one; and
is much provoked with what he hears of his freedman Chrysippus.

CICERO ATTICO SAL.

Brundisium venimus VII. Kalend. Decembr. usi tua
felicitate navigandi; ita belle nobis

Flavit ab Epiro lenissumus Onchesmites.

Hunc σπουδειάζοντα si cui voles τῶν νεωτέρων pro tuo vendito.
Valetudo tua me valde conturbat; significant enim tuae;
litterae te prorsus laborare. Ego autem, cum sciam, quam
sis fortis, vehementius esse quiddam suspicor, quod te cogat
cedere et propemodum infringat, etsi alteram quartanam
Pamphilus tuus mihi dixit decessisse et alteram leviorem
accedere; Terentia vero, quae quidem eodem tempore 10
ad portam Brundisinam venit, quo ego in portum, mihique
obvia in foro fuit, L. Pontium sibi in Trebulano dixisse
narrabat etiam eam decessisse. Quod si ita est, *est* quod
maxume mehercule opto, idque spero tua prudentia et
temperantia te consecutum. Venio ad epistolas tuas, quas 15
ego sescentas uno tempore accepi, aliam alia iucundiorem,
quae quidem erant tua manu: nam Alexidis manum amabam,
quod tam prope accedebat ad similitudinem tuae litterae,

non amabam, quod indicabat te non valere. Cuius quoniam
20 mentio facta est, Tironem Patris aegrum reliqui, adules-
centem, ut nosti, et adde, si quid vis, probum : nihil vidi
melius ; itaque careo aegre. Quamquam videbatur se non
graviter habere, tamen sum sollicitus maxumamque spem
habeo in M'. Curii diligentia, de qua ad me scripsit Tiro et
25 multi nuntiarunt ; Curius autem ipse sensit, quam tu velles *se*
a me diligi, et eo sum admodum delectatus. Et mehercule
est, quam facile diligas, αὐτόχθων in homine urbanitas.
Eius testamentum deporto Ciceronum signis obsignatum
cohortisque praetoriae ; fecit palam te ex libella, me ex
30 teruncio. In Actio Corcyrae Alexio me opipare mune-
ratus est. Q. Ciceroni obsisti non potuit, quo minus
Thyamim videret. Filiola tua te delectari laetor et probari tibi φυσικὴν esse τὴν πρὸς τὰ τέκνα. Etenim, si haec
non est, nulla potest homini esse ad hominem naturae
35 adiunctio, qua sublata vitae societas tollitur. Redeo ad rem.
Quo modo exspectabam epistolam, quam Philoxeno de-
disses ! scripseras enim in ea esse de sermone Pompeii
Neapolitano : eam mihi Patron Brundisii reddidit ; Corcyrae,
ut opinor, acceperat. Nihil potuit esse iucundius ; erat
40 enim de re publica, de opinione, quam is vir haberet
integritatis meae, de benevolentia, quam ostendit eo sermone,
quem habuit de triumpho. Sed tamen hoc iucundissimum,
quod intellexi te ad eum venisse, ut eius animum erga me
perspiceres : hoc mihi, inquam, accidit incundissumum. De
45 triumpho autem nulla me cupiditas umquam tenuit ante
Bibuli impudentissimas litteras, quas amplissume supplicatio
consecuta est : a quo si ea gesta essent, quae scripsit, gau-
derem et honori faverem ; nunc illum, qui pedem porta,
quoad hostis cis Euphratem fuit, non extulerit, honore
50 augeri, me, in cuius exercitu spem illius exercitus habuit,
idem non adsequi dedecus est nostrum, nostrum, inquam,
te coniungens. Itaque omnia experiar et, ut spero, adse-

quar. Quod si tu valeres, iam mihi quaedam explorata
essent; sed, ut spero, valebis. De raudusculo Numeriano
multum te amo. .Hortensius quid egerit, aveo scire, Cato 55
quid agat; qui quidem in me turpiter fuit malevolus : dedit
integritatis, iustitiae, clementiae, fidei mihi testimonium,
quod non quaerebam ; quod postulabam, negavit. Itaque
Caesar iis litteris, quibus mihi gratulatur et omnia pollicetur,
quo modo exsultat Catonis in me ingratissimi iniuria ! At hic 60
idem Bibulo dierum xx. Ignosce mihi : non possum haec
ferre nec feram. Cupio ad omnes tuas epistolas, sed nihil
necesse est ; iam enim te videbo. Illud tamen de Chrysippo
—nam de altero illo minus sum admiratus, operario homine;
sed tamen ne illo quidem quicquam improbius—Chrysippum 65
vero, quem ego propter litterularum nescio quid lubenter
vidi, in honore habui, discedere a puero insciente me ! mitto
alia, quae audio, multa, mitto furta : fugam non fero, qua
mihi nihil visum est sceleratius. Itaque usurpavi vetus
illud Drusi, ut ferunt, praetoris in eo, qui eadem liber non 70
iuraret, me istos liberos non addixisse, praesertim cum
adesset nemo, a quo recte vindicarentur. Id tu, ut videbitur, ita accipies : ego tibi adsentiar. Uni tuae diser-
tissumae epistolae non rescripsi, in qua est de periculis
rei publicae : quid rescriberem? valde eram perturbatus ; 75
sed, ut nihil magno opere metuam, Parthi faciunt, qui
repente Bibulum semivivum reliquerunt.

/ 40. (FAM. 16. 11.)

Cicero in an affectionate letter informs Tiro of his arrival at Rome,
where he has found the ' flame of civil war' now kindled, and the charge
of Campania allotted to himself.

TULLIUS ET CICERO, TERENTIA, TULLIA, Q. Q. TIRONI

SAL. PLURIMAM DIC.

Etsi opportunitatem operae tuae omnibus locis desidero, tamen non tam mea quam tua causa doleo te non

valere; sed quoniam in quartanam conversa vis est morbi
—sic enim scribit Curius—, spero te diligentia adhibita
5 iam firmiorem fore. Modo fac, id quod est humanitatis
tuae, ne quid aliud cures hoc tempore, nisi ut quam
commodissime convalescas. Non ignoro, quantum ex desiderio labores; sed erunt omnia facilia, si valebis. Festinare te nolo, ne nauseae molestiam suscipias aeger et
10 periculose hieme naviges. Ego ad urbem accessi pr. Non.
Ian. Obviam. mihi sic est proditum, ut nihil possit fieri
ornatius; sed incidi in ipsam flammam civilis discordiae
vel potius belli, cui cum cuperem mederi et, ut arbitror,
possem, cupiditates certorum hominum—nam ex utra-
15 que parte sunt qui pugnare cupiant—impedimento mihi
fuerunt. Omnino et ipse Caesar, amicus noster, minaces
ad senatum et acerbas litteras miserat, et erat adhuc in-
pudens, qui exercitum et provinciam invito senatu tene-
ret, et Curio meus illum incitabat. Antonius quidem noster
20 et Q. Cassius, nulla vi expulsi, ad Caesarem cum Curione
profecti erant, postea quam senatus consulibus, praetoribus,
tribunis pl. et nobis, qui pro coss. sumus, negotium
dederat, ut curaremus, ne quid res publica detrimenti
caperet. Numquam maiore in periculo civitas fuit; num-
25 quam improbi cives habuerunt paratiorem ducem. Omnino
ex hac quoque parte diligentissime comparatur; id fit
auctoritate et studio Pompeii nostri, qui Caesarem sero
coepit timere. Nobis inter has turbas senatus tamen
frequens flagitavit triumphum; sed Lentulus consul, quo
30 maius suum beneficium faceret, simul atque expedisset,
quae essent necessaria de re publica, dixit se relaturum.
Nos agimus nihil cupide eoque est nostra pluris auctoritas. Italiae regiones discriptae sunt, quam quisque partem tueretur: nos Capuam sumpsimus. Haec te scire
35 volui. Tu etiam atque etiam cura, ut valeas litterasque

ad me mittas, quotienscumque habebis, cui des. Etiam
atque etiam vale. D. pr. Idus Ian.

41. (FAM. i4. 14.)

Cicero wishes his wife and family to consider whether it will be prudent for them to run the risk of being besieged in Rome by Caesar.

TULLIUS TERENTIAE ET PATER TULLIAE, DUABUS ANIMIS SUIS, ET CICERO MATRI OPTIMAE, SUAVISSIMAE SORORI S. P. D.

Si vos valetis, nos valemus. Vestrum iam consilium
est, non solum meum, quid sit vobis faciendum. Si ille
Romam modeste venturus *est*, recte in praesentia domi
esse potestis; sin homo amens diripiendam urbem datu-
rus est, vereor ut Dolabella ipse satis nobis prodesse
possit. Etiam illud metuo, ne iam intercludamur, ut,
cum velitis exire, non liceat. Reliquum est, quod ipsae
optime considerabitis, vestri similes feminae sintne Romae: si enim non sunt, videndum est, ut honeste vos
esse possitis. Quo modo quidem nunc se res habet, modo 10
ut haec nobis loca tenere liceat, bellissime vel mecum
vel in nostris praediis .esse poteritis. Etiam illud veren-
dum est, ne brevi tempore fames in urbe sit. His de rebus velim cum Pomponio, cum Camillo, cum quibus vobis
videbitur, consideretis, ad summam animo forti sitis. La- 15
bienus rem meliorem fecit; adiuvat etiam Piso, quod ab
urbe discedit et sceleris condemnat generum suum. Vos,
meae carissimae animae, quam saepissime ad me scribite,
et vos quid agatis et quid istic agatur. Quintus pater et
filius et Rufus vobis s. d. Valete. VIII. Kal. Minturnis.   20

42. (ATT. 8. 4.)

Cicero complains of the ingratitude of Dionysius, his son's tutor, at this time of trial, and betrays great anxiety about Caesar's advance.

CICERO ATTICO SAL.

Dionysius quidem tuus potius quam noster, cuius ego cum satis cognossem mores, tuo tamen potius stabam iudicio quam meo, ne tui quidem testimonii, quod ei saepe apud me dederas, veritus, superbum se praebuit in fortuna,
5 quam putavit nostram fore; cuius fortunae nos, quantum humano consilio effici poterit, motum ratione quadam gubernabimus. Cui qui noster honos, quod obsequium, quae etiam ad ceteros contempti cuiusdam hominis commendatio defuit? ut meum iudicium reprehendi a Quinto
10 fratre volgoque ab omnibus mallem quam illum non efferre laudibus, Ciceronesque nostros meo potius labore subdoceri quam me alium iis magistrum quaerere. Ad quem ego quas litteras, dei immortales, miseram! quantum honoris significantes! quantum amoris! Dicaearchum mehercule
15 aut Aristoxenum diceres arcessi, *non* hominem omnium loquacissimum et minime aptum ad docendum. ' Sed est memoria bona.' Me dicet esse meliore. Quibus litteris ita respondit, ut ego nemini, cuius causam non reciperem; semper enim ' si potero, si ante suscepta causa non impediar;'
20 numquam reo cuiquam tam humili, tam sordido, tam nocenti, tam alieno tam praecise negavi quam hic mihi plane nulla exceptione praecidit. Nihil cognovi ingratius, in quo vitio nihil mali non inest. Sed de hoc nimis multa. Ego navem paravi; tuas litteras tamen exspecto, ut sciam, quid
25 respondeant consultationi meae. Sulmone C. Atium Paelignum aperuisse Antonio portas, cum essent cohortes quinque, Q. Lucretium inde effugisse scis, Gnaeum ire Brundisium, † desertum. Confecta res est.

43. (ATT. 8. 5.)

Dionysius has repented, and Atticus is to return to Cicero the letter of
reproof which had been entrusted to him.

CICERO ATTICO SAL.

Cum ante lucem VIII. Kal. ad te litteras dedissem, vesperi
ad nos eodem die venit ipse Dionysius, auctoritate tua
permotus, ut suspicor; quid enim putem aliud? etsi solet
eum, cum aliquid furiose fecit, paenitere. Numquam
autem cerritior fuit quam in hoc negotio : nam, quod ad te 5
non scripseram, postea audivi a tertio miliario tum eum isse

πολλὰ μάτην κεράεσσιν ἐς ἠέρα θυμήναντα·

multa, inquam, mala eum dixisse, suo capiti, ut aiunt.
Sed *o* meam mansuetudinem! conieceram in fasciculum
una cum tua vehementem ad illum epistolam: hanc ad 10
me referri volo, nec ullam ob aliam causam Pollicem, servum
a pedibus meum, Romam misi; eo autem ad te scripsi, ut,
si tibi forte reddita esset, mihi curares referendam, ne in
illius manus perveniret. Novi si quid esset, scripsissem.
Pendeo animi exspectatione Corfiniensi, in qua de salute rei 15
publicae decernitur. Tu fasciculum, qui est M'. Cvrio
inscriptus, velim cures ad eum perferendum, Tironemque
Curio commendes, ut *ei*, ut petii, si quid opus erit in sumptum, eroget.

44. (ATT. 8. 13.)

Cicero observes that the apathy of the Italians is changing into posi-
tive attachment to Caesar.

CICERO ATTICO SAL.

Lippitudinis meae signum tibi sit librarii manus et eadem
causa brevitatis, etsi nunc quidem quod scriberem nihil
erat: omnis exspectatio nostra erat in nuntiis Brundisinis.
Si nactus hic esset Gnaeum nostrum, spes dubia pacis, sin
ille ante tramisisset, exitiosi belli metus. Sed videsne, in 5

quem hominem inciderit res publica? quam acutum, quam
vigilantem, quam paratum? si mehercule neminem occiderit
nec cuiquam quicquam ademerit, ab iis, qui eum maxime
timuerant, maxime diligetur. Multum mecum municipales
10 homines loquuntur, multum rusticani: nihil prorsus aliud
curant nisi agros, nisi villulas, nisi nummulos suos. Et vide,
quam conversa res sit: illum, quo antea confidebant,
metuunt, hunc amant, quem timebant. Id quantis nostris
peccatis vitiisque evenerit, non possum sine molestia cogitare.
15 Quae autem impendere putarem, scripseram ad te, et iam
tuas litteras exspectabam.

45. (ATT. ii. 2.)

Cicero, though informed of a legacy, is full of anxiety about his affairs,
especially about Tullia's dowry, and his house in Rome. He begs
Atticus to do all he can to help him.

CICERO ATTICO SAL.

Litteras tuas accepi pr. Non. Febr. eoque ipso die ex
testamento crevi hereditatem: ex multis meis miserrimis
curis est una levata, si, ut scribis, ista hereditas fidem et
famam meam tueri potest, quam quidem te intellego etiam
5 sine hereditate tuis opibus defensurum fuisse. De dote
quod scribis, per omnes deos te obtestor, ut totam rem
suscipias, et illam miseram mea culpa et neglegentia tueare
meis opibus, si quae sunt, tuis, quibus tibi molestum non
erit, facultatibus; cui quidem deesse omnia, quod scribis,
10 obsecro te, noli pati. In quos enim sumptus abeunt
fructus praediorum? Iam illa HS. lx., quae scribis, nemo
mihi umquam dixit ex dote esse detracta; numquam enim
essem passus. Sed haec minima est ex iis iniuriis, quas
accepi; de quibus ad te dolore et lacrimis scribere prohibeor.
15 Ex ea pecunia, quae fuit in Asia, partem dimidiam fere
exegi: tutius videbatur fore ibi, ubi est, quam apud pub-

licanos. Quod me hortaris, ut firmo sim animo, vellem
posses aliquid adferre, quam ob rem id facere possem.
Sed si ad ceteras miserias accessit etiam id, quod mihi
Chrysippus dixit parari—tu nihil significasti—de domo, 20
quis me miserior uno iam fuit? oro, obsecro, ignosce: non
possum plura scribere. Quanto maerore urgear, profecto
vides.   Quod si mihi commune cum ceteris esset, qui
videntur in eadem causa esse, minor mea culpa videretur et
eo tolerabilior esset; nunc nihil est, quod consoletur, nisi 25
quid tu efficis, si modo etiam nunc effici potest, ut ne qua
singulari adficiar calamitate et iniuria.   Tardius ad te
remisi tabellarium, quod potestas mittendi non fuit.   A tuis
et nummorum accepi HS. lxx. et vestimentorum quod opus
fuit.   Quibus tibi videbitur velim des litteras meo nomine 30
—nosti meos familiares— ; *si* signum requirent aut manum,
dices me propter custodias ea vitasse.

· 46. (FAM. 9. 1.)

Cicero means to find consolation for the loss of the Republic in literature
and literary society.

CICERO [M.] VARRONI SAL.

Ex iis litteris, quas Atticus a te missas mihi legit, quid
ageres et ubi esses, cognovi; quando autem te visuri
essemus, nihil sane ex isdem litteris potui suspicari. In
spem tamen venio adpropinquare tuum adventum: qui
mihi utinam solacio sit! etsi tot tantisque rebus urge- 5
mur, nullam ut levationem quisquam non stultissimus sperare
debeat; sed tamen aut tu potes me aut ego te fortasse
aliqua re iuvare. Scito enim me, postea quam in urbem
venerim, redisse cum veteribus amicis, id est cum libris
nostris, in gratiam : etsi non idcirco eorum usum dimiseram, 10
quod iis suscenserem, sed quod eorum me subpudebat:
videbar enim mihi, cum me in res turbulentissimas infi-

delissimis sociis demisissem, praeceptis illorum non satis
paruisse. Ignoscunt mihi, revocant in consuetudinem pristinam
15 teque, quod in ea permanseris, sapientiorem quam me
dicunt fuisse. Quam ob rem, quoniam placatis iis utor,
videor sperare debere, si te viderim, et ea, quae premant,
et ea, quae inpendeant, me facile transiturum. Quam ob
rem sive in Tusculano sive in Cumano ad te placebit sive,
20 quod minime velim, Romae, dum modo simul simus, perficiam profecto ut id utrique nostrum commodissimum esse
iudicetur.

· 47. (FAM. 9. 20.)

Cicero has been driven by the state of public affairs to a life which is
practically Epicurean.

CICERO PAETO.

Dupliciter delectatus sum tuis litteris, et quod ipse risi
et quod te intellexi iam posse ridere ; me autem a te, ut
scurram velitem, malis oneratum esse, non moleste tuli :
illud doleo, in ista loca venire me, ut constitueram, non
5 potuisse ; habuisses enim non hospitem, sed contubernalem.
At quem virum ! non eum, quem tu es solitus promulside
conficere : integram famem ad ovum adfero ; itaque usque
ad assum vitulinum opera perducitur. Illa mea, quae solebas
antea laudare, ' o hominem facilem ! o hospitem non gravem !'
10 abierunt. Nam omnem nostram de re publica curam,
cogitationem de dicenda in senatu sententia, commentationem
causarum abiecimus, in Epicuri nos adversarii nostri castra
coiecimus ; nec tamen ad hanc insolentiam, sed ad illam
tuam lautitiam, veterem dico, cum in sumptum habebas,
15 etsi nunquam plura praedia habuisti. Proinde te para :
cum homine et edaci tibi res et qui iam aliquid intellegat ;
ὀψιμαθεῖς autem homines scis quam insolentes sint : dedis-
cendae tibi sunt sportellae et artolagani tui. Nos iam
artis tantum habemus, ut Verrium tuum et Camillum—qua

munditia homines! qua elegantia!—vocare saepius au- 20
deamus. Sed vide audaciam: etiam Hirtio cenam dedi,
sine pavone tamen; in ea cena cocus meus praeter ius
fervens nihil *non* potuit imitari. Haec igitur est nunc
vita nostra: mane salutamus domi et bonos viros multos, sed tristes, et hos laetos victores, qui me quidem 25
perofficiose et peramanter observant: ubi salutatio defluxit,
litteris me involvo, aut scribo aut lego; veniunt etiam qui
me audiunt quasi doctum hominem, quia paulo sum quam
ipsi doctior. Inde corpori omne tempus datur. Patriam
eluxi iam et gravius et diutius quam ulla mater unicum 30
filium. Sed cura, si me amas, ut valeas, ne ego te iacente
bona tua comedim; statui enim tibi ne aegroto quidem
parcere.

<h2 style="text-align:center">48. (FAM. 7. 28.)</h2>

Cicero congratulates Curius on having attained in Greece that retirement from public affairs, which he himself finds in his library.

[M.] CICERO S. D. CURIO.

Memini, cum mihi desipere videbare, quod cum istis
potius viveres quam nobiscum; erat enim multo domicilium huius urbis, cum quidem haec urbs, aptius huma-
nitati et suavitati tuae quam tota Peloponnesus, nedum
Patrae: nunc contra et vidisse mihi multum videris, cum 5
prope desperatis his rebus te in Graeciam contulisti, et
hoc tempore non solum sapiens, qui hinc absis, sed etiam
beatus. Quamquam quis, qui aliquid sapiat, nunc esse
beatus potest? sed, quod tu, cui licebat, pedibus es consecutus, ut ibi esses, 'ubi nec Pelopidarum'—nosti cetera—, 10
nos idem prope modum consequimur alia ratione: cum
enim salutationi nos dedimus amicorum, quae fit hoc
etiam frequentius quam solebat, quod quasi avem albam
videntur bene sentientem civem videre, abdo me in bibliothecam. Itaque opera efficio tanta, quanta fortasse tu 15

senties; intellexi enim ex tuo sermone quodam, cum
meam maestitiam et desperationem accusares domi tuae,
discere te ex meis libris animum meum desiderare. Sed
mehercule et tum rem publicam lugebam, quae non solum
20 *suis erga me,* sed etiam meis erga se beneficiis erat mihi
vita carior, et hoc tempore, quamquam me non ratio solum
consolatur, quae plurimum debet valere, sed etiam dies,
quae stultis quoque mederi solet, tamen doleo ita rem
communem esse dilapsam, ut ne spes quidem melius ali-
25 quando fore relinquatur. Nec vero nunc quidem culpa in
eo est, in cuius potestate omnia sunt—nisi forte id ipsum
esse non debuit—, sed alia casu, alia etiam nostra culpa
sic acciderunt, ut *de* praeteritis non sit querendum. Reliquam spem nullam video; qua re ad prima redeo:
30 sapienter haec reliquisti, si consilio; feliciter, si casu.

49. (FAM. 13. 28.)

Cicero commends the Lacedaemonians to the special care of Sulpicius.

CICERO SERVIO SAL.

Nec Lacedaemonios dubitare arbitror quin ipsi sua
maiorumque suorum auctoritate satis commendati sint fidei
et iustitiae tuae, et ego, qui te optime novissem, non dubitavi quin tibi notissima et iura et merita populorum essent.
5 Itaque cum a me peteret Philippus Lacedaemonius, ut tibi
civitatem commendarem, etsi memineram me ei civitati
omnia debere, tamen respondi commendatione Lacedaemonios apud te non egere. Itaque sic velim existimes, me
omnes Achaiae civitates arbitrari pro horum temporum
10 perturbatione felices, quod iis tu praesis, eundemque me ita
iudicare, te, quod unus optime nosses non nostra solum,
sed etiam Graeciae monumenta omnia, tua sponte amicum
Lacedaemoniis et esse et fore. Qua re tantum a te peto,
ut, cum ea facies Lacedaemoniorum causa, quae tua fides,

amplitudo, iustitia postulat, ut iis, si tibi videbitur, significes
te non moleste ferre, quod intellegas ea, quae facias, mihi
quoque grata esse ; pertinet enim ad officium meum eos
existimare curae mihi suas res esse : hoc te vehementer
etiam atque etiam rogo.

50. (FAM. 6. 12.)

Cicero writes with real pleasure to congratulate Ampius on his
recall from exile obtained from Caesar by friends of Cicero in spite of
an opposition, which still delays the publication of the fact.

CICERO AMPIO SAL. PLUR.

Gratulor tibi, mi Balbe, vereque gratulor nec sum tam
stultus, ut te usura falsi gaudii frui velim, deinde frangi
repente atque ita cadere, ut nulla res te ad aequitatem
animi possit postea extollere. Egi tuam causam apertius,
quam mea tempora ferebant; vincebatur enim fortuna ipsa
debilitatae gratiae nostrae tui caritate et meo perpetuo
erga te amore culto a te diligentissime. Omnia promissa
confirmata, certa et rata sunt, quae ad reditum et ad salutem
tuam pertinent. Vidi, cognovi, interfui. Etenim omnes
Caesaris familiares satis opportune habeo inplicatos consuetudine et benevolentia sic, ut, cum ab illo discesserint, me
habeant proximum. Hoc Pansa, Hirtius, Balbus, Oppius,
Matius, Postumius plane ita faciunt, ut me unice diligant.
Quod si mihi per me efficiundum fuisset, non me paeniteret
pro ratione temporum ita esse molitum ; sed nihil est a me
inservitum temporis causa ; veteres mihi necessitudines cum
his omnibus intercedunt, quibuscum ego agere de te non
destiti. Principem tamen habuimus Pansam, tui studio-
sissimum, mei cupidum, qui valeret apud illum non minus auctoritate quam gratia ; Cimber autem Tillius mihi
plane satis fecit. Valent tamen apud Caesarem non tam
ambitiosae rogationes quam necessariae ; quas quia Cimber habebat, plus valuit, quam pro ullo alio valere po-

tuisset. Diploma statim non est datum, quod mirifica est
25 inprobitas in quibusdam, qui tulissent acerbius veniam
tibi dari, quem illi appellant tubam belli civilis, multaque
ita dicunt, quasi non gaudeant id bellum incidisse. Qua
re visum est occultius agendum neque ullo modo divol-
gandum de te iam esse perfectum; sed id erit perbrevi,
30 nec dubito quin legente te has litteras confecta iam res
futura sit. Pansa quidem mihi, gravis homo et certus,
non solum confirmavit, verum etiam recepit perceleriter
se ablaturum diploma. Mihi tamen placuit haec ad te
perscribi; minus enim te firmum sermo Eppuleiae tuae
35 lacrimaeque Ampiae declarabant, quam significant tuae
litterae; atque illae arbitrabantur, quoniam a te abessent
ipsae, multo in graviore te cura futurum. Qua re magno
opere *e re* putavi angoris et doloris tui levandi causa pro
certis ad te ea, quae essent certa, perscribi. Scis me
40 antea sic solitum esse scribere ad te, magis ut consolarer
fortem virum atque sapientem, quam ut exploratam spem
salutis ostenderem, nisi eam, quam ab ipsa re publica,
cum hic ardor restinctus esset, sperari oportere censerem.
Recordare tuas litteras, quibus et magnum animum mihi
45 semper ostendisti et ad omnes casus ferendos constantem
ac paratum; quod ego non mirabar, cum recordarer te
et a primis temporibus aetatis in re publica esse versatum
et tuos magistratus in ipsa discrimina incidisse salutis
fortunarumque communium et in hoc ipsum bellum esse
50 ingressum, non solum, ut victor beatus, sed etiam ut, si
ita accidisset, victus sapiens esses. Deinde, cum studium
tuum consumas in virorum fortium factis memoriae prodendis, considerare debes nihil tibi esse committendum,
quam ob rem eorum, quos laudas, te non simillimum
55 praebeas. Sed haec oratio magis esset apta ad illa tempora, quae iam effugisti; nunc vero tantum te para ad
haec nobiscum ferenda, quibus ego si quam medicinam

invenirem, tibi quoque eandem traderem. Sed est unum
perfugium doctrina ac litterae, quibus semper usi sumus;
quae secundis rebus delectationem modo habere videbantur, 60
nunc vero etiam salutem. Sed, ut ad initium revertar, cave
dubites quin omnia de salute ac reditu tuo perfecta sint.

51. (ATT. 12. 11.)

Cicero replies to the announcement by Atticus of the death of Seius, and
to his inquiries about Cicero's intentions of marrying again.

CICERO ATTICO SAL.

Male de Seio ; sed omnia humana tolerabilia ducenda.
Ipsi enim quid sumus? aut quam diu haec curaturi sumus? ea videamus, quae ad nos magis pertinent, nec
tamen multo: quid agamus de senatu. Et, ut ne quid
praetermittam, Caesonius ad me litteras misit, Postumiam 5
Sulpicii domum ad se venisse. De Pompeii Magni filia
tibi rescripsi nihil me hoc tempore cogitare ; alteram vero
illam, quam tu scribis, puto nosti : nihil vidi foedius. Sed
adsum ; coram igitur.

Obsignata epistola accepi tuas. Atticae hilaritatem 10
libenter audio ; commotiunculis συμπάσχω.

52. (FAM. 9. 10.)

Cicero fills up a letter to Atticus with gentle and bitter raillery at the
expense of Nicias, a scholar, and Publius Sulla, lately dead.

M. CICERO S. D. P. DOLABELLAE.

Non sum ausus Salvio nostro nihil ad te litterarum dare;
nec mehercule habebam, quid scriberem, nisi te a me
mirabiliter amari ; de quo etiam nihil scribente me te non
dubitare certo scio. Omnino mihi magis litterae sunt
exspectandae a te quam a me tibi ; nihil enim Romae 5
geritur, quod te putem scire curare, nisi forte scire vis

me inter Niciam nostrum et Vidium iudicem esse. Profert alter, opinor, duobus versiculis expensum Niciae; alter
Aristarchus hos ὀβελίζει. Ego tamquam criticus antiquus
10 iudicaturus sum, utrum sint τοῦ ποιητοῦ an παρεμβεβλημένοι.
Puto *te* nunc dicere: 'Oblitusne es igitur fungorum illorum,
quos apud Niciam? et ingentium squillarum cum sepia
Septimiae?' Quid ergo? tu adeo mihi excussam severitatem
veterem putas, ut ne in foro *quidem* reliquiae pristinae frontis
15 adpareant? Sed tamen suavissimum συμβιωτὴν nostrum
praestabo integellum, nec committam ut, si ego eum con-
demnaro, tu restituas, ne habeat Bursa Plancus, apud quem
litteras discat. Sed quid ago? cum mihi sit incertum,
tranquillone sis animo an ut in bello in aliqua maiuscula
20 cura negotiove versere, labor longius : cum igitur mihi erit
exploratum te libenter esse risurum, scribam ad te pluribus.
Te tamen hoc scire volo, vehementer populum sollicitum
fuisse de P. Sullae morte, ante quam certum scierit; nunc
quaerere desierunt, quo modo perierit; satis putant se scire,
25 quod sciunt : ego ceteroqui animo aequo fero ; unum vereor,
ne hasta Caesaris refrixerit.

53. (FAM. 6. 18.)

Cicero answers Lepta's questions ; can tell him little about the younger
Pompey; is glad his ' Orator' is approved ; and shows a kind interest
in Lepta's son.

CICERO LEPTAE.

Simul atque accepi a Seleuco tuo litteras, statim quaesivi
e Balbo per codicillos, quid esset in lege : rescripsit eos,
qui facerent praeconium, vetari esse in decurionibus, qui
fecissent, non vetari. Qua re bono animo sint et tui et mei
5 familiares ; neque enim erat ferendum, cum, qui hodie
haruspicinam facerent, in senatum Romae legerentur, eos,

G

qui aliquando praeconium fecissent, in municipiis decuriones
esse non licere. De Hispaniis novi nihil: magnum tamen
exercitum Pompeium habere constat; nam Caesar ipse ad
suos misit exemplum Paciaeci litterarum, in quo erat, illas 10
XI esse legiones. Scripserat etiam Messalla Q. Salasso P.
Curtium fratrem eius iussu Pompeii inspectante exercitu
interfectum, quod consensisset cum Hispanis quibusdam, si
in oppidum nescio quod Pompeius rei frumentariae causa
venisset, eum conprehendere ad Caesaremque deducere. 15
De tuo negotio, quod sponsor es pro Pompeio, si Galba
consponsor tuus redierit, homo in re familiari non parum
diligens, non desinam cum illo communicare, si quid expediri
possit; quod videbatur mihi ille confidere. Oratorem meum
tanto opere a te probari vehementer gaudeo: mihi quidem 20
sic persuadeo, me, quicquid habuerim iudicii de dicendo, in
illum librum contulisse. Qui si est talis, qualem tibi videri
scribis, ego quoque aliquid sum; sin aliter, non recuso quin,
quantum de illo libro, tantundem de mei iudicii fama
detrahatur. Leptam nostrum cupio delectari iam talibus 25
scriptis; etsi abest maturitas aetatis, tamen personare aures
eius huius modi vocibus non est inutile. Me Romae tenuit
omnino Tulliae meae partus. Sed cum ea, quem ad modum
spero, satis firma sit, teneor tamen, dum a Dolabellae
procuratoribus exigam primam pensionem, et mehercule 30
non tam sum peregrinator iam, quam solebam: aedificia
mea me delectabant, et otium; domus est, quae nulli
mearum villarum cedat, otium omni desertissima regione
maius. Itaque ne litterae quidem meae inpediuntur, in
quibus sine ulla interpellatione versor. Qua re, ut arbitror, 35
prius hic te nos quam istic tu nos videbis. Lepta suavissimus
ediscat Hesiodum et habeat in ore τῆς δ' ἀρετῆς ἱδρῶτα et
cetera.

54. (FAM. 15. 16.)

Cicero wants Cassius to explain, by the theories of his Epicurean philosophy, why he is always present in Cicero's thoughts; and adds some legal raillery on his desertion of the Stoic creed.

M. CICERO S. D. C. CASSIO.

Puto te iam suppudere, cum haec tertia iam epistola ante *te* oppresserit, quam tu scidam aut litteram. Sed non urgeo; longiores enim exspectabo vel potius exigam. Ego, si semper haberem, cui darem, vel ternas in hora 5 darem; fit enim nescio qui, ut quasi coram adesse videare, cum scribo aliquid ad te, neque id κατ' εἰδώλων φαντασίας, ut dicunt tui amici novi, qui putant etiam διανοητικὰς φαντασίας spectris Catianis excitari. Nam, ne te fugiat, Catius Insuber, Epicureus, qui nuper est mortuus, quae ille Gar-
10 gettius et iam ante Democritus εἴδωλα, hic spectra nominat. His autem spectris etiam si oculi possent feriri, † quod iis vel ipsa accurrunt, animus qui possit, ego non video : doceas tu me oportebit, cum salvus veneris, in meane potestate sit spectrum tuum, ut, simul ac mihi conlibitum sit de te
15 cogitare, illud occurrat, neque solum de te, qui mihi haeres in medullis, sed, si insulam Britanniam coepero cogitare, eius εἴδωλον mihi advolabit ad pectus? sed haec posterius; tempto enim te, quo animo accipias : si enim stomachabere et moleste feres, plura dicemus postulabimusque, ex qua
20 αἱρέσει VI HOMINIBVS ARMATIS deiectus sis, in eam restituare. In hoc interdicto non solet addi IN HOC ANNO. Qua re si iam biennium aut triennium est, cum virtuti nuntium remisisti delenitus inlecebris voluptatis, in integro res nobis erit: quamquam quicum loquor? cum uno fortissimo viro, qui,
25 postea quam forum attigisti, nihil fecisti nisi plenissimum amplissimae dignitatis. In ista ipsa αἱρέσει metuo ne plus

nervorum sit, quam ego putaram, si modo eam tu probas.
Qui id tibi in mentem venit? inquies. Quia nihil habebam
aliud, quod scriberem: de re publica enim nihil scribere
possum; nec enim, quod sentio, libet scribere.   30

55. (FAM. 6. 3.)

Cicero would like to send Torquatus some consolation, but can find
none which Torquatus has not already.

M. CICERO S. D. A. TORQUATO.

Superioribus litteris benevolentia magis adductus, quam
quo res ita postularet, fui longior; neque enim confirmatione
nostra egebat virtus tua neque erat ea mea causa atque
fortuna, ut, cui ipsi omnia deessent, alterum confirmarem.
Hoc item tempore brevior esse debeo: sive enim nihil tum 5
opus fuit tam multis verbis, nihilo magis nunc opus est;
sive tum opus fuit, illud satis est, praesertim cum accesserit
nihil novi. Nam etsi cotidie aliquid audimus earum rerum,
quas ad te perferri existimo, summa tamen eadem est et
idem exitus; quem ego tam video animo, quam ea, quae 10
oculis cernimus, nec vero quicquam video, quod non idem
te videre certo sciam. Nam etsi, quem exitum acies habi-
tura sit, divinare nemo potest, tamen et belli exitum video
et, si id minus, hoc quidem certe, cum sit necesse alterum
utrum vincere, qualis futura sit vel haec vel illa victoria. Idque 15
cum optime perspexi, tale video, nihil ut mali videatur futurum,
si id [vel] ante acciderit, quod vel maximum ad timorem
proponitur: ita enim vivere, ut tum sit vivendum, miserrimum est; mori autem nemo sapiens miserum duxit, ne
beato quidem. Sed in ea es urbe, in qua haec vel plura et 20
ornatiora parietes ipsi loqui posse videantur. Ego tibi hoc
confirmo, etsi levis est consolatio ex miseriis aliorum, nihilo
te nunc maiore in discrimine esse quam quemvis aut eorum,

qui discesserint, *aut eorum, qui remanserint :* alteri dimicant,
25 alteri victorem timent. Sed haec consolatio levis est; illa
gravior, qua te uti spero, ego certe utor : nec enim, dum ero,
angar ulla re, cum omni vacem culpa, et, si non ero, sensu
omnino carebo. Sed rursus γλαῦκ' εἰς 'Αθήνας, qui ad te haec.
Mihi tu, tui, tua omnia maximae curae sunt et, dum vivam,
30 erunt. Vale.

56. (ATT. 12. 14.)

Cicero is determined not to go to Apuleius's banquet, and gives way to
the expression of deep despondency.

CICERO ATTICO SAL.

De me excusando apud Appuleium dederam ad te pridie
litteras. Nihil esse negotii arbitror : quemcumque appellaris,
nemo negabit. Sed Septimium vide et Laenatem et
Statilium ; tribus enim opus est. Sed mihi Laenas totum
5 receperat. Quod scribis a Iunio te appellatum, omnino
Cornificius locuples est, sed tamen scire velim, quando dicar
spopondisse, et pro patre anne pro filio, neque eo minus,
ut scribis, procuratores Cornificii et Appuleium praediatorem
videbis. Quod me ab hoc maerore recreari vis, facis, ut
10 omnia, sed me mihi non defuisse tu testis es : nihil enim de
maerore minuendo scriptum ab ullo est, quod ego non domi
tuae legerim ; sed omnem consolationem vincit dolor.
Quin etiam feci, quod profecto ante me nemo, ut ipse me
per litteras consolarer, quem librum ad te mittam, si
15 descripserint librarii : adfirmo tibi nullam consolationem
esse talem. Totos dies scribo, non quo proficiam quid,
sed tantisper impedior. Non equidem satis—vis enim
urget—, sed relaxor tamen omnique *vi* nitor, non ad
animum, sed ad voltum ipsum, si queam, reficiendum, idque
20 faciens interdum mihi peccare videor, interdum peccaturus
esse, nisi faciam. Solitudo aliquid adiuvat, sed multo plus

proficeret, si tu tamen interesses, quae mihi una causa est
hinc discedendi; nam pro malis recte habebat: quamquam
id ipsum doleo; non enim iam in me idem esse poteris:
perierunt illa, quae amabas. De Bruti ad me litteris scripsi 25
ad te antea: prudenter scriptae, sed nihil, quod me adiuvaret.
Quod ad te scripsit, id vellem, ut ipse adesset; certe aliquid,
quoniam me tam valde amat, adiuvaret. Quod si quid
scies, scribas ad me velim, maxime autem, Pansa quando.
De Attica doleo, credo tamen Cratero. Piliam angi veta; 30
satis est *me* maerere pro omnibus.

57. (ATT. 12. 32.)

Cicero wants to avoid seeing his mother-in-law and brother-in-law;
and consults Atticus about a provision for the younger Cicero's expenses
at Athens.

CICERO ATTICO SAL.

Publilia ad me scripsit matrem—quasi cum Publilio
loqueretur—ad me cum illo venturam et se una, si ego
paterer; orat multis et supplicibus verbis, ut liceat et ut
sibi rescribam. Res quam molesta sit, vides. Rescripsi
mihi etiam gravius esse quam tum, cum illi dixissem me 5
solum esse velle, qua re nolle me hoc tempore eam ad me
venire: putabam, si nihil rescripsissem, illam cum matre
venturam, nunc non puto; apparebat enim illas litteras
non illius esse. Illud autem, quod fore video, ipsum volo
vitare, ne illae ad me veniant; et una est vitatio, ut ego 10
nolim: sed necesse est. Te hoc nunc rogo, ut explores,
ad quam diem hic ita possim esse, ut ne opprimar. Ages,
ut scribis, temperate. Ciceroni velim hoc proponas, ita
tamen, si tibi non iniquum videbitur, ut sumptus huius
peregrinationis, quibus, si Romae esset domumque con- 15
duceret, quod facere cogitabat, facile contentus futurus

erat, accommodet ad mercedes Argileti et Aventini, et
cum ei proposueris, ipse velim reliqua moderere, quem
ad modum ex iis mercedibus suppeditemus ei, quod opus
20 sit. Praestabo nec Bibulum nec Acidinum nec Messallam,
quos Athenis futuros audio, maiores sumptus facturos
quam quod ex eis mercedibus recipietur; itaque velim
videas, primum, conductores qui sint et quanti, deinde,
ut sit qui ad diem solvat, et quid viatici, quid instrumenti
25 satis sit. Iumento certe Athenis nihil opus est; quibus
autem in via utatur, domi sunt plura quam opus erat, quod
etiam tu animadvertis.

58. (FAM. 4. 5.)

Sulpicius consoles Cicero for the loss of his daughter Tullia.

SERVIUS CICERONI S.

Postea quam mihi renuntiatum est de obitu Tulliae, filiae
tuae, sane quam pro eo ac debui graviter molesteque tuli
communemque eam calamitatem existimavi, qui, si istic
adfuissem, neque tibi defuissem coramque meum dolorem
5 tibi declarassem. Etsi genus hoc consolationis miserum
atque acerbum est, propterea quia, per quos ea confieri
debet [propinquos ac familiares], ii ipsi pari molestia
adficiuntur neque sine lacrimis multis id conari possunt,
uti magis ipsi videantur aliorum consolatione indigere quam
10 aliis posse suum officium praestare, tamen quae in praesentia
in mentem mihi venerunt, decrevi brevi ad te perscribere,
non quo ea te fugere existimem, sed quod forsitan dolore
impeditus minus ea perspicias. Quid est quod tanto opere
te commoveat tuus dolor intestinus? cogita, quem ad modum
15 adhuc fortuna nobiscum egerit: ea nobis erepta esse, quae
hominibus non minus quam liberi cara esse debent, patriam,
honestatem, dignitatem, honores omnes. Hoc uno incom-

modo addito quid ad dolorem adiungi potuit? aut qui non
in illis rebus exercitatus animus callere iam debet atque
omnia minoris existimare? An illius vicem, credo, doles? 20
Quotiens in eam cogitationem necesse est et tu veneris et
nos saepe incidimus, hisce temporibus non pessime cum
iis esse actum, quibus sine dolore licitum est mortem cum
vita commutare? Quid autem fuit quod illam hoc tempore
ad vivendum magno opere invitare posset? quae res? quae 25
spes? quod animi solacium? Ut cum aliquo adulescente
primario coniuncta aetatem gereret? Licitum est tibi, credo,
pro tua dignitate ex hac iuventute generum deligere, cuius
fidei liberos tuos te tuto committere putares! An ut ea
liberos ex sese pareret, quos cum florentes videret laetaretur? 30
qui rem a parente traditam per se tenere possent? honores
ordinatim petituri essent? in re publica, in amicorum
negotiis libertate sua usuri? quid horum fuit quod non
prius quam datum est ademptum sit? 'At vero malum est
liberos amittere.' Malum: nisi hoc peius est, haec sufferre 35
et perpeti. Quae res mihi non mediocrem consolationem
attulerit, volo tibi commemorare, si forte eadem res tibi
dolorem minuere possit. Ex Asia rediens, cum ab Aegina
Megaram versus navigarem, coepi regiones circumcirca
prospicere: post me erat Aegina, ante me Megara, dextra 40
Piraeus, sinistra Corinthus; quae oppida quodam tempore
florentissima fuerunt, nunc prostrata et diruta ante oculos iacent. Coepi egomet mecum sic cogitare: 'Hem! nos
homunculi indignamur, si quis nostrum interiit aut occi-
sus est, quorum vita brevior esse debet, cum uno loco 45
tot oppidum cadavera proiecta iacent? visne tu te, Servi,
cohibere et meminisse hominem te esse natum?' Crede
mihi, cogitatione ea non mediocriter sum confirmatus. Hoc
idem, si tibi videtur, fac ante oculos tibi proponas: modo
uno tempore tot viri clarissimi interierunt; de imperio 50
populi Romani tanta deminutio facta est; omnes provinciae

conquassatae sunt: in unius mulierculae animula si iactura
facta est, tanto opere commoveris? quae si hoc tempore
non diem suum obisset, paucis post annis tamen ei
55 moriendum fuit, quoniam homo nata fuerat. Etiam tu ab
hisce rebus animum ac cogitationem tuam avoca atque
ea potius reminiscere, quae digna tua persona sunt: illam,
quam diu ei opus fuerit, vixisse; una cum re publica fuisse;
te, patrem suum, praetorem, consulem, augurem vidisse;
60 adulescentibus primariis nuptam fuisse; omnibus bonis prope
perfunctam esse: cum res publica occideret, vita excessisse.
Quid est quod tu aut illa cum fortuna hoc nomine queri
possitis? (Denique noli te oblivisci Ciceronem esse et eum,)
qui aliis consueris praecipere et dare consilium, neque imitari
65 malos medicos, qui in alienis morbis profitentur tenere se
medicinae scientiam, ipsi se curare non possunt; sed potius,
quae aliis tute praecipere soles, ea tute tibi subiice atque apud
animum propone. (Nullus dolor est, quem non longin-
quitas temporis minuat ac molliat: hoc te exspectare tempus
70 tibi turpe est ac non ei rei sapientia tua te occurrere. Quod
si qui etiam inferis sensus est, qui illius in te amor fuit
pietasque in omnes suos, hoc certe illa te facere non volt.
Da hoc illi mortuae; da ceteris amicis ac familiaribus, qui
tuo dolore maerent; da patriae, ut, si qua in re opus sit,
75 opera et consilio tuo uti possit. Denique, quoniam in eam
fortunam devenimus, ut etiam huic rei nobis serviendum sit,
noli committere ut quisquam te putet non tam filiam quam
rei publicae tempora et aliorum victoriam lugere. Plura
me ad te de hac re scribere pudet, ne videar prudentiae
80 tuae diffidere; qua re, si hoc unum proposuero, finem faciam
scribendi: vidimus aliquotiens secundam pulcherrime te
ferre fortunam magnamque ex ea re te laudem apisci; fac
aliquando intellegamus adversam quoque te aeque ferre
posse neque id maius, quam debeat, tibi onus videri, ne ex
85 omnibus virtutibus haec una tibi videatur deesse. Quod ad

me attinet, cum te tranquilliore animo esse cognoro, de iis rebus, quae hic geruntur, quemadmodumque se provincia habeat, certiorem faciam.   Vale.

59.   (FAM. 5. 14.)

Lucceius affects to inquire the cause of Cicero's absence, that he may reprove his excessive sorrow:

L. LUCCEIUS Q. F. S. D. M. TULLIO M. F.

S. V. B. E. V., sicut soleo, paululo tamen etiam deterius quam soleo.   Te requisivi saepius, ut viderem: Romae quia postea non fuisti quam decesseras, miratus sum; quod idem nunc miror.   Non habeo certum, quae te res hinc maxime retrahat.   Si solitudine delectare, cum scribas et aliquid agas 5 eorum, quorum consuesti, gaudeo neque reprehendo tuum consilium; nam nihil isto potest esse iucundius non modo miseris his temporibus et luctuosis, sed etiam tranquillis et optatis, praesertim vel animo defatigato tuo, qui nunc requiem quaerat ex magnis occupationibus, vel erudito, qui semper 10 aliquid ex se promat, quod alios delectet, *te* ipsum laudibus inlustret.   Sin autem, sicut hinc discesseras, lacrimis ac tristitiae te tradidisti, doleo, quia doles et angere; non possum te non, si concedis, quod sentimus, ut liberius dicamus, accusare: quid enim? tu solus aperta non videbis, qui propter 15 acumen occultissima perspicis? tu non intelleges te querelis cotidianis nihil proficere? non intelleges duplicari sollicitudines, quas elevare tua te prudentia postulat? Quod si non possimus aliquid proficere suadendo, gratia contendimus et rogando, si quid nostra causa vis, ut istis te molestiis laxes 20 et ad convictum nostrum redeas ad consuetudinem vel nostram communem vel tuam solius ac propriam.   Cupio non obtundere te, si non delectare nostro studio; cupio

deterrere, ne permaneas in incepto. Nunc duae res istae
25 contrariae me conturbant, ex quibus aut in altera mihi
velim, si potes, obtemperes aut in altera non offendas.
Vale.

60. (FAM. 5. 15.)

Cicero thanks Lucceius for his letter; thinks he may find consolation in
a meeting, and hopes to see him shortly.

M. CICERO S. D. L. LUCCEIO Q. F.

Omnis amor tuus ex omnibus partibus se ostendit in
iis litteris, quas a te proxime accepi, non ille quidem mihi
ignotus, sed tamen gratus et optatus; dicerem 'iucundus,'
nisi id verbum in omne tempus perdidissem; neque ob eam
5 unam causam, quam tu suspicaris et in qua me lenissimis et
amantissimis verbis utens re graviter accusas, sed quod, illius
tanti volneris quae remedia esse debebant, ea nulla sunt.
Quid enim? ad amicosne confugiam? quam multi sunt?
habuimus enim fere communes, quorum alii occiderunt, alii
10 nescio quo pacto obduruerunt. Tecum vivere possem equidem et maxime vellem: vetustas, amor, consuetudo, studia
paria; quod vinclum, quaeso, deest nostrae coniunctioni?
possumusne igitur esse una? nec mehercule intellego, quid
impediat; sed certe adhuc non fuimus, cum essemus vicini
15 in Tusculano, in Puteolano: nam quid dicam in urbe? in
qua, cum forum commune sit, vicinitas non requiritur. Sed
casu nescio quo in ea tempora nostra aetas incidit, ut, cum
maxime florere nos oporteret, tum vivere etiam puderet: quod
enim esse poterat mihi perfugium spoliato et domesticis et
20 forensibus ornamentis atque solaciis? litterae, credo, quibus
utor adsidue: quid enim aliud facere possum? sed nescio
quo modo ipsae illae excludere me a portu et perfugio videntur et quasi exprobrare, quod in ea vita maneam, in qua

nihil insit nisi propagatio miserrimi temporis.   Hic tu *me ab* ea abesse urbe miraris, in qua domus nihil delectare possit, 25 summum sit odium temporum, hominum, fori, curiae? itaque sic litteris utor, in quibus consumo omne tempus, non ut ab iis medicinam perpetuam, sed ut exiguam oblivionem doloris petam.   Quod si id egissemus ego atque tu, quod ne in mentem quidem nobis veniebat propter cotidianos metus, *si* 30 omne tempus una fuissemus, neque me valetudo tua offenderet neque te maeror meus.   Quod quantum fieri poterit consequamur: quid enim est utrique nostrum aptius? propediem te igitur videbo.

61.   (ATT. 13. 12.)

Cicero consults Atticus how he should repay Varro for the compliment which the latter intended in dedicating a work of his to Cicero.

CICERO ATTICO SAL.

Valde me momorderunt epistolae tuae de Attica nostra, eaedem tamen sanaverunt; quod enim te ipse consolabare eisdem litteris, id mihi erat satis firmum ad leniendam aegritudinem.   Ligarianam praeclare vendidisti: posthac quicquid scripsero, tibi praeconium deferam. Quod ad me de Varrone 5 scribis, scis me antea orationes aut aliquid id genus solitum scribere, ut Varronem nusquam possem intexere; postea autem quam haec coepi φιλολογώτερα, iam Varro mihi denuntiaverat magnam sane et gravem προσφώνησιν.   Biennium praeteriit, cum ille Καλλιππίδης adsiduo cursu cubitum nullum 10 processerit; ego autem me parabam ad id, quod ille mihi misisset, ut αὐτῷ τῷ μέτρῳ καὶ λώϊον, si modo potuissem; nam hoc etiam Hesiodus ascribit, αἴκε δύνηαι.   Nunc illam περὶ τελῶν σύνταξιν sane mihi probatam Bruto, ut tibi placuit, despondimus, idque eum non nolle mihi scripsisti.   Ergo illam 15 Ἀκαδημικήν, in qua homines, nobiles illi quidem, sed nullo

modo philologi, nimis acute loquuntur, ad Varronem trans-
feramus ; etenim sunt Antiochia, quae iste valde probat.
Catulo et Lucullo alibi reponemus, ita tamen, si tu hoc pro-
20 bas ; deque eo mihi rescribas velim. De Brinniana auctione
accepi a Vestorio litteras : ait sine ulla controversia rem ad
me esse conlatam—Romae videlicet aut in Tusculano me
fore putaverunt—a. d. VIII. Kal. Quinct. Dices igitur vel amico
tuo, S. Vettio, coheredi meo, vel Labeoni nostro, paulum
25 proferant auctionem ; me circiter Nonas in Tusculano fore.
Cum Pisone Erotem habes. De Scapulanis hortis toto pec-
tore cogitemus : dies adest.

62. (ATT. 13. 13.)

Cicero has now decided to recast his ' Academia' into four books, and
dedicate the whole to Varro. He concludes with an anxious inquiry for
Attica's health.

CICERO ATTICO SAL.

Commotus tuis litteris, quod ad me de Varrone scripseras,
totam Academiam ab hominibus nobilissimis abstuli, transtuli
ad nostrum sodalem et ex duobus libris contuli in quattuor :
grandiores sunt omnino, quam erant illi, sed tamen multa
5 detracta. Tu autem mihi pervelim scribas, qui intellexeris
illum velle ; illud vero utique scire cupio, quem intellexeris
ab eo ζηλοτυπείσθαι, nisi forte Brutum. Id hercle restabat !
Sed tamen scire pervelim. Libri quidem ita exierunt, nisi
forte me communis φιλαυτία decipit, ut in tali genere ne apud
10 Graecos quidem simile quicquam. Tu illam iacturam feres
aequo animo, quod illa, quae habes de Academicis, frustra
descripta sunt : multo tamen haec erunt splendidiora, breviora, meliora. Nunc autem ἀπορῶ, quo me vertam. Volo
Dolabellae valde desideranti : non reperio, quid ; et simul
15 αἰδέομαι Τρῶας, neque, si aliquid, potero μέμψιν effugere. Aut
cessandum igitur aut aliquid excogitandum. Sed quid haec

levia curamus? Attica mea, obsecro te, quid agit? quae
me valde angit. Sed crebro regusto tuas litteras; in his
acquiesco: tamen exspecto novas.

63. (FAM. 7. 25.)

Cicero thanks Fabius for his caution with respect to Tigellius, but warns
him also to observe caution in writing of Caesar.

M. CICERO S. D. M. FADIO GALLO.

Quod epistolam conscissam doles, noli laborare, salva est:
domo petes, cum libebit. Quod autem me mones, valde
gratum est; idque ut semper facias, rogo: videris enim mihi
vereri ne, si istum *infestum* habuerimus, rideamus γέλωτα
σαρδάνιον. Sed heus tu, manum de tabula; magister adest 5
citius quam putaramus: vereor ne in Catonium Catoninos.
Mi Galle, cave putes quicquam melius quam epistolae tuae
partem ab eo loco: "Cetera labuntur." Secreto hoc audi,
tecum habeto, ne Apellae quidem, liberto tuo, dixeris: praeter
duo nos loquitur isto modo nemo; bene malene, videro; 10
sed, quicquid est, nostrum est. Urge igitur nec transversum
unguem, quod aiunt, a stilo; is enim est dicendi opifex.
Atque equidem aliquantum iam etiam noctis adsumo.

64. (ATT. 13. 52.)

Cicero describes Caesar's visit to him.

CICERO ATTICO SAL.

O hospitem mihi tam gravem ἀμεταμέλητον! fuit enim
periucunde. Sed cum secundis Saturnalibus ad Philippum
vesperi venisset, villa ita completa militibus est, ut vix tricli-
nium, ubi cenaturus ipse Caesar esset, vacaret; quippe hominum ꟾꟷꟷ ꟼꟷ. Sane sum commotus, quid futurum esset 5

postridie, ac mihi Barba Cassius subvenit: custodes dedit.
Castra in agro; villa defensa est. Ille tertiis Saturnalibus
apud Philippum ad h. vii., nec quemquam admisit: rationes
opinor cum Balbo; inde ambulavit in litore. Post h. viii. in
10 balneum; tum audivit de Mamurra; non mutavit. Unctus
est, accubuit. ἐμετικὴν agebat; itaque et edit et bibit ἀδεῶς
et iucunde, opipare sane et apparate, nec id solum, sed

bene cocto,
Condito, sermone bono et, si quaeri', libenter.

15 Praeterea tribus tricliniis accepti οἱ περὶ αὐτὸν valde copiose ;
libertis minus lautis servisque nihil defuit : nam lautiores
eleganter accepti. Quid multa? homines visi sumus. Hospes
tamen non is, cui diceres : ' Amabo te, eodem ad me, cum
revertere.' Semel satis est. σπουδαῖον οὐδὲν in sermone, φιλό-
20 λογα multa. Quid quaeris? delectatus est et libenter fuit.
Puteolis se aiebat unum diem fore, alterum ad Baias. Habes
hospitium sive ἐπισταθμείαν odiosam mihi, dixi, non molestam.
Ego paulisper hic, deinde in Tusculanum. Dolabellae villam
cum praeteriret, omnis armatorum copia dextra sinistra ad
25 equum nec usquam alibi. Hoc ex Nicia.

65. (FAM. 7. 30.)

A history of the consulship of Caninius.

CICERO CURIO S. D.

Ego vero iam te nec hortor nec rogo ut domum redeas;
quin hinc ipse evolare cupio et aliquo pervenire, ' ubi nec
Pelopidarum nomen nec facta audiam.' Incredibile est, quam
turpiter mihi facere videar, qui his rebus intersim. Nae tu
5 videris multo ante providisse, quid inpenderet tum, cum hinc
profugisti. Quamquam haec etiam auditu acerba sunt, tamen
audire tolerabilius est quam videre. In campo certe non

fuisti, cum hora secunda comitiis quaestoriis institutis sella
Q. Maximi, quem illi consulem esse dicebant, posita esset,
quo mortuo nuntiato sella sublata est. Ille autem, qui comitiis 10
tributis esset auspicatus, centuriata habuit; consulem hora
septima renuntiavit, qui usque ad Kalendas Ian. esset, quae
erant futurae mane postridie : ita Caninio consule scito neminem prandisse. Nihil tamen eo consule mali factum est;
fuit enim mirifica vigilantia, qui suo toto consulatu somnum 15
non viderit. Haec tibi ridicula videntur—non enim ades—;
quae si videres, lacrimas non teneres. Quid, si cetera scribam? sunt enim innumerabilia generis eiusdem, quae quidem
ego non ferrem, nisi me in philosophiae portum contulissem
et nisi haberem socium studiorum meorum Atticum nostrum; 20
cuius quoniam proprium te esse scribis mancipio et nexo,
meum autem usu et fructu, contentus isto sum; id enim est
cuiusque proprium, quo quisque fruitur atque utitur. Sed
haec alias pluribus. Acilius, qui in Graeciam cum legionibus
missus est, maximo meo beneficio est; bis enim est a me 25
iudicio capitis rebus salvis defensus, et est homo non ingratus
meque vehementer observat : ad eum de te diligentissime
scripsi eamque epistolam cum hac [epistola] coniunxi, quam
ille quo modo acceperit et quid tibi pollicitus sit, velim ad
me scribas.   30

NOTES.

Ep. 1. 2. Lucii fratris, i. e. 'fratris patruelis,' or first-cousin. Cicero's father, Marcus, had a brother Lucius, whose son is the person here mentioned. He was a fellow-student at Athens with the writer, who calls him ' frater noster, cognatione patruelis, amore germanus' De Fin. 5. 1. Lucius had been with Cicero in Sicily when he went to collect evidence against Verres. In Verr. 5. 61 and 65. He probably assisted the orator in his public employments, as he speaks of his loss as not only domestic but professional.

8. **Adfinem** : 'relation by marriage.' For Lucius Cicero was first cousin to Quintus, Atticus' brother-in-law.

It is very remarkable that the first sentence extant in Cicero's letters should bear such strong testimony to his family affection.

9. **Sorore** : Pomponia, wife of Cicero's younger brother, Quintus. These letters contain frequent allusions to their disagreement, and his own endeavours to reconcile them. See Ep. 29.

15. **Litterarum intermissione.** Cicero often complains of difficulty in finding letter-carriers, notwithstanding which he wrote, probably, as many letters as ever have been written by so busy a man. Augustus first established posts in the Roman Empire through the provinces, but probably only for public despatches. Suet. vit. Aug. 49.

19. **In Epirum,** where Atticus had lately bought an estate at Buthrotum. His usual residence (from B. C. 85–65) was at Athens, whither he had taken much of his wealth. But he had business transactions in other parts of Greece. Corn. Nep. vit. Att.

20. **Acutiliano.** From a later letter it appears that Atticus had promised to pay a debt to Acutilianus, if the latter would engage to give an acquittance. Atticus had misunderstood the agent of Acutilianus, as if he had refused this. Att. 1. 8.

21. **Confeceram** : the epistolary tense, for 'confeci.'

22. **Contentione,** 'effort,' 'exertion.' 'Eques submersus voraginibus non exstitit : quem cum maximâ contentione non potuisset extrahere' Cic. De Divin. 33.

23. **Peducaeum.** This was one of Atticus' most intimate friends, as we learn from Cornelius Nepos that Atticus summoned him, with Agrippa his son-in-law and L. C. Balbus, to his bedside in his last illness and gave them notice of his intention to take no more food, in order not to prolong his suffering. Corn. Nep. vit. Att. 21.

28. **Unas litteras** : so 'una castra,' etc., 'unus' being thus used in the plural with plural substantives of singular meaning. Madv. § 76. c.

H

31. **Cuius animus.** As a definite person is intended, the genitive of 'quidam' might have been expected here instead of the genitive of 'quis.' The allusion is to Lucceius, who was offended with Atticus, though, as it seemed to Cicero, without sufficient cause, and whom he could not soothe. Att. 1. 11. Probably this was L. Lucceius the orator and historian, for whom see Ep. 18.

38. **Tadius locutus est ... capi posse,** 'Tadius told me that you had written to him that there was no need of trouble, since the inheritance had fallen in by right of possession. I wonder that you do not know that in the case of legal guardianship, in which this girl is said to be, no right by possession exists.' By the laws of the Twelve Tables possession for a year in the case of movables, of two years in that of land, gave a right of full ownership. 'Usucapio' was the method by which occupation, 'possessio,' was changed into ownership, 'dominium.' It does not appear what interest Atticus had in this matter, unless Tadius was his friend or agent.

Ep. 2. 1. Aviam. Atticus' grandmother was fond of religious ceremonies, it seems: hence Cicero's jest, that she died partly from longing for her grandson, partly from fear lest the Latin women should neglect their ceremonies.

The 'feriae Latinae' were celebrated at uncertain times, as the priests or magistrates directed. Such ceremonies were called 'conceptivae,' as opposed to the 'feriae statae' or 'stativae' which were held on certain days marked in the calendar. The power of appointing the time at which such festivals should be held was of great use to the magistrates and senate. It does not appear that women took any particular part in the Latin rites: the feminine adjective is only used by Cicero jocosely.

The 'feriae Latinae' were originally a Latin festival, dating, as Niebuhr thinks, from very ancient times, when the Albans had supremacy in Latium. The flesh of a victim, sacrificed on the Alban mount, was distributed between Alba and thirty Latin towns. Afterwards the festival commemorated the Roman and Latin alliance, but in the time of Cicero the Latins had ceased to take part in it. The consuls presided, but the aediles conducted the minor solemnities. During the six days of the festival, which was celebrated by chariot-races and other games, there was a sacred truce, nor were the consuls allowed to take the field until after they had held the 'feriae.' Liv. 21, 63: 22. 1; 25. 12. Dio Cass. 46. 33. Smith, Dict. Antiq.

2. **Verita sit.** Cp. 'Multi quaestores decedere iusserunt, quod arbitrarentur' Cic. Verr. 3. 58. Madv. § 357. a. obs. 2, which applies to verbs of fearing as well as to verbs of thinking.

4. **Saufeium:** an Epicurean, literary friend of Atticus, to whom Cicero frequently alludes. Here he, perhaps, refers to the Epicurean tenet that the dead have no more sense of pain or pleasure, but not in a serious way. See Att. 4. 6; 2. 8; 15. 4.

5. **Ad mensem Ianuarium,** 'in, or about the month of January.' 'Ad' is used thus to designate time. 'Turdi eodem revolant ad aequinoctium vernum' Varro 3. 5. It is also used for 'after the lapse of.' 'Nescio quid intersit utrum illuc nunc veniam, an ad decem annos' Att. 12. 46.

7. **Signa.** Cicero was now fitting up his Tusculan villa, and employed Atticus to send him statues and other ornaments for it from Greece. In another letter (Att. 1. 8) he speaks of some from Megara, and among them some of Hermes, with brazen heads, which he was much pleased with. The

statues from Megara cost him ʜs ccɪɔɔ ccɪɔɔ cccc, or, 20,400 sestertii, which is £180 12s. 6d., counting the sestertius at 2⅛d. The value of this coin depended on that of the 'denarius,' of which it was a fourth part. Smith, Dict. Antiq. Cicero calls this a small price for the statues; he does not say, however, how many they were.

11. **De nostro amico**, Lucceius, alluded to in the last letter, who seems to have been offended with Sallust as well as with Atticus.

16. **Is**, Sallust. 'I have mentioned this to you, because Sallust was wont to accuse me of neglecting you. But he has found in his own case that it is Lucceius who is implacable, and that I have never been wanting in affection for you or for himself.' Observe how the emphasis is brought out by the order of the words.

18. **Tulliolam**, Tullia, Cicero's daughter, was now only eleven years old. Her marriage with C. Piso Frugi, an upright man, took place four years after, in the year of her father's consulship, B.C. 63. Piso died during Cicero's banishment, B. c. 57. Tullia was afterwards married to Furius Crassipes; then, having been divorced from him (it is not known for what cause), to P. Cornelius Dolabella. He was a man of very bad character, and she was separated from him B. c. 46, and died early in the following year, at the age of thirty-four.

Ep. 3. 1. **Consulibus** : this would naturally mean in the actual consulship of L. Caesar and Figulus, B. c. 64. But the trial of Catiline, mentioned in this letter, took place in the year 65, when Cotta and Torquatus were consuls. The date must therefore refer to the election of Caesar and Figulus, when they became 'consules designati,' about the end of July, 65, not to their entering on office the January following. Cicero's son was probably born on the day of the election.

Filiolo, M. Tullius, the orator's only son.

3. **Rationibus**, 'my plans.' In the letter alluded to, Cicero enters at length into the prospects of his canvass for the consulship for the next year but one, and his probable competitors. Among these he mentions Catiline, if he should be acquitted of the charge of extortion in his province of Africa, where he had been praetor B. c. 67. 'If the judges decide that the sun does not shine at midday, Catiline will be my competitor,' he says. But although convinced of his guilt, and although Catiline had since been engaged in a notorious but unsuccessful attempt to murder the consuls Cotta and Torquatus this very year, Cicero was so afraid of his influence, that he was now thinking of gaining him over by undertaking his defence.

4. **Cogitamus**, 'I am thinking of defending.' 'Cogito' is sometimes used thus with an infinitive. 'Antium me ex Formiano recipere cogito.' Att. 2. 9. Catiline had the support of Caesar and Crassus, and Cicero was hampered by the jealousy of the nobles against himself as a 'novus homo.'

5. **Iudices habemus quos voluimus.** It was in the power of an accused person to challenge the judges, although there must have been some limit to this right. 'Neminem voluerunt maiores noster, non modo de existimatione cuiusquam, sed ne pecuniariâ quidem de re minimâ esse iudicem, nisi qui inter adversarios convenisset' Pro Cluent. 43. From the tense of 'voluimus,' it seems that Cicero had exercised this right for Catiline. But there is reason to think that he did not actually defend him after all, since he makes no allusion to such a defence, when he might be

expected to do so, either in his speech ' Pro Sulla,' which refers to this year, or in the fragment ' In toga candida,' which remains. This is the opinion of Asconius, the ancient commentator on Cicero, quoted by Abeken.

5. **Summa accusatoris voluntate**, 'with the full consent of the plaintiff,' P. Clodius Pulcher, afterwards Cicero's enemy. Clodius, in fact, was bribed to give up the cause ('a Catilinâ pecuniam accepit ut turpissime praevaricaretur' De Har. Resp. 20), and, Torquatus taking his place, Catiline was acquitted ' infamiâ judicum.'

6. **Spero . . . feremus**, ' I hope, if he is acquitted, that he will be more closely bound to me in the matter of my suit (for the consulship): but if not, I shall bear it patiently.' ' Humaniter,' as a man ought to bear what men are liable to.

9. **Tuos familiares.** Cicero is supposed to mean particularly Hortensius, whom he elsewhere calls a friend of Atticus (Att. 2. 25). Hortensius was an eminent orator, of noble, though plebeian family, of whom Cicero sometimes speaks with high esteem, while at other times he charges him with doing him injury from envy. Cp. Ep. 12. Others think that the patricians Lucullus and Crassus are alluded to here. Atticus, though himself only of an equestrian family, from his great wealth and attractive character, had much influence with the nobles, and Cicero desired his presence. The unjust jealousy felt against him by the ' optimates ' may excuse his own hesitation, and explain the necessity he was under of not breaking with the chiefs of the popular party, even though men of bad character.

Ep. 4. There is an interval of upwards of two years between the last letter and this, during which there are no letters of Cicero's extant. He had meantime been consul, B.C. 63, and had suppressed Catiline's conspiracy, while Pompey was absent in Asia finishing the Mithridatic war.

1. **S. T. E. Q. V. B. E.**, ' si tu exercitusque valetis bene est.'

Ex literis tuis; this letter was written probably from Pompey's camp, in Pontus. He had led his troops back thither after his conquest of Palestine, in 63, during which he had heard of the death of Mithridates. From Pontus he settled the kingdom of Asia, and then returned to Italy, B.C. 62.

3. **Quantam ego semper.** This is no more than Cicero was justified in saying, as his speech 'Pro Lege Manilia' shows, in support of the proposal to give Pompey the charge of the Mithridatic war, with unlimited power in the East. The splendid encomium on the military greatness of his hero which the speech contains, was hardly an exaggeration. Cicero now looked to Pompey as the saviour of the state, and was anxious to have his friendship and support. He probably had some misgivings as to the future for himself, as the conduct of the tribune Metellus Nepos, on his resigning the consulship, showed what was in store for him. Nepos forbade him to make the speech he had prepared, because he had condemned Roman citizens unheard. He feared Caesar's ability and unscrupulousness, and did not yet know (indeed it was long before he could open his eyes to) Pompey's dissimulation and irresolution.

4. **Tuos veteres hostes, novos amicos.** Manutius understands Crassus and Lucullus. The persons whom Cicero means had formerly opposed Pompey, professed to be his friends on his success, but were now secretly disappointed at it, and discouraged. Caesar might be alluded to, as Wieland supposes, but this description hardly suits his open, fearless

character. ' Iacere ' is often thus used ; ' Cnaeus autem noster, ut totus iacet non animus est, non consilium, non copiae, non diligentia ' Att. 7. 21.

6. **Ad me autem**. Besides Pompey's letters to the senate, he had written others to Cicero, but the latter were cold in expression, and the former had omitted, apparently, any reference to Cicero's late achievements.

8. **Nulla enim re ... patior**, ' for there is nothing I am so accustomed to rejoice in as the consciousness of fulfilling my duties to others; and if even these do not meet with a due return, I am quite content that the excess of obligation should be on my side.'

11. **Illud**; namely, the public ground he had for expecting Pompey's support, if his private regard for him met with no response. This letter expresses wounded feeling, mixed with political anxiety. Cicero had a real regard, and even affection, for Pompey, which he never quite lost, and which is in itself a strong testimony to Pompey's character. In this and other passages in his writings, we must bear in mind the sensitiveness of Cicero's own disposition, sometimes almost descending to weakness.

18. **Quod vererere ... offenderes**, ' because (as I supposed) you were afraid of offending some one's feelings.' The subjunctive is not causal, but expresses what was in Cicero's mind regarding Pompey. This instance comes under the general rule, Madv. § 357. a. The persons who might have been offended by Pompey's praising Cicero were, of course, Catiline's secret friends; perhaps Crassus and Caesar particularly. Manutius.

20. **Quae, cum veneris ... patiare**, ' when you are come, however, you will find that these things were done by me, with such wisdom and courage, that, far greater as you are than Africanus was, you will readily allow me, who am not much less than Laelius, to be allied to you both in public policy and in friendship.'

The allusion is to the younger Africanus, whose friendship with Laelius, Cicero has immortalised in his ' De Amicitia.'

Pompey's reticence in not congratulating Cicero arose no doubt, as Cicero remarks, from his fear of offending those who only half approved the punishment of the conspirators, and his unwillingness to commit himself to either party. He carried this caution so far, that he lost the influence gained by his military talents and success. Although Cicero's frequent reference to his own exploits, in his letters and orations, is wearisome, he might naturally complain of Pompey's making no allusion to them so soon afterwards.

Ep. 5. C. Antonius, second son of the orator and uncle of the triumvir, had been Cicero's colleague both in the praetorship and the consulship, and by his consent succeeded to the pro-consulship of Macedonia. He was a man of bad character, notorious for plundering the allies, of which he had been accused by Julius Caesar, and B.C. 70 had even been expelled from the senate by the censors on this account, and for private extravagance, though afterwards re-admitted. He was believed to be an accomplice of Catiline, but Cicero gained him over by allowing him to choose the rich province of Macedonia. He was now threatened with impeachment for plundering it. Cicero defended him in the senate now, and on his trial two years afterwards, but he was condemned and sent into exile to Cephallenia. Smith, Dict. Biog.

2. **Non quo eas intellegerem**, ' not because I thought that these had much weight with you!' ' Quo ' is used thus with a subjunctive in

negative clauses, denying that a reason which might be assigned is the true one. The real reason sometimes follows, in the indicative, after ' quia,' or some equivalent word. ' Nihil scripsi antea, non quo celandus esses, sed quia videtur,' etc. 'Not because you were to be kept in the dark, but because,' etc. Fam. 5. 10. 'In quo ego, non quo libenter male audiam, sed quia ego causam non libenter relinquo,' etc. De Orat. 2. 75. Sometimes after ' eo;' 'Non eo dico, C. Aquilli, quo mihi veniat in dubium tua fides' Pro Quinct. 2. Madv. § 357. b.

9. **Desiderem**. The word means, (1) ' to require,' generally ; ' Nullam enim virtus aliam mercedem laborum periculorumque desiderat, praeter hanc laudis et gloriae' Pro Arch. 11 ; (2) ' to regret the loss, or absence of any-thing,' as here. ' If I were to complain of the want of the greatest acts of kindness from you, no one would have cause to wonder;' or, 'if I were to claim (what I really miss), the greatest,' etc. Writing to another person on the same matter, Cicero afterwards says : ' Antonium, etsi eius in me officia omnes desiderant, tamen in senatu gravissimè ac diligentissimè defendi' Fam. 5. 6.

13. **Contra . . . audivi**, ' nay, that something the very opposite (of gratitude) has proceeded from you, I have heard from many.' The place of ' contra ' in the sentence brings out the emphasis. For the combination of the adverb ' contra ' with the substantival pronoun ' aliquid,' see Madv. § 301. c. obs. 2. What Cicero alludes to is a report which Antonius had spread, that Cicero had bargained for part of the plunder of his province. Att. 1. 12. The purity of his own conduct when proconsul of Cilicia makes this most improbable, and he speaks of the calumny with much indignation in his letter to Atticus, saying that it made it impossible for him to defend Antonius with any credit. On the latter point, however, he changed his mind.

14. **Nam comperisse . . . conferri,** ' for I don't venture to say that I have " discovered," lest I should chance to use a word which they say is falsely ascribed to me by you.' Cicero was fond of using the verb ' com-perio,' in relating his detection of Catiline's plot, and his enemies laughed at him for it. Att. 1. 14.

22. **Reliqua.** He alludes to the charge of extortion which Antonius was threatened with, and which was brought against him the following year.

24. **Profundere,** ' to lavish uselessly.'

Ep. 6. 1. Magna . . . litteris tuis. ' I have been convinced of the great changeableness of feeling and alteration of opinion and of mind in my brother Quintus by your letters.'

Quintus Cicero, on being appointed governor of Asia, wished to take Atticus with him as ' legatus:' but his brother-in-law had declined to go, either from his general disinclination to public offices. or from some personal causes, connected with the disagreement between his sister Pomponia and her husband Quintus. The latter had taken offence, and had written and spoken angrily of Atticus, who complained of it to Cicero, sending him copies of his brother's letters.

9. **Discedentem,** ' on your taking leave of me,' to go to Epirus, probably, where Atticus now was.

Subesse . . . suspitiones, ' that some disagreeable notion was lurking in his thoughts, and that his feelings were wounded by some unpleasant suspicions which had settled in them.'

The accusative with ‘ insideo ’ is a common construction, implying motion originally. ‘ Mago locum monstrabit quem insideatis ’ Livy 21. 54. Another construction is with ‘ in ’ and an ablative : ‘Insidebat in eius mente species eloquentiae ’ Orat. 5.

16. **Dyrrhachii.** Atticus had an estate near Dyrrhachium, and Quintus Cicero might easily have seen him on his way to Asia.

17. **Istis locis,** ‘ the places where you are.’ This is the proper meaning of ‘ iste,’ which is referred to the person addressed. Madv. § 486.

25. **Inculcatum.** The metaphor is of something trodden or rammed in, from ‘ calco,’ ‘ to tread.’

27. **Huius incommodi culpa.** Cicero does not like to write what he means, that Pomponia, sister of Atticus, and wife of Quintus, was the cause of the estrangement between the brothers-in-law.

30. **Ut nihil . . . sit,** ‘ even supposing that the wound has not been at all caused by members of his family.’ He implies that Pomponia might have reconciled Quintus and Atticus. ‘ Ut’ is often used thus in suppositions, which the subjunctive mood expresses by its proper force. Att. 12. 23 ‘ Nam quid de me dicam, cui ut omnia contingant, quae volo, levari non possum?’ It seems unnecessary to call these propositions ‘ consecutive,’ with Madvig, or to say with Key that a verb ‘ granting that ’ is understood. The subjunctive expresses supposition and the ‘ ut ’ coordinateness of propositions.

39. **Et esse . . . bonitatis,** ‘ and that this fickleness, if I may so call it, and pliability of nature is generally a mark of goodness.’

46. **Quas facultates,** ‘ what opportunities of advantage either in the provinces or in the city you have passed over, both at other times and in my own consulship.’ Atticus had many business transactions, and Cicero might have helped him when consul.

48. **Ingenuitas et magnitudo animi tui,** ‘ your sincerity and greatness of soul.’ An older reading is ‘ integritas: ’ but Cicero is referring to the candour of Atticus in giving the real reason for his refusal, namely, his dislike to public employments, not to Quintus. Indeed it would have been no great honour to Atticus to have been ‘ legatus ’ to a praetor. ‘ Non enim decere se arbitrabatur cum praeturam gerere noluisset, asseclam esse praetoris ’ Corn. Nep. vit. Att.

The passage which follows seems a genuine tribute to the true and unvarying friendship which Atticus had for Cicero, and proved by constant help and sympathy. Cicero seems to have depended on him for advice and assistance in his private affairs, which afterwards became embarrassed. In some instances a habit of polite expression, or natural sensibility, leads him into exaggeration of his friends’ goodness : but there is no ground for supposing this in the case of Atticus, who has been rewarded by his memory being perpetuated with that of the great orator.

55. **Cum discessi.** ‘Eleganter ponitur “ discedere ab aliquo” pro “excipere.” ’ Facciolati. The idiom is not uncommon in Cicero.

73. **Atque in ista . . . provinciae,** ‘ and painful as is this estrangement and offence which he has taken against you, there is one thing gratifying in it, that both I and your other friends knew (for you yourself had sometimes borne witness to it) that you had resolved to refuse the government of a province.’

79. **Qua re et illa,** ‘ so that the breach between you and Quintus

will be healed, and our friendship, which has been most tenderly preserved, will keep its sacredness.'

The rest of this letter is political. Cicero's great object, as a statesman, was to unite the senate and equites, as a bulwark against the democracy. The knights, from their landed wealth in Italy, and from their possessing the management of the state finances, and the farming of the public revenue, were a powerful body, and the scheme of Cicero might have succeeded had they not been so selfish and mercenary. Together with the senators and the 'tribuni aerarii,' they, at this time, composed the 'iudices,' and had lately most basely acquitted Clodius, when tried for sacrilege. The senate decreed that inquiry should be made into the bribery practised in this case: but Cicero, though ashamed of his task, resisted this motion and quashed it. Soon after, he again took the part of the knights, who wished to be released from the terms of a contract for the revenues of Asia, which had been calculated unfavourably for them. In this, although he spoke at length on the first of December in this year (61 B.C.), he was not successful: Caesar, in his consulship (59 B.C.), let them off one third of their liabilities. Cicero seems somewhat ashamed of the part he took in this matter also, although it must have been for the interest of the provincials that the knights should not be tempted to exact the original sum. But his chief anxiety arose from seeing the failure of his plan of union.

90. **Ecce aliae,** 'Here is another beautiful instance of the conduct of the knights, which, intolerable as it is, I have not only endured, but even defended.'

93. **Ut induceretur locatio,** 'that the contract should be cancelled.' Att. 13. 14 'Nomina iam facta sunt, sed vel induci vel mutari possunt.' Ib. 1. 20 'Inducendi senatus-consulti maturitas nondum est.' Livy 39. 44 'Quas locationes cum senatus, precibus et lacrymis publicanorum victus, induci et de integro locari iussisset.'

94. **Ego princeps . . . impulit,** 'I was chief among their supporters, or rather second: for it was Crassus who moved them to make this audacious demand.' **Atque adeo** is often used in this sense of correction, and is equivalent to 'vel potius.' In Cat. 1. 2 'Ducem hostium inter moenia atque adeo in senatu videmus.' In Verr. 4. 8 'Cum maximo detrimento atque adeo exitio vectigalium.' Here it alters the preceding statement by strengthening it; 'and even.'

102. **Voluntas senatus perspecta.** This was a mistake on Cicero's part: the senate afterwards refused.

107. **Ista,** 'those ties of yours;' perhaps, as Atticus was a knight, and no doubt approved of Cicero's policy. 'Iste' is, however, used more generally, in contrast with something nearer. Hor. Ep. 1. 6, 67
<blockquote>
'Si quid novisti rectius istis,
Candidus imperti: si non, his utere mecum.'
</blockquote>

108. **Tuta, ut spero, via.** He alludes, as his next words show, to his friendship with Pompeius, which, however, turned out a broken reed.

112. **Lucceium.** Caesar wished for Lucceius as a colleague, disliking the honesty and principles of Bibulus, who supported the aristocracy. Lucceius, being a rich man, but not so popular as Caesar, was to provide money for their joint election. The aristocratical party defeated this plan by authorizing Bibulus to promise as much to the electors as Lucceius had, and subscribed for this purpose, even with Cato's consent; so that Bibulus was elected. Suet. Jul. 19.

113. **Duo enim soli,** 'for only two are named as future candidates. Caesar thinks of uniting with Lucceius through Arrius: and Bibulus thinks that by Piso's influence he may be elected with Caesar.' From an allusion in another letter (Att. 2. 5) it seems as if Caesar made a tool of Arrius and then threw him off.

119. **Moleste,** 'importunately.'

Ep. 7. 5. Metellus: consul for this year (B.C. 60) with Afranius.

6. **Litus atque aer:** i. e. inanimate, without human sympathy, like the elements.

11. **Destitutus.** There is something very touching, as well as characteristic of Cicero, in this confession of loneliness.

12. **Nam illae ... non habent,** 'for those grand and showy friendships have a certain public splendour; domestic enjoyment they do not bring.'

14. **Cum bene completa domus est,** 'when my house is quite full,' of morning visitors. 'Cum' is used thus with a perfect (with the pluperfect when the leading proposition is in the past tense) in the indicative mood, to express that something is customary. Madv. § 335 b. 1. 'Quum ad villam veni, hoc ipsum, nihil agere, me delectat' De Or. 2. 6.

21. **Domesticarum.** Schütz conjectures that Cicero refers to the designs of Clodius. Some family troubles seem more probably to be alluded to.

27. **Tamen voluntas.** The clause is hopelessly corrupt, and no satisfactory emendation has been suggested.

30. **Etenim post profectionem tuam,** 'For it was, I think, after your departure that the first commencement was made of the Clodian story.' 'Introitus defensionis' Pro Cael. 2.

35. **Adflicta res publica:** by the acquittal of Clodius. See the previous letter.

37. **Consul est impositus.** He speaks of Piso, consul of the previous year 61. Piso had been serving under Pompey in the Mithridatic war, and was sent by him to Rome in 62 to be a candidate for the consulship in order to ratify Pompey's acts. Although Cicero was angry with Piso for protecting Clodius and on personal grounds, he speaks of him highly elsewhere for accomplished oratory. De Or. 1. 22; Brut. 67.

39. **De ambitu.** The senate decreed that Lurco, tribune of the people, should propose a law against bribery. Cicero alludes to this law (lex Aufidia) in another letter (Att. 1. 16), as enacting that if a candidate promised money to the tribes and paid it, he should pay to each tribe 3000 sesterces annually, it seems, as long as he lived. If he promised without paying, he was to be exempt. In a contest of wit with Clodius, Cicero told him that he had already kept the law, by promising without paying.

De iudiciis. See the previous letter.

40. **Exagitatus senatus,** 'the senate was frightened from its proposal' by the tribunes interposing their veto.

Alienati equites, 'while the knights were estranged;' for they were the guilty parties.

41. **Ille annus,** 'last year.'

Duo firmamenta. The authority of the senate, and its union with the knights, were the two objects which Cicero had at heart. Both were endangered by the events of the year 61.

43. **Nunc ille,** 'this other year,' that is, the present one.

46. **Menelaus:** M. Lucullus, the injured husband.

48. **Noster Paris**, Memmius, the seducer: **Agamemnonem**, Lucius Lucullus, brother of Marcus, whom also Memmius had injured, by endeavouring to prevent his triumph after the Mithridatic war. Plutarch, Lucullus.

52. **Vobis**, 'among your tribesmen.' At elections probably of inferior officers, which were conducted by the tribes.

53. **Traducit**, 'is trying to transfer Clodius to the plebs.' The object of Clodius was to become tribune and destroy Cicero. Such adoptions ought to have been made at the 'Comitia curiata,' which were only held in the city and attended by its inhabitants. Herennius wished to convene as tribune the 'comitia tributa' outside the city, in the Campus Martius, and to get them to pass the adoption of Clodius, which would enable the latter to stand for the tribunate.

54. **Accepi**, 'I have received,' 'treated.'

55. **Illo**: the same person as **hunc**, Herennius.

57. **Habet dicis causa promulgatum illud**, 'he entertains the proposal for the sake of form.' So 'dicis causâ' (the Greek word δίκης imported into Latin) is used in Verr. 6. 24: and Pliny 28. 2 'Si Pontifici accedat dicis causâ epulanti.' 'Habere dicit causam' has been suggested. This conjecture avoids the strained sense of 'habet,' 'he entertains.'

58. **Auli filius**: the other consul, Afranius.

59. **Dignus qui Palicano**, 'deserving to have his face exposed daily to be abused by Palicanus.' M. Lollius Palicanus was candidate for the consulship the year before this, when the consul Piso had said that the republic had not sunk so low as to suffer this indignity, and that he would not return his name if he were elected. Valerius Maximus, who relates this, calls Lollius a most seditious and unprincipled man, 3. 8.

60. **Agraria.** This law was really the proposal of Pompeius, whose instrument Flavius was, and its object was to divide public lands among the soldiers of the former. It was ill-considered (**sane levis**); and did not pass, as we learn from Cicero's next letter to Atticus, 1. 19.

62. πολιτικὸς ἀνὴρ οὐδ' ὄναρ, 'no real statesman can be found, not even the ghost of one.'

64. **Togulam illam pictam.** Commanders in a triumph were allowed an ornamented dress, and Pompeius was suffered to wear it in the public games, at the Circus. Cicero satirises his vanity and inactivity.

This passage gives a strong view of the hopeless state of the republic: even Cato, the only honest statesman, doing more harm than good, by his want of judgment.

70. **Tertium iam mensem vexat.** The knights were still in suspense whether the senate would give them relief from their unfavourable bargain about the revenues of Asia. See the previous letter.

78. **Ne absens censeare.** The census was about to be taken, followed by the lustrum, or sacrifice. Merchants, absent on their business, sometimes did not return to Rome till the eve of the lustrum itself. Cicero says he would take care that Atticus should not be registered in his absence, and that he would give out that he was expected.

79. **Germani**: a true, thorough merchant. 'Haec germana ironia est' Brut. 86.

Ep. 8. 2. Huius peregrinationis. Early in the year of Caesar's consulship (B.C 59) Cicero, discontented with the state of things at Rome, left the city, perhaps about February, for a tour, and went as far as his villa near Formiae.   On his way he stayed at that near Antium, from whence he now writes to Atticus, who was at Rome, though intending soon to go back to Greece.   Atticus seems to have recommended him to write a work on geography (Att. 2. 4): but he had lost his usual energy.

5. **Festivam copiam**, ' a delightful quantity.'

Lacertas, ' for the stormy weather is inconvenient for catching fish.' Juv. 14. 131 'Concham aestivam cum parte lacerti.' 'A small fish, of which Pliny mentions three kinds.'   Manutius.

8. **Eratosthenes.** A great mathematician, geographer, and grammarian of Alexandria, born B.C. 276.   His work, ' Geographica,' was perhaps the greatest ever written upon its subject, but it is lost.   For his discovery of the method of measuring the circumference of the earth see Smith, Biog. Dict.

9. **Hipparchus** (B.C. 160-145), one of the greatest of ancient astronomers, wrote among many scientific works a particular criticism of the geography of Eratosthenes : to this, no doubt, Cicero alludes.   Pliny praises it, but Strabo disapproved of it.   It is doubtful whether Hipparchus lived at Nicaea or at Rhodes.   Smith, Biog. Dict.

Of **Serapion** nothing is known except that he lived at Antioch, and was an authority on geography.   Cicero speaks in a former letter (2. 4) of having received his book from Atticus, but not being able to understand the thousandth part of it.

10. **Tyrannio** was a contemporary of Cicero, and helped him in his studies, in arranging his library, and in instructing his nephew Quintus (Q. F. 2. 4. 2; Att. 4. 4).   He was a Greek, taken captive by Lucullus at Rhodes, and afterwards emancipated.   He taught at Rome, and became rich, amassing, according to Suidas, a library of 30,000 volumes.

11. **Nec tam possunt ἀνθηρογραφεῖσθαι,** ' they cannot be written in so ornamental a style as I thought.'

15. **Duumvirum.**   The chief magistrates in the colonies and municipalities were so called, being analogous to the consuls at Rome.   To this analogy Cicero here alludes.

16. **Sed mihi crede,** 'but believe me, this state of Antium is very like that town' (Buthrotum) : namely, in retirement.

18 **Vatinium.**   This person was now tribune of the people, and Caesar's instrument.   Cicero heartily disliked him : his speech against him, which is extant, was spoken three years after this time.

19. **Vigintiviris** : the commissioners appointed by Caesar to estimate the value of the land in Campania, which was to be divided, by his Agrarian law passed this year, among 20,000 colonists.

20. **Hic, hic nimirum πολιτευτέον,** 'this is the place for me to practise politics !' irouical.

21. **Istic** : at Rome.   He was evidently out of spirits at his diminished influence.   Caesar was all powerful, and Pompeius and Crassus the year before had joined him, in what was afterwards called the first triumvirate. Caesar wished to gain Cicero over, but the latter was both too honest and too proud to join him.

22. **ἀνέκδοτα.**   Anecdotes after the manner of Theopompus.   This writer, who lived at the close of the fourth century B.C., was famous for the bitterness of his invective.   Cicero seems to have found relief, under his

disappointment and dejection, in writing severely of Roman statesmen. In
a letter to Atticus, written fifteen years after this date (14. 17), he alludes to
a book with this title which he had nearly finished; probably that which
he was now beginning.

23. **Neque aliud**, 'nor have I any other employment now than,' etc.

28. **Denarii**. Quintus Cicero, now Propraetor of Asia, wished the
expense of his government to be paid in Roman coin, not in the 'cistophorus,' an Asiatic coin, of which Pompeius had amassed great treasures in
Asia.

　An cistophoro, 'or if we must languish on Pompeius' cistophorus.'

29. **Muro**. The wall between Cicero's place of exercise in his house on
the Palatine and that of Quintus which adjoined, was out of repair. In a
former letter to Atticus (2. 4) he had said that it would deprive him of his
summer's exercise there to have it now rebuilt, but that he would sacrifice
this to spare Pomponia and her boy the alarm of its possibly falling.

　Aliud quid? 'Is there anything else I had to say? Yes. Let me
know when you think of setting out on your journey.'

30. **Istinc**, from Rome to Epirus.

Ep. 9. 1. **Anicato**. This person, with Numestius and Caecilius, had, no
doubt, been recommended to Cicero by Atticus.

4. **Varro**. M. Terentius Varro, the great grammarian and antiquarian,
was one of the most learned of the ancient Romans. He was ten years
older than Cicero, and lived till the age of 89, narrowly escaping death in
the proscription of the second triumvirate when Cicero was murdered. He
wrote, by his own account, more than four hundred books, of which only
one, 'De Re Rustica,' has come down to us in a complete form. There are
eight letters of Cicero addressed to him, Fam. 9. 1–8.

　Satis facit: both in general offices of friendship and in keeping
Pompeius on good terms with Cicero. Manutius.

6. **Pragmatici**, 'practical men.' The word is also used in a different
sense for a less dignified kind of advocate. De Or. 1. 45 'Itaque ut
apud Graecos infimi homines, mercedulâ adducti, ministros se praebent in
iudiciis oratoribus, ii qui apud illos πραγματικοί vocantur; sic in nostrâ
civitate contra, amplissimus quisque et clarissimus vir.'

11. **Tractatur res**, 'the affair is being managed.' The allusion is,
probably, to the design of Clodius to be elected tribune, in order to attack
Cicero, in which he succeeded. He sued for the tribunate in April of this
year (Att. 2. 12), and by Caesar's influence was elected, probably in July,
which was the season for the election of tribunes to enter on office in the
following December 10th. The election day for the tribunes was July 17th
in the year 65 B.C. (Att. L. 1; Dio Cass. 38. 12; Abeken.)

13. **Amalthea**. Cicero called the library of Atticus Amaltheum, from the
goat Amalthea, which suckled Jupiter. ' Rich in nourishment for the mind,'
is the idea.

16. **ἀλληγορίαις**: under changed names or expressions. The English
term allegory is only applicable to one class of these changes. The Stuart
papers supply an illustration from modern times. 'S. Littleton (Sir T.
Sheridan) found Wright (Cardinal Tencin) in extreme bad humour at the
proceedings of Adam (King Louis) and his fellow-lawyers (ministers).'
Prince Charles to his father, Lord Mahon's Hist., vol. iii. App.

19. Varietas nulla in re. He means that all agree in discontent with everything.

21. Sine internecione. Cicero seems to have had cause to despair of the constitution. Caesar was really master of Rome, and Pompeius and Crassus were his tools. Early in the year he had carried his Agrarian law against the opposition of the senate, in the popular assembly, having gained over Vatinius the tribune with six of his colleagues. His law was skilfully framed, containing a provision for redeeming public lands held by private proprietors, with their consent according to Dio (38. 1). The knights he also gained by remitting one-third of their Asiatic contract, a measure which Cicero had supported two years before, and which must have been for the relief of the provinces, which otherwise would have suffered from their extortions. Other measures of Caesar were the 'Lex Julia de pecuniis repetundis,' for the protection of the provinces, and a 'Lex Judiciaria.' All these measures seem to have been beneficial, as well as his enactment that the debates in the senate should be published.

23. Edicta. Bibulus, who after suffering violence from the people for opposing the Agrarian law kept his house, continued to issue edicts ('Archilochia edicta' 2. 21) against Caesar's acts, but without avail. They were as bitter as the satires of Archilochus. See Hor. A. P. 79.

25. Popularium : of the popular chiefs, namely, Caesar, Pompeius, and Crassus. Cicero, however, probably overrated the discontent felt, at least its effect.

30. Et Furio. 'Ut' for 'et' seems a simple correction, indeed almost a necessary one.

33. Diodotus. A Stoic philosopher and friend of Cicero, who had a high opinion of him, and in whose house he lived. Cicero studied the art of reasoning with him. Fam. 13. 16; Brut. 90.

34. HS. fortasse centiens. Centiens or centies (centena millia) sestertiorum nummorum = about 80,000*l*.

36. Libros. Atticus seems to have sent Cicero the poems of Alexander, a writer on geography, by Vibius: after copying them out Cicero sent them back.

Ep. 10. Clodius lost no time, after the new consuls, Piso and Gabinius, entered on their office (B.C. 58), in assailing Cicero. He first prepared the way by several popular laws, and then moved a rogation that whoever had put to death a Roman citizen without trial, should be outlawed. Cicero vainly attempted to induce the consuls, and Pompeius, to help him : Caesar, who was just about to march to his province, offered to take him as 'legatus,' or, if he preferred, to make him one of the commissioners for dividing the Campanian land. Cicero refused both offers : but fearing the effect of Clodius' proposal, withdrew, on the day it passed, to South Italy, and thence, by Brundisium, to Dyrrhachium and Thessalonica. There are no letters of his extant earlier than April 8th of this year, when he wrote to Atticus, in much dejection, from Lucania. He left Rome about March 20th (Abeken: Merivale says the day cannot be so precisely fixed). This is the seventh letter written during his exile.

4. Quod utinam. 'Quod' before a conjunction denotes the connection of the wish expressed with what precedes, according to Madv. § 449. There seems to be also an emphasis in it : 'How I wish that,' etc.

6. **Aliquam alicuius.** The repetition expresses his despondency : 'any hope of recovering any good at any time.'

12. **M. Laenium Flaccum.** Cicero has left two memorials of the generosity of Flaccus; one in his speech 'Pro Plancio' 41, and another in that 'Pro Sestio' 63. He stayed again in the house of Flaccus in the year following, on his return from exile.

14. **Legis inprobissimae.** The rogation of Clodius above mentioned was carried afterwards with some alteration, and became a law, Cicero being now mentioned by name and outlawed within four hundred Roman miles from the city. It was penal in any one to shelter him within that distance. 'Velitis, iubeatis ut M. Tullio aqua et igni interdictum sit!' was the form proposed, and to which the tribes assented.

17. **Profecti sumus.** Cicero had not set out when he wrote, but speaks from the time when Terentia would have received the letter. So (Att. 8. 3) 'Formias reverti;' when he had not yet returned. The perfect expresses that the act would be at once over. **Petebamus** which follows, is the more ordinary epistolary tense, expressing what he was doing at the time of writing, or thinking of doing.

    Prid. K. Mai. The common text is a. d. V. Kalendas Maii, which cannot be correct, as Cicero left Brundisium on the 30th of April, as the date at the end of the letter shows. Hofmann reads a. d. II. Kal. Maii, with the same meaning as 'pridie,' as in Att. 4. 11 ; 7. 16.

18. **Cyzicum.** Cicero afterwards changed his mind, and did not go farther than Thessalonica.

26. **Matrimonio.** Tullia was married to C. Calpurnius Piso, an upright and honourable man, who died before Cicero's return, which he exerted himself to bring about. The allusion here is to part of Tullia's dowry, still due to Piso. Hofmann.

27. **Iste vero sit,** 'How I wish he were,' etc. The optative use of the conjunctive. 'Iste' is used of some one just mentioned. Madv. § 486.

30. **Sis spoliata.** On the day Cicero left Rome, his house on the Palatine was burned, his Tusculan villa plundered at once, and that at Formiae afterwards. Terentia took refuge at the Temple of Vesta, where she had a sister, Fabia ; but was dragged out of it to the public tribunal to be examined about her husband's effects. Ep. 15. 16.

31. **De familia ... oppido pauci,** 'As to the manumission of the slaves there is nothing to disturb you. In the first place, what was promised to yours was that you would act towards them as each deserved. Now, except Orpheus, there is none of them who shows at present much sense of duty. With regard to the others, the condition made is, that if my estate was confiscated they should be my freedmen, if they could obtain permission ; but if they still belonged to me, they should continue in slavery, except a very few.' That is, Cicero had not freed them at all, except in case he was virtually compelled to, by the confiscation of his property. The words 'if they could obtain permission' refer, according to Manutius, to the law of Clodius by which Cicero was made an outlaw, and his property seized. The latter seems, however, to have been an act of violence, no proper part of the sentence, for he complains (Pro Dom. 17) that in his case the merciful rule was broken forbidding pecuniary fines in capital cases, 'ne poena capitis cum pecuniâ coniungatur.'

41. **Tempestatem,** 'the fine weather.'

44. Honestissime viximus. Cicero shows occasional gleams of courage and endurance: but his letters in his exile give a vivid picture of what a calamity it was to one whose interests were so centered in his country.

50. Clodium. Clodius, Sallustius, and Pescennius were, no doubt, slaves or freedmen. Sicca was one of those generous friends who had received Cicero at Vibo, near Bruttium (formerly Hippo, now Monte Leone). Att. 3. 2. Such acts of kindness were not done without risk, and show the esteem and affection felt for the great orator. He has repaid them by immortalizing his benefactors.

Ep. 11. 1. **Brundisium.** This letter was written on the same day as the last : it expresses similar despondency.

Veni. Cicero had not entered Brundisium ; the gardens of Laenius Flaccus, in which he spent the following fortnight, being apparently outside the walls: for he says (Pro Planc. 41) 'Brundisium veni, vel potius ad moenia accessi. Urbem unam mihi amicissimam declinavi . . . in hortos me M. Laenii Flacci contuli.' The attachment shown him by so many friends, at this crisis, speaks volumes in his favour.

8. Sed itineris causa, 'but to go there merely as a resting-place on my journey, (the objections would be) first that it is out of the way ; next it is (only) four days' journey from Autronius and the others,' etc.

Autronius was a friend of Catiline whom Cicero had helped to banish to Achaia. In his speech Pro Plancio 41 he says : 'Cognovi refertam esse Graeciam sceleratissimorum hominum ac nefariorum, quorum impium ferrum ignesque pestiferos meus ille consulatus e manibus extorserat ; qui antequam de meo adventu audire potuissent (cum tantum abessent aliquorum dierum viam) in Macedoniam ad Planciumque perrexi.'

Before 'quadridui,' the word 'iter' or 'spatium' is understood. Cicero uses the full form, Fam. 10. 17 'bidui spatio abest;' 12. 15 'quadridui iter afuisse.' But, Att. 5. 16, as here : 'Nos in castra properamus, quae aberant bidui.' Measure of distance is expressed in Latin by the accusative or ablative, not the genitive. Madv. § 23. 4.

12. Athenas. 'Achaiam' has been proposed by Schütz and other editors for the common reading 'Athenas,' on the ground that Athens could not be called a town ('oppidum'), and that Cicero could not have been afraid that it was not far enough from Rome, since Thessalonica, where he actually stayed, was nearer. But, as Hofmann remarks, 'oppidum' is frequently used of Athens and of Rome by Cornelius Nepos and Livy : and Cicero did not now intend to remain at Thessalonica but to go on to Cyzicus, being afterwards kept at Thessalonica by the kindness of Plancus. And as no MSS. read 'Achaiam,' it seems unnecessary to change the common reading 'Athenas.'

13. **Cadebat** : 'cado' here equals its compound 'accido,' 'to fall out.'

19. **Spes ea,** viz. of his speedy return. 'Haec mihi proficiscenti non proponebantur : sed saepe triduo summâ cum gloriâ dicebar esse rediturus.' Q. Fr. 1. 4.

22. **Invidorum.** He alludes, perhaps, to Hortensius, whom he suspected, though it seems unjustly, of injuring him.

31. **Consequere,** 'will overtake me.' Ep. 37. 14 'Si statim navigas nos Leucade consequere.'

32. **Candaviam.** A mountainous tract in Illyria, through which *the* road led from Dyrrhachium to Thessalonica. Lucan 6. 331 'Qua vastos aperit Candavia saltus.'

38. **Huius generis facultatem** : my power of writing letters.

Ep. 12. Cicero had arrived at Thessalonica on the 23rd of May : he had sent a messenger to Athens to meet his brother, who was on his way home from his province, requesting him to join him at Thessalonica ; but he had changed his mind, wishing Quintus to hasten to Rome, and not being in spirits to see him. Att. 3. 8 and 9.

3. **Ego tibi irascerer? tibi ego**, etc.? Observe the position of the pronouns, the change in which brings out the emphasis. The use of the subjunctive shows that the question must be answered in the negative. See Madv. § 353.

4. **Scilicet.** Ironical. 'Indeed! for it is you that have dealt me this blow, your enemies (forsooth), and your unpopularity have ruined me, and it is not I who have miserably destroyed you!' Ter. Andr. 1. 1. 11 'Meum natum rumor est amare. Id populus curat scilicet!'

15. **Utinam te non solum vitae**, etc., 'would that (by dying honourably) I had left you my survivor not only in respect of life, but of reputation also ;' that is, would that I had so died as to leave you an honourable name to inherit.

19. **Repositam**: equivalent to 'sepositam.' The particle 're' here means 'drawn back,' and so 'laid up.' Virg. Aen. 1. 30 'Manet altâ mente repostum Iudicium Paridis.' Cp. Gen. 44. 30 'Seeing that his life is bound up in the lad's life.'

23. **Occideret**, 'that my voice, above all, should be silenced,' or 'fail.' 'Occido' often means to 'vanish,' 'cease to exist.' Lucret. 1. 788 'Causa occidit.'

Cicero often advised his brother in delicate domestic matters, especially with respect to his wife Pomponia, who had been on bad terms with her husband. Ep. 29.

77. **Genere ipso pecuniae**, 'even in the kind of wealth which I had.' For he had not become rich by dishonourable practices, but by his industry and the inheritances left him, which were proofs of esteem. Ernesti.

81. **De permutatione.** 'Permutatio' means the sale of property, to raise money : and also, the paying or receiving money by bills of exchange. Cicero may refer to a plan of Quintus of either kind ; but the words do not enable us to determine which.

85. **Acceptam ex aerario** : money paid to Cicero for his brother's expenses as Propraetor. He had spent this, doubtless, in bribes. (Parry.)

86. **M. Antonio.** Antonius and Caepio must have had claims on Quintus Cicero, which his brother had satisfied.

The wounded feeling and despondency which this letter expresses, like others of this period, are certainly very unlike what we might expect from a great Roman. But the ancient character, with all its strength, was less reserved in expression, perhaps more excitable, than the modern. Few Englishmen, at least, would, under any calamity, express themselves as Cicero does. This was partly due, no doubt, to his wonderful gift of language, but partly to that impressibility of feeling which was at once his weakness and his strength.

89. **Molestiae**, alluding, Ernesti thinks, to pecuniary troubles.

M. Calidius was an eminent orator, and when praetor, next year, brought forward the law for Cicero's return.

90. **Hortensio.** This charge seems to have been a mistake on Cicero's part. He afterwards spoke of Hortensius with esteem, when he died. Brut. 1. 1.

97. **Versus qui in te erat conlatus,** 'which was ascribed to you.' Pro Planc. 14 'Permulta in Plancium quae ab eo numquam dicta sunt conferuntur.' Ibid. ' Stomachor vero quum aliorum non me digna in me conferuntur.'

Quintus Cicero seems to have been accused of having satirized the Aurelian law, but nothing is known which throws any light on this allusion. The well-known Aurelian law (B.C. 70) enacted that the ' judices ' should be chosen from the senators, knights, and ' tribuni aerarii.'

100. **Tua salus**: his escape from the charge of extortion, for which he was threatened with accusation.

110. **Ita mihi salus,** ' may some safety be granted me, as it is true that I cannot for tears write more.'

Ep. 13. 1. **In Epiro.** Cicero had intended, if he heard from Rome that his recall might be at once expected, to go to Buthrotum and meet Atticus at the house of the latter. But not hearing from Atticus, as he had hoped, he now meant to go to Cyzicus. This intention he did not carry out.

5. **Secundum comitia**: immediately after the election of consuls, which took place in July. ' Secundum,' ' next to,' ' close by,' is used of space and time. ' Duo vulnera accepisse, unum in stomacho, alterum in capite, secundum aurem' Fam. 4. 12.

Pompeius had intimated that he would use his influence that the decree for Cicero's recall might be proposed after this election. This was done by the tribunes on the 29th of October (Att. 3. 23), but the law was not then carried. The consuls chosen for the year 57 B.C. were Q. Metellus Nepos and P. Cornelius Lentulus Spinther, of whom the latter was a friend of Cicero, and the former, through the influence of Pompeius and Atticus, took the same side.

7. **Proinde—ao,** ' I shall take it as if you had written that nothing was done.' ' Proinde ' is equivalent to ' perinde ' in such cases. Fam. 10. 24 ' Hunc filii loco non proinde habere turpe videtur.' Lucret. 5. 647 ' Ut sunt dissimiles extrinsecus—Proinde et seminibus distant.'

8. **Neque temporis . . . feram,** ' nor shall I regret that I was led away by the hope of (my return happening at) no distant time.'

9. **Quem autem motum.** He elsewhere (Q. Fr. 1. 4) alludes to some movements in the city which might be favourable to him, but not distinctly enough to explain what they were, which indeed he seems not to have known himself.

11. **In tribunis plebis designatis.** Among these were Sestius, an active friend of Cicero, Milo (the enemy of Clodius), Fabricius and Fadius, both of whom exerted themselves for him.

12. **Quam si exspectaro,** ' and if I wait for this ; ' i.e. by not encouraging myself to hope before.

13. **Accusas, cur**: a mixture of ' accusas quod ' and ' rogas cur.'

17. **Atque utinam,** ' and I wish it had been as much so in the time of my danger.'

19. **Inimicissimis.** He may allude to Pompeius who had treated him badly, or to Hortensius.

Ep. 14. 7. Me tam firma ... habere, 'that I have no object on which, and no companions with whom, I can employ my mind, sound as it is.' 'Ubi' is not always used of place or time. Tusc. D. 5. 8 'Est ubi id isto modo valeat.'

13. **Ne rescindam ipse dolorem,** 'that I may not myself tear open my wound.' So 'manus afferre vulneribus' is used below.

27. **In senatu rem :** the discussion about his recall.

28. **Illam orationem.** Cicero was much disturbed, as appears in a former letter to Atticus (3. 12), by the publication of a speech of his, inveighing bitterly against Clodius and Curio, for the latter, though a friend of Cicero, had spoken in favour of Clodius on his trial. Fragments of this speech remain, but the parts in which Curio was attacked must have been inserted after its delivery in the senate, to which Quintilian alludes (5. 10). For in his former letter to Atticus Cicero had suggested that as it was written in a more negligent style than was usual with him, it might be made out not to be his. Att. 3. 12. This Curio was the father of the one who afterwards took Caesar's part in the civil war. He had led the Roman armies to the Danube, subdued the Dardanians, and had some celebrity as an orator. He was an enemy of Caesar, and in spite of his support of Clodius, continued to be a friend of Cicero. He seems to have spoken now without alluding to the obnoxious speech.

29. **Axius,** a senator, and friend of Cicero (Att. 4. 15). Many letters passed between them, which are lost.

30. **At potest ille,** 'but it is possible that Axius may omit something (to Curio's praise) in his report: I am sure that you have written nothing but the truth.'

32. **Exspectationem Caesaris.** Caesar, however, did not return to Rome till more than eight years after this time. He spent this winter of 58 B.C. in Cisalpine Gaul.

Utinam ipse Varro. Cicero does not speak quite cordially of Varro, though he was on the whole friendly to him.

37. **Parum antea luxerunt,** 'were somewhat slack, before.' In the following passage Cicero finds fault rather peevishly, though affectionately, with Atticus, for not having given him advice instead of sympathy. Atticus should have encouraged him not to be downcast at Pompeius' deserting him. It seems probable however that to retire from Rome was, at the time, the only way of saving his life.

45. **De collegiis.** Clodius, on being made tribune, enacted several laws intended to gain the favour of the people. Among them was one which removed the prohibition of trades-unions, which were easily turned to purposes of political agitation, and had been forbidden by a decree of the senate. 'Collegia, non solum ea quæ senatus sustulerat, sed innumerabilia quaedam nova ex omni faece urbis ac servitio (concitata)' in Pis. 4. 'Servorum delectus habebatur, nomine collegiorum, cum vicatim homines conscriberentur, decuriarentur, ad vim, ad manus, ad caedem, ad direptionem incitarentur' Pro Sest. 15. It appears from this letter that Cicero had imagined that this measure might be of service to himself.

51. **Pompeii.** Cicero went, before his exile, to the house of Pompeius,

and threw himself at his feet. The coldness of the great commander made a lasting impression on him, for he alludes to it, nine years later, in a letter to Atticus (10. 4): ' Is qui nos sibi ad pedes stratos ne sublevabat quidem.' Plutarch says that Pompeius slipped out at a back door to avoid seeing him. He did not dare to move hand or foot without Caesar's permission; and it was Caesar's policy, at present, to humiliate Cicero.

58. **Culleone.** Q. Terentius Culleo was one of the tribunes for 59–58 B.C., and also one of the ' pontifices minores.'

De privilegio. The laws of the twelve tables forbade enactments concerning individuals. Culleo probably proposed that Cicero should simply disregard the law of Clodius on this ground, and should be recalled by a decree of the senate; but Cicero thinks it safer that Clodius' law should be directly repealed.

59. **Si enim . . . intercedet,** ' for if no one hinders (its repeal), what can be safer? but if there is any one (he means any of the tribunes) who prevents the repeal passing, the same person will put his veto on the decree of the senate.' For if the law of Clodius was informal, as Culleo suggested, a mere decree of the senate could recall Cicero: otherwise, it would require a regular vote of the people.

62. **Prior lex.** Clodius had passed two laws :—the first had merely condemned in general terms any one who had sentenced a Roman citizen without trial: ' qui nece civem Romanum indemnatum interemisset, ei aquâ et igni interdiceretur' Vell. P. 2. 45. The second law had pointed at Cicero expressly by name, but he had yielded at once on the first being proposed. Afterwards he regretted this, and wished he had disregarded the law, as not applying to him.

67. **Nisi nominatim.** The very admission implied in his change of dress and petition to the people was dangerous, as he had not yet been named.

68. **Pergo praeterita,** sc. commemorare: ' I am continually recurring to the past.' Brut. 74 ' Perge, Pomponi, de Caesare.'

69. **Legem illam** : the general law against punishing uncondemned persons. Cicero is anxious that his friends should not assail this, as there was much in its favour, but the second law.

74. **Quoddam caput . . . liceret,** ' that Clodius had fixed on the door of the senate-house a clause of the law, (to the effect that) no debate or speech might be made against it.'

83. **Acta Kalendis Sextilibus,** ' the reports of the debate in the senate on the 1st of August.' Caesar, the year before, in his consulship, had passed a law, requiring these to be published.

98. **Si tuam fidem accusarem.** He explains that he does not doubt the sincerity and friendship of Atticus, but the amount of his affection, which might have suggested a wiser course. But the complaint seems somewhat unreasonable: allowance must be made for Cicero's excitable temperament, easily depressed and easily elated.

Ep. 15. 1. **Noli putare.** Terentia may have heard of Cicero writing more to others than to herself, and felt distressed at it.

7. **Timidi,** a change to the plural to intimate that others were to blame for his cowardice.

9. **In novis tribunis.** See Ep. 13, 11 note.

15. **Officiosus**, 'very attentive.'

16. **Ad tabulam Valeriam.** See on Ep. 10. 30. What the 'tabula Valeria' was is not certain. There was a picture of a naval battle in which M. Valerius Messala had defeated Hiero (B.C. 264) hung up on the wall of the Curia Hostilia. Pliny says that this gave the Romans a taste for pictures (N. H. 35). Perhaps near it was either a tribunal for administering justice, or (as some editors suppose) an office for money transactions. From an allusion in the speech In Vatin. 9, the former seems the more likely.

21. **Hoc est de area.** For on the day he went into exile, his house on the Palatine was burned.

23. **Quae impensa... venire**, 'that whatever expense has to be incurred falls partly on you, unhappy that you are, and robbed of your property.' Terentia had some private property. 'Venire in partem' is equivalent to 'participem fieri.' ' In partem mulieres vocatae sunt' Pro Caec. 4.

24. **Quod si conficitur negotium**, 'if the matter is finished well:' that is, his recall and the restitution of his property.

25. **Sin eadem**, 'but if my fortune continues to be so bad.'

30. **Excipere**: nearly equivalent to 'suscipere,' but with the additional notion of taking in place of another.

Ep. 16. 11. **Eos non sequebar**: he perhaps alludes particularly to Caesar, who offered him a 'legatio' in his army.

20. **De familia.** See Ep. 10. It does not appear what advice his friends had given.

21. **De loco.** Terentia was afraid that Thessalonica was pestilential.

24. **Hispo.** Piso, Caesar's father-in-law, consul of the year now ending, and Cicero's enemy, was coming into Macedonia as proconsul. The Medicean reading 'ipso' points either to 'Hispo' adopted by Baiter, a pseudonym for Piso, or to 'ipse,' also referring to Piso,

25. **Plancius**, Quaestor of Macedonia. Cicero was always grateful to him for his kindness, which he afterwards repaid by defending him in the oration known as 'Pro Plancio.'

29. **Pisonis**, Cicero's son-in-law, a relative of Piso Caesoninus mentioned above.

34. **Egi**, namely by letter.

35. **Vicum**, 'the street,' or 'block of houses:' some property of Terentia.

46. **Brevis exspectatio**, 'in any case I have a short time to wait.' For this letter was written Nov. 27th, B.C. 58; and the new consuls would enter on their office at the beginning of the following year, the tribunes in the December immediately ensuing.

47. **Dyrrhachii.** He may have begun this letter at Thessalonica and finished it at Dyrrhachium, as he speaks above of Plancius wishing to keep him.

49. **Libera civitas**: so that he could reside there more safely than in a Roman colony.

50. **Loci celebritas**, 'the number of people in the place.' Until he knew the issue of the proposal to recall him, he was still in danger, being within the forbidden limits of distance from Rome.

Ep. 17. On the first day of the year 57 B.C. the consul Lentulus Spinther brought forward in the senate a proposal for Cicero's return. Although agreed to unanimously, by the stratagems and violence of Clodius it was hindered from passing in the assembly of the people, and it was not till August 4th that Cicero was recalled by a decree of the centuries, voters flocking from all parts of Italy at the express invitation of the senate. Cicero left Dyrrhachium on the same day, being doubtless informed how things were likely to gô, and after staying for some weeks in the house of Laenius Flaccus, who had received him on his journey into exile, he arrived in Rome on September 4th.   The following letter was written very soon after.   His speeches, In Pison. 22, and Pro Sext. 60, contain an account of the circumstances of his reception.

7. **Eundemque te . . fuisses,** 'Yet that you had been bitterly distressed at my departure, though at first you had been a partaker in my error, or rather insanity, and had shared in my groundless fear.'   Whether Cicero had any ground at all for thinking Atticus remiss, or mistaken, in advising his retreat, we can hardly judge: but his complaint seems rather ungracious.   For this use of 'idem' see Madv. §. 488.

13. **Defuisse.** Atticus was now in Epirus.   It has been supposed from this language that they had never met since Cicero left Rome, but he had certainly hoped to see Atticus at the beginning of the year.   Att. 3. 25.

27. **Pridie Nonas Sextilis.**   August 4th, 57 B.C.   So that Cicero had been absent from Italy fifteen months, as he left it on the first of May the preceding year. Ep. 10.   He was absent from Rome about eighteen months.

39. **Nomenclatori**: a slave whose business it was to know and tell his master the names of persons who were to be met in Rome.   A good nomenclator would know by sight every person of any consideration.

48. **Eo biduo,** 'in two days from *that* time.'   Cp. 'in hoc triduo' Plaut. Pers. 1. 1. 37, in three days from *this* time.

56. **Messallam et Afranium.**   Messalla had been consul B.C. 61, and Afranius B.C. 60.   The latter was a devoted adherent of Pompey.

62. **Dederunt,** 'agreed in giving me leave to make an address to the people.'   The 'contio' differed from the comitia inasmuch as those who met in it were not competent to vote on the question in hand, but merely listened to the magistrate by whom it had been summoned, and such speakers as he chose to introduce.   See Smith, Dict. Ant., art. Concio.   Observe that the word means originally the 'assembly,' and, secondly, the 'speech' delivered thereat.

74. **Domo nostra**: Cicero's house on the Palatine destroyed during his exile.   Clodius dedicated the site to 'Liberty.'

75. **Si sustulerint religionem,** 'if they shall have taken away the religious obligation,' i. e. the obligation not to use the site for secular purposes, in consequence of its dedication by Clodius.

76. **Superficiem**: the (original) building, as opposed to the site, 'solum.'

77. **Sin aliter**: if the pontiffs decide that the dedication cannot be annulled.

Demolientur: the consuls will pull down Clodius' building, contract for a new temple in their own name, and estimate the whole value of my losses, i. e. not only that of the 'superficies,' but also that of the 'solum.'

Ep. 18. L. Lucceius was now writing his history of Rome beginning with the Social or Marsic war.   He had seen something of public life, having been the accuser of Catiline (B.C. 63), and a candidate, though unsuccessful, for the consulship with J. Caesar (B.C. 60).   In the civil war afterwards he attached himself to Pompeius and was one of his advisers. (Att. 9. 1.) He was pardoned by Caesar, and thenceforward lived at Rome. There are some interesting letters on the occasion of Tullia's death, which passed between him and Cicero. (Epp. 59, 60.) Cicero took much pains with the composition of the present letter, which was so far successful in its object that Lucceius promised to do as he was asked. See Att. 4. 7 'Epistolam Lucceio nunc quam misi (qua, meas res ut scribat, rogo) fac ut ab eo sumas : valde bella est : eumque ut approperet adhorteris : et quod mihi se ita facturum rescripsit agas gratias.'

· 10. **Vel cepit, vel incendit,** 'and has so captivated, or rather kindled me (with admiration), that' &c.

12. **Commemoratio posteritatis,** 'the mention which posterity will make of me.' This Cicero hoped would be increased by the work of Lucceius. But it was probably never written in the form Cicero wished, and in any case does not exist, and what is known of Lucceius himself is through Cicero.

15. **Haec cum scribebam** : epistolary tense.

21. **Callisthenes,** the companion of Alexander, wrote ten books called Hellenica, containing a history of Greece from B.C. 387–357, and an account of Alexander's exploits. He was a rhetorical writer. (De Or. 2. 14.)

22. **Timaeus,** son of Andromachus 'tyrant' of Tauromenium in Sicily, wrote a history of Sicily to the first Punic war, and, besides this and other works, a particular treatise on the campaign of Pyrrhus. Only fragments of these remain. He is mentioned with much praise by Cicero (De Or. 2. 14) as a learned and eloquent writer. He died, aged 96, B.C. 256.

The separate work of Polybius on the Numantine war is not mentioned elsewhere.

28. **Arripere** : 'to grasp at once that whole subject and period.' The word implies haste or eagerness.

40. **A qua,** 'by which ;' 'gratia' being personified, and therefore requiring a preposition for its relative 'qua.'

41. **Xenophontium,** 'described by Xenophon,' Mem. 2. 1. Socrates quotes the myth as invented by Prodicus.

43. **Amorique nostro plusculum,** &c. This sentence has been much remarked on as exhibiting Cicero's vanity and want of truth.

48. **Et illa poteris,** 'you will both be able to use that knowledge, which you possess, of political changes.'

51. **Exponendis rationibus,** 'in detailed arguments :' literally, 'by setting forth your reasons.'

69. **Themistocli fuga redituque.** But Themistocles died at Magnesia in exile. Cicero would hardly speak thus of the removal of his remains to Attica ; but either 'interitu' may be the right reading here, or, as Schütz conjectures, there may be an omission, and the sentence may have run : ' Themistocli exsilio aut Alcibiadis fugâ, redituque.'

Etenim ordo ipse. The force of the sentence is in the word 'mediocriter,' as opposed to 'jucundissimâ voluptate.' ' For the regular chronicle of events by itself interests us only slightly, as in the reckoning in the registers.' The ' fasti ' were the registers of Roman magistrates, with brief notices of the principal events of the year, the feasts, &c.

74. **Quo mihi . . . nostrorum,** 'therefore it will be more gratifying

to me, if you adopt the plan of separating from your continuous work, in which you embrace an uninterrupted history of events, this drama, as I may call it, of my own acts and of the matters that I have been concerned with.' So, too, 'perpetua oratio' is 'a continued speech,' opposed to one which is interrupted. Att. 1. 16 'Clodium praesentem fregi cum oratione perpetuâ tum altercatione.'

79. **Ac non ... demonstrem,** 'I am not afraid of seeming to lay a trap for your favour by flattering you in stating plainly that' &c.

103. **Ut mihi,** etc., 'so that not only the celebrity, which Alexander said had been given to Achilles by Homer, but also the weighty testimony of a great and illustrious man, may appear to be bestowed on me.' For Lucceius himself had been engaged in public affairs.

111. **Scribam ipse.** Cicero had already written in Greek an account of his consulship, which he had published, and a poem on it. He had also asked Posidonius of Rhodes to write on the same subject (Att. 2. 1), and seems to have begun a similar work in Latin (1. 19), which perhaps he had laid aside.

132. **Conficiam commentarios,** 'I will put together notes.'

133. **Non cessabis.** The future used for the imperative, to express a strong conviction that the request would be complied with. Madv. §. 384. Obs.

Ep. 19. 1. Puteolis .... regno. Much interest had been excited at Rome, two years before this, by the question whether Ptolemy Auletes, who had been driven by his subjects from Egypt, should be restored by the Romans. He had been admitted into alliance and friendship with them in Caesar's consulship, B.C. 59 (Caes. de B. C. 107), and had before aided Pompey in his war in Judaea, B.C. 63. A decree of the senate was made, B.C. 57, that the consuls should draw lots for the province of Cilicia, and that the one to whom it fell should restore Ptolemy. It fell to Lentulus, but before he had gone to his province, C. Cato the tribune produced a verse from the Sibylline oracles forbidding the king to be restored 'with a multitude.' Upon this a second decree was made, on the motion of the consul Marcellinus, B.C. 56, that the oracle should be obeyed and the king should not be restored 'with a multitude.' A third decree, that he should not be restored at all, would have been passed, but for the veto of a tribune, and the matter had thus remained in abeyance. Cicero, who wished to oblige Lentulus in return for his exertions in recalling him from exile, was at the same time anxious not to offend Pompeius, who was supposed to wish for the charge himself. With the consent of Pompeius he had however advised Lentulus to land Ptolemy in Egypt, and then to reconcile his subjects to him, if possible, accompanied by his army, but not using force. But he was evidently undecided in his counsel, and fearful of the consequences, the senate having declared itself opposed to the restoration. Nothing seems to have been actually done till the present year, when Gabinius, proconsul of Syria, being promised a large sum of money by Ptolemy, undertook the expedition and forcibly re-instated him. The bad character of the king leads to the inference that the senate was right in refusing to force him upon his subjects. Gabinius was recalled, and tried for his defiance of the oracle and of the senate: and though acquitted on this charge, he was condemned on a second, for receiving money from Ptolemy. Cicero, at the request of Pompeius, reluctantly defended Gabinius, much to his own discredit, in the last case.

1. **Puteolis.** Cicero wrote this from his house at Cumae, a few miles from Puteoli, whither the report had just arrived from the East, perhaps.

2. **Bibliotheca Fausti.** F. Cornelius Sulla, son of the dictator, killed after the battle of Thapsus, B.C. 46, probably with Caesar's connivance.

3. **His rebus Puteolanis et Lucrinensibus,** namely fish and oysters.

5. **Propter rem publicam.** Cicero's despondency about public matters was well grounded, for the violent interruption of the consular elections by Pompeius' and Crassus' connivance showed that the constitution was really at an end.

8. **Istorum,** Pompeius and Crassus, now consuls.

Cum eo, quocum, namely Pompeius, whom Cicero saw no means of resisting.

10. **Nostram ambulationem.** He passes to the building of his house on the Palatine, which he requests Atticus to overlook.

11. **Laconicum :** a vapour bath, so called because the Lacedaemonians used it in their gymnasia. Dion C. 53. 27.

Cyrea : the work of Cyrus, his architect. [2. 4.)

12. **Philotimum,** Cicero's freedman, who had charge of the work. (Att.

14. **Cumanum.** Pompeius had a villa near Cumae, adjoining Cicero's.

Parilibus. On the 21st of April, the birthday of Rome. Ov. Fast. 4. 806. Also called Palilia, in honour of Pales, the goddess of husbandry.

Ep. 20. Nothing more is known of M. Marius, to whom this letter is addressed, than can be gathered from it and four others, in one of which, addressed to his brother Quintus (Q. Fr. 2. 10), Cicero says of him, 'Marius et valetudine est et natura imbecillior.' He had an estate near Cicero's villa at Pompeii.

Pompeius exhibited the games referred to in this letter in his second consulship (B. C. 55), to which he had been chosen by an interrex after a tumultuous year, during which year, with Caesar and Crassus, he had obstructed the regular election.

7. **Modo ut tibi constiterit,** 'if only you have had some real enjoyment of your leisure.' 'Modo ut' has the sense 'supposing that,' which might have been expressed by 'modo' alone.

10. **Ex quo tibi Stabianum perforasti,** 'from the windows of which you see your Stabian estate;' i.e. 'perforatis fenestris videre potes.' Stabiae was a town south of Pompeii, which had been destroyed in the Social war; on its site were now villas.

11. **Misenum.** This reading is adopted from Lambinus as a correction of 'senum,' the Medicean reading.

12. **Cum illi interea,** 'while meantime those who had left you there were looking, half-awake, at common buffoons.' **Semisomni** either from want of interest in the poor spectacle, or because the hour was early.

16. **Sp. Maecius** Tarpa was employed by Pompeius to select the plays to be acted at the games. He is mentioned as a critic by Horace, A. P. 386 'Si quid tamen olim Scripseris, in Maeci descendat judicis aures.' He sat, the scholiast (on Hor. Sat. 1. 10. 38) says, in the temple of Apollo, whither the poets resorted to recite their productions, none of which were brought out on the stage without the approval of Tarpa, or some other critic.

17. **Non tui stomachi**, ' not to your taste.'

19. **Ii quos ego ... decesse arbitrabar** : namely, as being past the age for acting well.

20. **Aesopus** ; the great tragic actor at Rome. He was perhaps a freedman of the Clodian ' gens.' He was a friend of Cicero, who calls him 'summus artifex et semper partium in republicâ tanquam in scenâ optimarum ' Pro Sest. 56.   In his acting he pleaded Cicero's cause during his exile. Ib. Quintilian says that Roscius was eminent in comedy, Aesopus in tragedy, the former being rapid in delivery and action, the latter impressive (gravior). We gather from this passage that he was now getting old.   He must not be confounded with the writer of fables, who was a Greek, and lived probably four centuries earlier.   Pliny (N. H. 7. 48) mentions that at these games an actress was brought out, as a curiosity, on account of her age, who appeared again at games given in honour of Augustus Caesar, which took place sixty-three years after this time, when she was 104 years old.   This would only make her 41 at Pompey's games.

22. **Si sciens fallo.** The formula was, 'Si sciens fallo Jupiter ita me mactet, quemadmodum ego hunc agnum macto' Liv. 22. 46; or some similar form of words (Ib. 22. 53).

26. **Adparatu.** The scenery of the theatre was in Cicero's estimation a vulgar kind of attraction. The plays acted were the Clytemnestra of Atticus, and the Trojan Horse of Livius Andronicus, followed, as we find afterwards, by Greek and Oscan farces.

28. **Creterrarum.** These might be borne in triumph after the capture of Troy.   Ernesti conjectures ' cetrarum,' ' shields.'

32. **Protogeni.** No doubt the reader (anagnostes) of Marius.

36. **Oscos ludos vel in senatu vestro.** A satire on the debates in the senate, which were like farces, (on account of the inconsistency of the speakers).

37. **Graecos ita non ames.** Cicero himself did not care for Greek comic plays. Att. 16. 5 ' Scis enim quid de Graecis ludis existimem.'

The Oscan or Atellane plays were a low kind of farce in which Oscan or old Italian words were often used, being understood, Strabo says, by the Romans.   Tiberius Caesar afterwards issued an edict to restrain the representation of these farces, calling them ' levissimae apud vulgus oblectationes ' Tac. Ann. 4. 14.

38. **Via Graeca.** The allusion here is not known. Perhaps the road to Marius' villa was out of repair. Melmoth.

41. **Operam et oleum**, ' has lost his toil and expense.'   This phrase is taken from the training for athletic games.

Venationes. The refinement of Cicero's taste in not liking such shows is interesting ; probably it was not common at Rome.

There is a curious passage in which Pliny describes the piteous cries of the elephants at these very games, and the effect on the people. ' Amissa spe fugae misericordiam vulgi inerrabili habitu gerentes supplicavere, quadam sese lamentatione complorantes, tanto populi dolore, ut oblitus imperatoris ac munificentiae honori suo exquisitae, flens universus consurgeret, dirasque Pompeio quas ille mox luit imprecaretur.' N. H. 8. 7. Dion Cassius and Plutarch both refer to the same fact.

53. **Dirupi me paene,** ' I strained myself to the utmost on the trial of Gallus.'   The speech is lost.

55. Artem desinerem. The construction is unusual. Perhaps ' exercere' is understood.

60. Cogor. Thus in the following year Cicero was induced (by Caesar) to defend two of his strongest enemies, Gabinius and Vatinius.

78. Neque in epistolis relinques meis spem aliquam delectationis tuae, 'instead of leaving your hope of amusement, such as it is, to rest entirely on letters from me.' 'Aliqui' is joined to substantives and adjectives in this idiomatic way, with a slightly depreciatory sense. Observe the wholly different sense which would have been given by ' ullam.'

Ep. 21. Caesar had now been four years in Gaul. This was the year of his second invasion of Britain.

3. Trebatium. He was a lawyer and friend of Cicero, who wrote many letters to him, several of which remain, in familiar and sometimes jocose style, Epp. 23, 25, 26.

Quocumque exirem. It seems from this passage and others that Cicero had had some intention of accompanying Pompeius to Spain, if he had gone thither in pursuance of his duty. For by the Trebonian law, B.C. 55, Spain had been assigned to him, while Parthia was given to Crassus, and Caesar's government was continued for five years more, from Jan. 1st, B.C. 53. But Pompeius only sent troops into Spain and did not go himself, which made him unpopular, and led, in Cicero's opinion, to the civil war. Cicero's intention of accepting the ' legatio' is mentioned Att. 4. 18.

6. Commoratio, in Rome.

7. Dubitatio. His hesitation arose from fear of Clodius.

12. Casus vero mirificus, 'And then a wonderful instance of good fortune fell in, which will be at once a witness to the truth of my judgment, and a certifier of your kindness.' **Opinionis meae** refers to his opinion of Caesar's good-will.

15. Balbo. L. Cornelius Balbus, a native of Gades, but a Roman citizen, was an intimate friend first of Pompeius, then of Caesar. At this time he held the office of ' praefectus fabrûm' for Caesar, but resided much at Rome, where he looked after Caesar's interests private and public. A great part of the booty of the Gallic war passed through his hands. He was intimate with Cicero, and always strove to keep him on good terms with Caesar. After Caesar's death, he joined Octavius, and became praetor and consul, being the first consul who was not a Roman by birth. Smith, Dict. Biog.

17. Rufum. This reading has been adopted from Cratander's margin (see Introduction). The Med. MS. gives ' itfiuium.'

Regem Galliae; jocosely. The allusion in the following words, vel hunc Leptae delega, is unknown; but Caesar seems to decline to be a patron of Rufus, whom Cicero had recommended. A certain Q. Lepta was afterwards ' praefectus fabrum' to Cicero in Cilicia, and may possibly have accompanied Q. Cicero from Caesar's camp to that of M. Cicero. Watson.

21. Mitto .... duxerim: 'I therefore send Trebatius to you, and send him with the conviction that though sent at first from me alone he will afterwards prove worthy to have been invited by you.'

26. Illo vetere verbo meo. In recommending Milo to Caesar, Cicero had used the expression ' more Romano,' a common form in such cases, and Caesar had ridiculed it, as unmeaning. Cicero says: 'I do not merely pledge myself " more Romano " for Trebatius : but in the full sense of the "more Romano," as used by sensible men, I attest that there is no upright, no better, no more modest man.'

Familiam ducit, 'he holds the first place.' Cp. 'leads the circuit.' metaphor is taken from a slave, put at the head of his company for his qualities. De Fin. 4. 16 'Sed primum illud vide, gravissimam illam m sententiam quae familiam ducit, honestum quod sit, id esse solum a.'

32. **Certum nomen,** 'any particular instance (article) of preferment.' The use of ' nomina' for ' items,' in accounts, seems similar to this.

36. **De manu in manum.** Said of things carefully delivered over from one to another. Plaut. Trin. 4. 2. 57 ' *Cb.* Ab ipson' istas accepisti ? *Sy.* E manibus dedit mihi ipse in manum.'

37. **Simus .... licebit,** 'for if I am somewhat more tiresome than you give me a right to be, yet I see you will concede me that right.' For the formation and construction of such adjectives as 'putidiusculus,' see **Madv. §. 63. Obs.** **Vix** is thrown in idiomatically, and cannot be translated literally without obscuring the sense. Cicero expects to be excused either from his confidence in Caesar's friendship, or from his confidence in the merits of Trebatius.

Ep. 22. 3. A causis, 'that I have never been more pressed by causes and trials.' The ablative without ' a ' would be more usual. ' A ' is generally used when there is a personification of the thing which acts. But Livy frequently uses ' ab ira,' ' ab odio,' etc. So Sallust, 'Piget dicere, ut vobis animus ab ignaviâ atque socordiâ corruptus sit ' B. Jug. 31 : where ' ignaviâ' would be more usual. Madv. §. 254. Obs. 1.

6. **Cogitationi vestrae,** 'your and Caesar's expectation.'

9. **Ne cuius animum offendamus.** Cicero foresaw the coming disturbances and wished to keep on good terms with all parties, as much as possible, but especially with Caesar. His talents as a pleader enabled him to gratify many persons. For ' cuius' = ' cuiusdam' cp. Ep. i. 31.

10. **Ab iis ipsis.** He particularly alludes to the consul L. Domitius Ahenobarbus, whose election Caesar had not been able to prevent for this year, though the triumvirs had hindered it the year before, to M. Porcius Cato, the praetor, and to Bibulus, Caesar's former colleague, and constant opponent. Manutius.

11. **Ab aequis,** ' by those who are impartial.'

14. **Quod erant progressi,** ' because the consular candidates had gone to such lengths that it was intolerable.'

15. **Statui ... accedere,** ' I have resolved to make no move towards any remedy for the state without strong support.'

17. **De praevaricatione.** ' Praevaricatio' was the technical word for the crime of an accuser who, having been bribed, withdrew from, or did not exert himself in, his cause.

18. **Tribunis aerariis.** The ' iudices' at this time consisted of three ' decuriae,' of senators, knights and ' tribuni aerarii,' (by the Lex Aurelia, B.C. 70). The ' tribuni aerarii ' were, no doubt, persons of property, intended to represent the classes below the knights; originally heads of tribes and collectors of payment for the troops. Each of these three ' decuriae iudicum ' had its separate balloting urn, and the result of each of the three votes was known, though not how individuals voted.

18. **In summa.** That is, the numbers in the three votes being added together, although there was a majority of senators and knights for condemnation, the whole result gave a majority of four votes for acquittal.

20. **Vatinium.** This man was accused of bribery. Cicero, who had been his bitter enemy, and who in his defence of Sestius two years before had violently attacked Vatinius (In Vatin.), now defended him, at Caesar's request. He felt how discreditable this was, and tries to excuse himself to Lentulus, Fam. 1. 9.

Eram is the epistolary tense.

21. **Comitia.** The election for consuls. They were in fact put off from month to month, by intrigues, and were not held at all this year, nor for the first seven months of the following year.

Scauri iudicium: he was accused of extortion in Sardinia before M. Cato, and acquitted: Cicero defending him.

22. Συνδείπνους. The allusion intended in naming this play of Sophocles is not understood: it may have referred to something that had passed at a banquet given by Caesar, at which Quintus Cicero was present.

25. **De Britannia.** Quintus had accompanied Caesar, as legatus, on his second invasion of Britain.

26. **Reliqua.** The dangers of the war itself.

28. **Magisque sum sollicitus,** 'and I am more agitated by these hopes, than by fear.' He hoped that his brother would gain honour and wealth and rise in Caesar's favour.

29. **Scribendi.** Quintus was writing a poem on Britain, and had asked Marcus to help him with some verses. The latter says it would be like sending ' an owl to Athens,' as we say 'coals to Newcastle.' The owl was, of course, Athena's emblem.

35. **Nostris versibus;** a poem he had sent to Caesar, for his perusal: perhaps that on the events of his consulship.

39. **Res aut** χαρακτήρ, ' the subject or the style.'

Ep. 23. 2. Est quod gaudeas ... fuisset, ' you have reason to be glad that you have got into regions where you are taken for a wise man : if you had gone to Britain, it is certain that no one in that great island would have been more learned.'

6. **Subinvideo tibi,** ' I am almost envious of you.'

11. **Valde metuo ne frigeas in hibernis.** He jokes Trebatius as a man of peace, unaccustomed to the cold and hardships of war in winter.

12. **Mucio et Manilio.** Mucius Scaevola and M. Manilius, two famous lawyers; as if a precedent was wanted for having a fire in cold weather !

13. **Praesertim qui,** ' especially as you were not rich in military cloaks.'

Quamquam vos .. audio, ' although I hear that now you are all warm enough where you are :' namely, from danger and anxiety. Schütz supposes this letter to have been written in August B.C. 54, while Caesar was still in Britain : for he did not return to Gaul till nearly the time of the equinox. (Caesar, De B. G. 5. 23.) Labienus was left in command of the rest of the army in Gaul, with which Trebatius remained. Although no outbreak took place in Caesar's absence, after his return from Britain the Eburones in the North-east attacked and destroyed one legion, and put Q. Cicero and his camp into extreme danger.

16. **Cautior quam in advocationibus.** He calls Trebatius more

cantious as a soldier than as a counsellor : caution being an excellence in the one but not in the other profession.

17. **Studiosissimus . . natandi.** Perhaps there is a play on the word ' natandi,' which is used metaphorically for ' hesitating,' ' fluctuating.' De Nat. D. 43 ' Democritus natare videtur in natura Deorum.'

Essedarios, British charioteers. Here again there is a play of words, as ' essedarius' means also a gladiator who fought from a chariot.

18. **Andabata**, ' whom we used not to be able to cheat out of a blinded gladiator :' that is, out of a single spectacle of a gladiatorial combat. He jokes Trebatius on being fond of looking on at such games, but not liking real war. ' Andabata,' a gladiator who fought in a vizor or helmet which covered his eyes.

31. **Una mehercule . . Haedui,** ' I am sure that a single interview, serious or jocose, between us will be worth more, I will not say than our enemies, but than our brothers, the Haedui,' that is, worth more than anything you can do with the Gauls, hostile or friendly. The Haedui had been called ' brethren ' and ' kinsmen' by the Roman senate: Cicero jocosely alludes to this. Caes. B. G. 1. 33.

Ep. 24. 1. **De illis libris, quos cum essem in Cumano, scribere institui.** Writing to his brother in May of this year Cicero had mentioned that he was engaged on a great work on politics. 'Scribebam illa, quae dixeram, πολιτικά : spissum sane opus, et operosum. Sed si ex sententiâ successerit, bene erit opera posita. Sin minus, in illud ipsum mare deiiciemus, quod scribentes spectamus' Q. Fr. 2. 14. It was the work ' De Republica,' published perhaps at the end of this year. In this letter Cicero speaks of his changes of plan in writing it.

4. **Novendialibus iis feriis quae fuerunt Tuditano et Aquilio consulibus.** Cicero placed the scene of his work in the year 625 (B.C. 129), when he supposed a conversation held between the speakers mentioned in this passage, lasting for the nine days of a holiday kept that year. It was from Rutilius when an exile at Smyrna that Cicero supposes himself to have derived his account of the conversation, on his tour to Greece and Asia, B.C. 79–78.

6. **Paulo ante mortem.** Scipio Africanus the younger was found dead in his bed, B.C. 129, on the day after his speech in the senate in favour of the Italians, and against the triumvirs for carrying out the agrarian law of Gracchus.

7. **Phili.** L. Furius Philus, consul B.C. 136, was an upright and learned man, and a good speaker. Brut. 28.

Manilius was consul B.C. 149, in the third Punic war, perhaps the same as the famous jurist.

Tubero was nephew of Africanus, a great opponent of the Gracchi, a lawyer and logician.

9. **Sane . . . adferebat,** ' assuredly this work was clearly put together and the dignity of the characters added some weight to the treatise.'

14. **Non Heraclides Ponticus :** a philosopher who wrote on politics. Sallust thought that Cicero having been engaged in public affairs, would speak with much more weight in his own person.

17. **Oratorum sermonem in illis nostris libris.** Sallust conceded that Cicero had shown good taste in not personally appearing in the dialogue of orators in the ' De Oratore,' on account of the subject of that

treatise being what it was; but pointed out that there he had assigned the part of speakers to men whom he had himself seen, namely, to Crassus, Scaevola and Antonius, (the interlocutors in the 'De Oratore,') not to men of a past generation.

19. Aristotelem denique, 'lastly, that Aristotle speaks in his own person in his Politics and Ethics.'

21. Commovit me, 'he made an impression on me.'

22. Quod erant inferiores, 'because these disturbances were of later date than the age of those whom I supposed to be speaking;' i.e. than Africanus and his friends.

23. Id ipsum tum eram secutus, 'but indeed I had purposely adopted this plan at that time.'

25. Nunc et id vitabo . . . relictos, 'Now I will avoid giving offence, and I will make myself the speaker with you; yet I will send you what I had begun, if I come to Rome. For you will imagine, I have no doubt, that those books have not been given up by me without considerable reluctance.'

Cicero means those which he had finished and read to Sallust during this year. Notwithstanding the impression made by Sallust's arguments, he did not give up his original plan, except that he made his work consist of six books instead of nine. He speaks of it in a letter to Atticus, this year, as follows: 'Utinam modo conata efficere possim! rem enim (quod te non fugit) magnam complexus sum, et gravem, et plurimi otii, quo ego maxime egeo' Att. 4. 16.

For the remarkable history of this work, see Professor Ramsay's article in Smith's Dictionary. It was known to have existed in the 10th century A.D., and perhaps later, but was never discovered in any MS. till 1822, when a part of it, about one-fourth, was found in the Vatican Library as a palimpsest, St. Augustine's commentary on the Psalms having been written over it. Together with fragments, found in quotations made by grammarians and ecclesiastical writers, and the 'Somnium Scipionis,' which formed part of the sixth book, about one third of the whole work is now extant. When complete it must have been one of Cicero's greatest and most important writings.

32. Vivo tamen in ea ambitione et labore: 'yet my life is one of such effort to please him and such labour, as if I were looking out for what I do not ask.' Caesar's greatness of character and the frank kindness of his nature seem really to have laid strong hold on Cicero's affection. At the same time his political sagacity and instinct showed Cicero that his best prospect was in keeping on friendly terms with him. On the other hand, Caesar had a real liking for the orator, and had reason to wish him to be on his side, in his own absence from Rome, for the power of his character and his oratory was considerable.

33. De versibus faciendis. Quintus wished his brother to send him some verses on the expedition to Britain in praise of Caesar, which he might show Caesar as his own.

35. Nec satis commoveor. Cicero naturally says that his feelings were not enough roused about the British expedition, for poetry.

36. ὑποθέσεις, 'suggestions, or topics.' Such are those mentioned above, Ep. 22, on the climate, inhabitants, etc., of Britain.

38. Facerem tamen . . . eripiunt, 'yet I would do it, if I had the power: but (as you cannot but know) for poetry one needs a certain cheerfulness of spirit which the times we live in completely deprive me of.' There is something very touching in the despondency expressed in this and the following passage of the great orator and pure-minded statesman, especially as there is a tinge of self-reproach in his reflections.

40. **Abduco me equidem . . qui vellet,** 'I do indeed withdraw myself from all public cares, and devote myself to literature: yet I will confess to you something which I earnestly wish I could hide from you above all others. I suffer anguish, my dearest brother, real anguish, to think that there is no constitution, no administration of justice, and that at a time of life when I ought to be enjoying my proper influence in the senate, I have to toil at the bar or to support myself only by private employments in literature—while that aim, which from a boy I had passionately desired, " ever to excel and to be above others," has wholly failed: my enemies I must partly abstain from attacking, partly must defend ; not only my inclination, but my very hatred is not free : and that out of all around me I have only found Caesar, to love me as much as I would be loved, or even (as some think) to love me at all.'

Pompeius professed friendship for Cicero : but he had treated him badly at the time of his exile, and may have assisted to recall him (Cicero implies) rather because he needed his influence with the senate, than from true esteem.

54. **Consolatione.** In his writings and the society of his friends.

57. **Gabinium.** Gabinius, as said above, was acquitted on the first charge brought against him, of disobeying the senate. Cicero had then refused to defend him : Pansa perhaps was in Gaul, and had said that he had better undertake his defence. Cicero did so in his next trial, but probably not without a wound to his self-respect. At present he had merely been called as a witness.

62. **Cessator,** 'an idler.' Cicero was arranging his books.

63. **Sentio ipse . . . adsequor,** 'I feel it is a toilsome work, and make little progress, though I use all diligence.'

66. **Crebrius.** Nothing is known of this person, and the following line is corrupt. Schütz conjectures : ' Et qui omnia se adjurat debere tibi, valide renuntiat :' ' and while he confesses that he owes you everything, he obstinately refuses payment.' Some money transaction seems to be alluded to, from the following words : but their meaning too is uncertain : ' I suppose that the account was made up from the treasury, but until on the spot I do not know.'

70. **Quattuor tragoedias,** probably translations. But even then the literary activity of the Roman is wonderful. And if this letter was written in November B.C. 64, it was about the time when Quintus was in great danger from an attack on his camp.

71. **Tu quicquam,** ' would you wish to borrow anything from another, and ask for a loan, when you have written the " Electra " and " Troades ?" '

75. **Ad duas epistolas.** The last passage is in older editions made a separate letter, Q. Fr. 3. 6. But these words show that it was at the end of a former one.

Ep. 25. Another jocose letter to Trebatius, who had become an Epicurean, as Cicero had heard from Pansa. Trebatius was still in Gaul.

3. **O castra praeclara!** 'a glorious camp to join!' 'Castra' used figuratively. So ' In Epicuri nos adversarii nostri castra coiecimus' Ep. 47.

' Nil cupientium
Nudus castra peto '　　　Hor. Od. 3. 16, 22.

3. **Si te Tarentum**, 'if I had sent you to Tarentum, not to Samarobriva;' i.e. Amiens, on the Samara or Somme. Caesar was encamped in the neighbourhood of Amiens, and had himself stayed with the army in their winter quarters contrary to his usual custom, on account of the disturbed state of Gaul, where one legion with its commanders Sabinus and Cotta had been cut to pieces, and another under Quintus Cicero barely saved by the skill and bravery of Quintus and his soldiers. Tarentum being famous for luxury Cicero jokes Trebatius: 'if he had turned Epicurean even at Samarobriva, what would he not have become at Tarentum?' Caes. B. G. 5. 53.

4. **Iam tum mihi ... familiaris meus**, 'for some time back I have not been satisfied with you, since you took up the same views as my friend Zeius.' 'Intueor' is commonly used of mental contemplation. 'Raros esse qui rerum naturam studiose intuerentur' Tusc. Disp. 5. 3.

6. **Cum omnia tua causa facias.** A pleasantry, this being said to be the principle of the Epicureans.

8. **Inter bonos bene agier.** A formula used in law: 'ut inter bonos bene agier oportet,' apparently to give assurance to promises. Cicero calls it a 'golden rule.' De Off. 3. 17; Top. 17. But, he says jocosely, there is no 'good' man on Epicurean principles.

9. **Quod ius ... metiuntur**, 'what rule of right will you lay down for division of a common stock, when nothing can be common among men who measure all things by their *own* pleasure?'

12. **Iovem lapidem iurare.** There was a solemn form of oath: 'Si sciens fallo tum me Diespiter bonis eiiciat, uti ego hunc lapidem.' But the Epicureans did not believe in Jupiter.

13. **Quid fiet porro**, 'then what will become of the people of Ulubrae, if you have determined that it is wrong to be a politician?' For Epicurus placed the highest good in quiet and peace of mind. Trebatius was patron of Ulubrae.

14. **Qua re si plane a nobis deficis**: 'therefore if you really are deserting us, I am sorry: but if you merely find it convenient to agree with Pansa, I excuse you.' Vibius Pansa was really an Epicurean, but a good man. 'Pansa, qui ἡδονήν sequitur, virtutem retinet' Fam. 15. 19.

Ep. 26. 4. Esse fortem virum. Trebatius seems to have been impatient of his stay in Gaul. Cicero often alludes to this, partly in jest, partly in earnest: for he wished him to get some advantage by his acquaintance with Caesar.

5. **Paulisper in te ita desideravi**, 'qualities which for some time I missed in you, though not from any weakness in you, but rather thinking it was because you were uneasy at losing my company.' 'Ita' and **ut** must be closely joined together.

11. **Quoniam vestrae cautiones infirmae sunt**, 'therefore since your bonds are unsafe, I send you a small Greek one in my own writing.' He uses a legal metaphor jocosely. 'Since you and Caesar are not close friends enough, I send you,' etc. This Greek 'cautio' was either a letter to Caesar in Greek, or a Greek poem in his praise.

14. **Ignavissimo cuique**, 'for I trust the greatest cowards most' for accounts of a war. He often jokes Trebatius, who was no soldier, on his want of military spirit.

16. **Illud miror**, 'one thing I wonder at.' Trebatius seems to have

sent more than one copy of the same letter, one copy being on a parchment which had been used before. Probably this was the rough copy of his letter, which had been forwarded by mistake with the fair copy.

21. An hoc significas .... reliqueris, 'Do you mean to tell me that you cannot get on at all? that you are frozen with the cold? that you have not even a sheet of paper left? Well, it is your own fault, for taking your modesty out there with you, and not leaving it behind.' Trebatius was too modest, he means, in pressing Caesar for favours.   ·

25. More Romano, 'earnestly.'   See Ep. 21. 26, note.

27. In Pomptino, 'in the Pomptine country,' near the coast of Latium.

29. Fremitum clientium meorum, 'the noise my clients are making, whom you, I am sure, have made so friendly to me.' He means the frogs near Ulubrae. See Ep. 25. 13, note.

33. Conscidi .... posset, 'I have destroyed, harmless as it was, for it contained nothing that might not have been read with propriety even at a public meeting.'

35. Sed et .... adscripseras, 'but not only did Arruntius tell me that you wished it, but you wrote so too,' i.e. that I should destroy it.

Ep. 27. P. Sittio P. F. The Medicean MS. gives 'Sistio,' which has generally been corrected to 'Sestio,' but is here printed 'Sittio,' according to Baiter and Kayser's admirable emendation. Commentators have had to invent several Sestii to explain the allusions in the letter, and have even then been involved in great obscurities. Publius Sittius went to Spain and thence to Mauritania B.C. 64, before the outbreak of Catiline's conspiracy. After the conspiracy was quelled he was included in the accusations brought against Publius Sulla of having participated in the plot. Cicero successfully defended Sulla B.C. 61. In his speech one paragraph is devoted to clearing the character of Sittius.

1. Amicitiae nostrae, so in Pro Sulla 20 'Amici veteris atque hospitis.'

3. Sed quod ... iacuerunt, 'but because the earlier time was a time of dejection during which the state and myself were both ruined.' He alludes to the time of his exile. By **superioribus temporibus** he means the time up to the present, which he further divides into 'priora' and **posteriora.**

10. Absens, in Mauritania, where he remained many years, and probably still was, when this letter reached him.

11. Tui familiarissimi, viz. Sulla. Cicero twice uses this same expression, Pro Sulla 20, in speaking of the relations between Sulla and Sittius.

15. Eo tempore, the time of Sulla's trial.

19. Publio tuo, P. Sulla.

37. Nec enim .... intuemur; a very beautiful thought, but Cicero had not felt thus in his own case.

Ep. 28. 1. Cum et contra voluntatem meam et praeter opinionem accidisset. In the year before this, B.C. 52, Pompeius when sole consul had, among other reforms, sanctioned a law lately passed that no Consul or Praetor should take the government of a province until five years after he had held office. (Dio Cass. 40. 56.) His object was both to check the ambition of those who sought office for the sake of provincial governments, which were used as means for amassing wealth; and, if Caesar should seek the consulship again, to prevent him especially from holding a proconsulship immediately after. The effect of this law was that consulars and former Praetors who had not held provincial governments were called upon to take them, and Cicero among the number. Hence he speaks of his mission as an unexpected one. It was also disagreeable, for he had no avarice to gratify, like ordinary proconsuls, and he much preferred Rome and its occupations; he foresaw also that a critical time was coming, a struggle between Caesar and Pompeius being imminent. His letters during his pro- consulate contain frequent complaints of what he considered almost a banish- ment. Yet one of the brightest pages in his life would have been left out, if he had had his wish: for the purity and uprightness of his administration, so strongly in contrast with the shameless extortion and injustice common among Roman governors, bear the strongest testimony to his disinterested character. Nor was he without temptation, for his circumstances were em- barrassed, and he owed a large sum of money to Caesar, which he could not pay without the assistance of Atticus. There can, however, be no doubt that his presence at Rome would have been useless in preventing the civil war. He exaggerated his own influence with the unscrupulous men round him. Both Caesar and Pompeius liked and esteemed him personally, but neither probably (certainly not Caesar) allowed his influence any weight in hindering their ambitious designs.

2. **Cum imperio.** The 'imperium' was the power of exercising military command. 'Demus igitur imperium Caesari : sine quo res militaris adminis- trari, teneri exercitus, bellum geri, non potest' Phil. 5. 16. It was formally conferred by a lex curiata. Livy 5. 52 'Comitia curiata quae rem militarem continent.' Cicero, however, doubts whether it could not be conferred by a decree of the senate alone, according to the Cornelian law. Fam. 1. 9.

7. **Explicatam,** 'set in order,' 'cleared' of difficulties. The word is used with 'negotia,' 'res,' 'rationes,' etc.

10. **Coniunctione.** Appius was augur, and Cicero had lately been con- secrated to the same office in the room of P. Crassus, killed by the Par- thians. This gave him, he says, a new tie to Appius. The latter, Appius Claudius Pulcher, was brother of his enemy Clodius. Although in writing to him Cicero uses words of friendship and esteem, he wrote very differently of him to Atticus, when he found that he had been an oppressive and extortion- ate governor. Att. 6. 1 'Quid enim potest esse tam dissimile quam, illo imperante, exhaustam esse sumptibus et iacturis provinciam,' etc.

14. **Quod eius facere potueris.** 'Eius' does not refer to the province, but means 'of the matter,' and is part of the idiom 'quod eius facere potue- ris,' 'what of it,' or 'as much of it as—you shall be able to do,' i.e. as far as you can. Both here and Fam. 8. 5, and Att. 11. 12, 'quoad' is generally printed for 'quod,' and Madvig explains the phrase with that reading in view. This change does not simplify the construction, as it deprives 'facere' of its accusative, 'quod.' Secondly, it is made in defiance of the Medicean MS. in every instance. Lastly, the phrase is found in an abbreviated form Att. 1. 5 : 10. 2, with 'eius' or both 'facere' and 'eius' omitted.

15. **Decursus.** The fulfilment of any period of office. The figure is probably from the military use of the word, 'exercise of soldiers,' as Cicero prefixes **quasi.** 'Decursus' is used by Quintilian for something completed, 'Versum facientes totum illum decursum, non sex ve quinque partes ex quibus constat versus, aspiciunt' 9. 4.

16. **Ego te . . . . valde rogo,** 'I earnestly request you to do whatever may occur to you as useful to me.' 'Interest' has an option of constructions, 'mea,' or 'mei.' 'Mea' may agree with 're' understood: 'in mea re.' Key, however, considers 'mea' as a corruption of 'meam;' 'est inter meam rem.'

Ep. 29. 2. Ne quid novi decernatur, 'that no new decree may be made'—such, namely, as might prolong his tenure of his government.

3. **Ut hoc nostrum desiderium ne plus sit annuum,** 'that this loss (i.e. of one another's company) which we feel may not be for more than a year.' 'Plus,' 'amplius,' and 'minus,' are often added to the word which they affect without altering its case, yet without 'quam.' 'Num est hoc, non plus annum obtinere provinciam?' Ep. 35. 27. 'Apes nunquam plus unum regem patientur' Sen. Cl. 1. 19.   Madv. § 305.

4. **Annio.** Nothing seems to be known of this allusion.

De satis dando .. des, 'with regard to giving security, I ask you, as long as you are at Rome, to do it for me yourself.' Cicero had some debts which he had not paid.

5. **Et sunt aliquot satisdationes .... Atilianorum,** 'there are also some securities by mortgage; among these you might give mortgages on my Mennian or Atilian farms.' If we read Memmianorum we may say, he had probably bought these estates when the properties of Memmius and Atilius Serranus were sold by auction. The former was condemned for corruption in his competition for the consulship B.C. 54 and was now living at Mytilene, though he had property at Athens also, and was citizen of Patrae. Att. 5. 11 : 6. 1. Cicero wished Atticus to use these estates as security for his debts. 'Mancipium' and 'mancipatio' properly express an act of transfer of property: 'Mancipatio dicitur quasi manu res capitur.' Things transferred by the form called 'mancipium,' such as lands and slaves, were called 'res mancipi:' other things, 'res nec mancipi.' Smith, Dict. Ant. A security or mortgage on land might naturally be called 'Satisdatio secundum mancipium,' if the form of 'mancipatio' (as is likely) was involved in making it.

7. **De Oppio .. aperuisti,** 'in the case of Oppius I am gratified by what you have done, and particularly because you have promised payment of the 800 sesterces.' This sum (about £6700) Cicero owed to Caesar, and was very anxious that Atticus should settle the account, frequently recurring to the subject. Att. 5. 4 and 6. Oppius was probably an agent of Caesar. The use of 'aperuisti' is singular: 'exposuisti' is used in the same sense Att. 5. 4, but this too is unusual. The meaning is that Atticus promised that he would pay if it was urgently demanded.

8. **Quae quidem ... volo,** 'which I wish by all means to be paid, even though I have to borrow for it.' 'Versura' is explained as the 'changing of a creditor,' i.e. the borrowing from one to pay another. Hence it means, merely, money borrowed at interest. 'Vetita versura,' 'lending at interest was forbidden.' Tac. An. 6. 16 'Versuram facere,' 'to borrow at interest.' **Utique** is emphatic: 'however (it may be),' hence, 'assuredly.' Quint. 5. 10 'Quod non est arbor utique platanus non est.'

9. **Ne extrema exactio nostrorum nominum exspectetur,** 'so as not to have to wait for the full exaction of all debts due to me.' This would be a long process and he wished to have his debt to Caesar off his

mind quickly. 'Nomen' is a head or item of accounts, whether of debt or credit : hence 'nomina exigere' is 'to demand payment.' 'Cum reperiretur pecunias sumpsisse mutuas, nomina sua exegisse, praedia vendidisse' 2 Verr. 2. 10.

10. **Transversum illum extremae epistolae tuae versiculum,** 'that line of your letter which was crossed at the end of it.' The Romans in the time of Cicero divided their letters, if long, into pages : if any small postscript remained, it was written on the margin, crossed. They wrote most quickly on wax, from which the letters could be easily erased for correction, if necessary, by the flat end of the 'stylus;' but they also used many kinds of paper, all made apparently from the Egyptian papyrus, as well as on parchment. A reed split like our pens was employed to write with. Att. 6. 2. Smith, Dict. Ant.

11. **Admones.** Atticus had doubtless requested Cicero to do what he could towards putting Quintus and Pomponia on better terms.

12. **In Arpinas ;** understand 'praedium.'

17. **Ex ratione sumptus,** ' on account of expenses.' The indicative *fuerat* implies that some offence had probably been taken : 'fuisset' would imply the contrary.

18. **Illo sic die,** ' so things were on that day.'

19. **Ut in Arcano,** 'Quintus was obliged to remain at Arcanum on account of the day : I slept at Aquinum, but we dined at Arcanum.' There was a holiday at Arcanum, an estate of Quintus, which made his presence requisite : after dining with his brother there Cicero went on southwards to Aquinum.

21. **Tu invita mulieres, ego accivero pueros :** ' do you invite the women, while I send for the boys,' to the feast. This futurum exactum, ' accivero,' implies that it would soon be done : ' I shall have sent for the boys by the time you have asked the women.' Livy 25. 38 'Clamor et primus impetus castra ceperit :' 'will instantly take.' Madv. § 340. 4.

24. **Id autem,** ' she said this, I suppose (or, 'she was so offended'), because Statius had gone on before to see to our dinner.'

27. **Dices, quid, quaeso, istuc erat ?** ' you will say, " Pray what was there in all this that you tell me ? " ' ' Istic, istaec, istoc, and istuc ' are used for ' iste,' etc.

    Magnum . . . responderat, ' it was a great matter, and annoyed even me : she answered so unreasonably and roughly in words and looks.' He means that trifling as it seemed, Atticus could hardly tell without having been present how annoying it was.

29. **Dissimulavi dolens,** ' I appeared not to notice it, sorry as I was.

    Discubuimus, ' we sat down to dinner.' 'Accumbo ' is used with the same meaning.

33. **Maiori stomacho,** ' more offensive.' ' Stomachus ' is used metaphorically, (1) for ' taste,' ' pleasure ;' ' Ludi apparatissimi, sed non tui stomachi ' Ep. 20. 17 ; (2) for ' anger,' ' dislike,' ' grief ' Ep. 24. 28.

39. **Ut videres . . . . monendi,** ' that you might see that you too had a duty to do, in teaching and admonishing.'

41. **Exhaurias,** ' that you finish my commissions completely.' He was particularly anxious that his debt to Caesar should be quite settled. Cp. ' Non desinam . . . de Caesaris nomine rogare ut confectum relinquas ' Att. 5. 6.

42. **Extrudas**, ' hurry off.' This word is commonly used thus. Fam. 14. 6 ' Pollicem, si adhuc non est profectus, quam primum fac extrudas.' Horace uses it in a slightly different sense: for ' getting off ' goods, Ep. 2. 2, 10

> ' Multa fidem promissa levant, ubi plenius aequo
> Laudat venales, qui vult extrudere, merces.'

C. Pomptinus was one of the four legates whom Cicero took with him to his province. The others were his brother Quintus, M. Anneius, L. Tullius (Fam. 15. 4).

Cum profectus eris, cures ut sciam, ' take care to let me know when you have left Rome : ' not ' when you are going to leave,' which would be ' quum profecturus sis.'

44. **A. Torquatum ... velim**, ' at Minturnae I parted affectionately with A. Torquatus, an excellent man : please to let him know in conversation that I have mentioned him to you.' It is somewhat amusing to see Cicero's constant care that his friends should know of his constant kindness to them. It partly arose from his sensibility, partly from his anxiety, in the dangerous times in which he lived, to have as many attached friends as possible. Torquatus was praetor B.C. 52 : he took the part of Pompeius in the civil war, and was afterwards banished to Athens. There are four letters of Cicero to him while in exile. Ad Fam. 6. 1–4.

Ep. 30. 1. **Ut Athenas.** Cicero had left Rome early in May, B.C. 51. He arrived at Tarentum May 18th (Att. 5. 6), and had a long interview with Pompeius, who was staying there for his health. He left him with the conviction that he had the interest of the state at heart, and his own attachment to Caesar and his interests seems from this time to have become weaker, so that he advises his friend Caelius to join Pompeius. Fam. 2. 8. At Brundisium he was detained till the middle of June, by ill health and waiting for Pomptinus : thence, by Corcyra, Sybota and Actium he went on to Athens, arriving there June 25th, and remaining till July 7th. As he tells us in this letter, he lodged with Aristus an Academician philosopher, and was interested in the city and the conversation of the learned men, who treated him with kindness and courtesy. Att. 5. 9.

Exspectabam ibi iam quartum diem Pomptinum, ' I have now been waiting four days for Pomptinus.' ' Exspectabam ' and the verbs which follow are in the epistolary tense.

3. **Eram autem totus ... cogitabam**, ' I am always present with you : and although I should be so of myself without these memorials of you, yet reminded by them, I think of you the more ardently.' Atticus was almost an Athenian, having gone to live at Athens, and taken a large part of his fortune thither as a young man. He remained there about twenty-three years, from B.C. 88 to 65 : and no doubt he frequently revisited it. The Athenians, in gratitude for his benefactions, set up a statue to him. Corn. Nep. vit. Att.

9. **Lege Iulia.** By the Julian law, as is implied in this passage, certain things might be demanded by the pro-consul from the cities through which he passed. There is no record of what these things were. Cicero would not accept even so much.

Nihil ab hospite. Magistrates passing to their provinces were generally entertained at public expense, a host being assigned them by the town they lodged in. Cicero travelled at his own cost everywhere. Manutius.

12. **Quod superest . . . placere,** 'for the rest (in fine) I am taking great trouble in this matter, in the way which I felt that you would wish.' 'Quod superest' has little more force than that of a connecting particle.

13. **Cum erunt perorata,** 'when I shall have finished them,' a metaphor from the end or peroration of a speech.

14. **Reliqua sunt eius modi,** 'other things are of such a nature that I often blame my own sense, because I did not in some way escape from this business,' namely, from taking a province. What he refers to in the word 'reliqua' he partly expresses in the following passage. **Emerserim** after 'quod,' because it expresses the contents of the word **consilium** : 'my ill advice in that I did not escape.' 'Quod non emersi' would mean that his not escaping was the cause of his self blame.

16. **O illud verum** ἔρδοι τις ἣν ἕκαστος εἰδείη τέχνην, 'let every one work at his own trade.' The line is Arist. Vesp. 1422.

20. **Iracunde vel insolenter** : namely, by his officers and companions. Cicero's difficulty was to make them behave rightly and with courtesy towards the inhabitants of the provinces.

21. **Tacentur,** 'are kept silence about, not spoken of.'

22. **Quae non quo . . . sunt,** 'these things I do not write at length, not because I wish to hide them from you, but because they are hard to express,' (that is, such as he was loth to express). δυσεξείλητα, a word coined by Cicero, from ἐξειλέω, 'to unfold.' For 'non quo te celem' see Ep. 5. 2, note. The accusative after 'celo' is common. 'Bassus noster me de hoc libro celavit' Fam. 7. 20.

24. **Ergo haec quoque hactenus,** 'therefore I will only write so far of these things also:' that is, I will say no more. As he had already cut short his account of his own moderation (l. 13), so he will now cut short his account of the misconduct of his subordinates, although he has got nothing else before him to write about. **Erat** is the epistolary impf.

28. **Quid de Caesaris . . . actum sit,** 'what has been done about my accounts with Caesar and Milo.' For the former see Att. 5. 1, note. Milo's property had been sold on his banishment to Marseilles in April B.C. 52 for the murder of Clodius. Cicero, under the name of Philotimus, a freedman of Terentia, had bought some of it, in order (as he says) that no one might buy it who would demand the 'mancipia' which Milo had carried off with him. Milo was dissatisfied at Philotimus having any part in the transaction, and Cicero had written to Atticus from Brundisium to remove this dissatisfaction, and give up the purchase, if Milo wished. Att. 5. 8.

29. **Non modo nemo** : understand 'erat' or 'venerat.' 'Not only no person, but not even any rumour, has reached me.'

34. **Turbae dumtaxat,** 'I mean the crowds.' 'Dumtaxat' (from 'dum' and taxo,' 'to estimate') gives point and emphasis to the word it is connected with. 'Exactly neither more nor less,' is the original meaning : hence 'only,' 'at least.'

36. **Sursum deorsum, si quidem est,** 'if there is any life in the Academic philosophy (the philosophy that turns our notions upside down, and makes all things uncertain) it is in Aristus, at whose house I am staying.' 'Si est' means 'if it is really alive.' The motto of the school is put as a name for the school. He elsewhere calls Aristus the representative of the Old Academy, 'haeres veteris Academiae,' and his friend and host. Brut. 97.

Cicero is not speaking with exactness, for it was the later Academy, not the old, which was sceptical.   Four or five systems of Academic philosophy are enumerated, but the distinctions are obscure between them.   ' The teaching of the Old Academy ' was meant to be a carrying out of Plato's doctrines.   About two hundred years after, Arcesilaus taught that we knew nothing, not even the fact of our ignorance.   Cic. Ac. 1. 12.   Cicero elsewhere says ; ' O Academiam volaticam et sui similem, modo huc modo illuc ' Att. 13. 25.   He himself inclined to these opinions, but undecidedly, and with a mixture of others.   Xeno, with whom Quintus was staying, was an Epicurean philosopher, as may be inferred from Cicero's calling him ' tuum.'

40. **Ubi quoque tempore,** ' where you are from time to time.' Atticus seems not to have left Rome : Att. 5. 12 ' quoniam Romae commoraris.'

Ep. 31. This letter is a specimen of Cicero's tact and kind feeling. Memmius (see on 29. 5) had some property at Athens, in which were the remains of a house that had belonged to Epicurus.   He had planned some buildings on the site, with the permission of the court of the Areopagus. Patro had written to Cicero, before he left Rome, to ask him to intercede with Memmius to allow the house to remain the property of the Epicurean sect, and repeated his request on Cicero's arrival at Athens.   Memmius having a quarrel with Patro, Cicero writes carefully, and sent a copy of his letter to Atticus.   Att. 5. 11 ' Itaque scripsi ad eum accurate : cujus epistolae misi ad te exemplum.'

1. **Etsi non satis mihi constiterat,** ' although I did not feel quite sure whether it would cause me some distress, or pleasure instead of distress, to see you at Athens.'

3. **Iniuria.** Cicero speaks by way of compliment, for Memmius was probably justly convicted of bribery.   He was certainly an unprincipled man, for he had entered into a disgraceful bargain with the consuls of the year B.O. 54, intended to secure for himself and Domitius Calvinus the consulship of the following year, and to secure their provinces to the existing consuls. He had then betrayed his accomplices and revealed the plot in the senate at the instigation of Pompeius.   Cicero relates the occurrence with proper indignation.   Att. 4. 18.   Even Rome was shocked.   See Q. Fr. 3. 4.

8. **Interea, quod . . . nunc,** ' meantime, I will undertake a matter which can be both undertaken by letter with you, and, as I trust, carried through.'   ' Conficere ' is often used like ' perficere.'   Fam. 9. 13 ' Reditum hominibus confeci.'   Pro Balb. 20 ' Gerere et conficere bella.'

11. **Sed id . . . persuaseris,** ' but if you shall be of opinion that it is a matter of importance to me, but of no manner of consequence to you, grant it to me, on condition that you feel, first, that you can do it without reluctance.'   This is the sense of the passage, which can hardly be brought out by a literal rendering.

13. **Omnia communia sunt,** ' between Patro and myself there is entire friendship.'

17. **De suis commodis.** Nothing is known of the particulars of this occurrence.

19. **Phaedro.** This Epicurean philosopher was a friend of Atticus when the latter resided at Athens.   De Fin. 5. 1.   He was an elegant writer.   Nat. Deor. 1. 33.   He was now dead but had strongly

recommended Patro to Cicero, and (as is intimated below) had earnestly wished the house of Epicurus to be kept. Philo was an eminent philosopher of the Academic school. Driven from Athens with other Athenians of rank in the Mithridatic war, he settled at Rome, where Cicero eagerly attended his teaching; 'totum ei me tradidi' Brut. 89. This was in Cicero's nineteenth year, when Sulla and Pompeius were consuls: and Philo's. teaching may have been the means of converting him from the doctrines of Epicurus.

35. **Nisi tamen .. causa,** 'though one can much less allow you than him to show anxiety on a matter that is not worth it.' The use of 'nisi' seems hardly justified by the sense, unless we understand it thus, 'I have nothing to say except that one can,' &c.

36. **Orationem.** Possibly a speech of Patro made before the Areopagus.

37. **Honorem.** Either the honour of Epicurus or his own, which was concerned jn keeping the house and gardens for the purpose for which it had been left. Schütz prefers the latter.

38 **Testamentorum ius.** For Epicurus when dying had left his gardens to his friend Hermarchus, to be the property of his disciples thereafter. Manutius; Diog. Laert. 10.

Phaedri obtestationem, 'the solemn engagement by which Phaedrus bound him.'

48. **Non quo.** See Ep. 5. 2, note. Atticus was an Epicurean : but Cicero speaks of the sect contemptuously, perhaps because there were not many men of culture now among them. Writing to Atticus on the same matter, and telling him that he had used his name with Memmius, he says, ' Apud Patronem et reliquos barones te in maximâ gratiâ posui ' Att. 5. 11. Memmius, though a bad and unscrupulous man, was probably an accomplished person, as Lucretius implies in the dedication of his poem to him:

'Memmiadae nostro, quem tu, Dea, tempore in omni
     Omnibus ornatum voluisti excellere rebus '   Lucr. 1. 26.

See also Brut. 70, where Cicero thus describes him: ' C. Memmius L. F. perfectus literis, sed Graecis: fastidiosus sane Latinorum : argutus orator, verbisque dulcis : sed fugiens non modo dicendi, verum etiam cogitandi laborem, tantum sibi de facultate detraxit, quantum imminuit industriae.'

57. ὑπομνηματισμόν. The decree of the Areopagus (properly ' record,' ' memorandum') by which Memmius had permission to build on the disputed site. Patro had at first wished Cicero to write directly to the Areopagite council to ask them to withdraw the decree : but it seemed better policy to write to Memmius for his permission, without which it was not likely that their request would be granted. The influence of a powerful Roman, though in exile, with a provincial assembly, seems to have been immense. Att. 5. 11. There is no record whether Cicero's application was successful.

Ep. 32. 1. Saturnalibus. The 19th of December (A.D. xiv Kal. Jan.) was at this time the day of the proper religious festival of the Saturnalia, though the holiday was longer, as Cicero below speaks of the third day of the feast. The adoption of the Julian calendar led to some confusion, and Augustus enjoined that the 17th, 18th and 19th of December should be sacred. In the time of Claudius, there were two additional days. Smith, Dict. Ant.

Pindenissitae. Pindenissus was a stronghold in Cilicia inhabited by a wild people who liked the Parthians better than the Romans. Cicero had a great desire to distinguish himself as a general, and having exterminated the barbarous tribes on Mount Amanus, proceeded to take Pindenissus, which however cost him a siege of nearly seven weeks.

2. **Postquam.. coepimus.** This is the usual construction of 'postquam.' But it is also used with the pluperfect to denote the lapse of a length of time, and especially when a defined interval is specified. 'Hannibal anno tertio postquam domo profugerat, Africam accessit' Corn. Nep. Hann. 8.

5. **Num potui Ciliciam Aetoliam,** 'could I change Cilicia into Aetolia or Macedonia;' places you are familiar with, and where war would be on a greater scale.

6. **Tanta negotia:** such as would have to be carried on in Aetolia and Macedonia.

8. **Ephesum.** Att. 5. 13. He arrived there July 22nd.

11. **Quae erant.** Perhaps the words 'in itinere' have slipped out.

13. **Honorificisque verbis omnes iniurias revellimus superiores,** 'with complimentary words I removed the impression 'of former injuries,' namely, from the minds of the people of Laodicea. This figurative meaning of 'revello,' 'to tear out,' is common. Phil. 13. 12 'Cuius totus consulatus est ex omni monumentorum memoria revulsus.' Schütz is doubtful, however, to whose injuries Cicero alludes, on the ground that he would have named Appius if he had meant his unjust acts towards the provincials. But Cicero perhaps purposely speaks vaguely, and meant to include causes of offence which the 'publicani' might have given, as well as the oppression of Appius.

14. **Apameae.** Apamea (Cibotos), Synnada, and Philomelium were in Phrygia, not far from the confluence of the Maeander and Marsyas; Iconium in Lycaonia. The short time Cicero remained in each city was owing to his haste to arrive at the camp, before any fresh movement of the Parthians should occur. The defeat and death of Crassus had occurred two years before, at Charrae, and though Cassius had saved the remnant of the army, and twice repulsed the Parthians, there was, no doubt, room for disquiet.

17. **In castra:** at Iconium.

18. **Lustravi,** 'I reviewed.' Hirt. B. G. 8. 54 'Legionibus ad fines Trevirorum evocatis, eo profectus est, ibique exercitum lustravit.' 'Lustro' (from 'luo') is properly 'to purify,' 'offer expiation:' hence 'review,' because then sacrifices were offered. Livy 1. 44 'Exercitum omnem suovetaurilibus lustravit.'

Cicero had two legions. Five cohorts of these, which had mutinied, he had reduced to allegiance through his prefect Anneius. He also had raised a sufficient force of cavalry, veteran soldiers ('evocati') and auxiliaries from the population of friendly princes; and Deiotarus, king of Galatia, a faithful ally of the Romans, promised to aid with all his forces, which however proved to be unnecessary. (Fam. 15. 4; in which letter, to Cato, he gives a fuller account of his military actions.)

23. **Ad Cybistra.** Cicero's first plan had been to march through Cilicia to Mount Amanus, where some fierce tribes needed to be subdued. Hearing through messengers of the king of Commagene that the Armenian king, Aravasdes, whose sister was married to the Parthian prince, had invaded Syria, he thought it better to keep more to the north, in order to protect Cappadocia and its friendly chieftains, especially as Cappadocia was exposed

to an attack from the Armenians and Parthians, whereas Cilicia was protected by Mount Amanus, through which there were only two passages on the side of Syria, both easily defended. He therefore marched to that corner of Cappadocia which adjoins Cilicia, and encamped for five days at Cybistra, north of Mount Taurus, until, hearing that the Parthians were not threatening Cappadocia, but Cilicia, he resumed his first design, and turning southwards reached Tarsus, through the gates of Taurus, on the fifth of October. During the five days at Cybistra he established the power of Ariobarzanes king of Cappadocia, who had been recommended to his protection by the senate, and persuaded the priest of Comana, who was dangerous to the king from his power and spirit, to retire. He seems in all this to have acted with prudence and vigour.

27. **Inde ad Amanum contendi.** On arriving at Mount Amanus he heard that Cassius had repulsed the Parthians from Antioch, mortally wounding Osaces. Cassius was in command until the arrival of Bibulus, between whom and Cicero there was some jealousy. The repulse of the Parthians gave Cicero time to reduce the mountaineers of Amanus. He describes the operations more at length to Cato (Fam. 15. 4).

36. **Scis enim dici ... τοῦ πολέμου.** Schütz thinks the whole of this sentence is transposed. It would come in better after the words 'cum graves de Parthis nuntii venirent' l. 19. If to be read here it must mean that some panic and vain rumours were his reason for leaving Amanus.

37. **Rumore adventus nostri.** In his letters to Cato and Caelius (Fam. 15. 4; 2. 10) he does not take credit for the retreat of the Parthians; and it seems that he heard of it on his arrival at Amanus.

44. **Loreolam in mustaceo,** 'to seek for fame in trifles.' 'Mustaceum' is a cake made with new wine, 'mustum,' and laurel leaves were used in the cookery. No explanation is given of the proverb, unless it means that it would be impossible to find the laurel, which would be burned. Facciolati. Observe that 'loreolam' for 'laureolam' is an instance of 'plebeius sermo,' vulgar Latin, which said 'o' for 'au,' and employed such forms as 'dixti,' 'scripsti,' which occur in the Med. MS. See Rhein. Mus. xi. 509.

58. **Saturnalibus tertiis,** 'on the third day of the Saturnalia,' December 19.

59. **In tribunali.** The 'tribunal' in the camp was the raised platform from which the general spoke. From this the auction of the slaves was held.

HS. CXX = 'centies vicies centena millia sestertium,' 12,000,000 sestertii, or 12,000 sestertia, which (counting the sestertium at 8*l.* 17*s.* 1*d.*) gives 106,250*l.* Merivale (in Abeken) says about 105,000*l.* For the ambiguity of the signs CXX see Madv. Suppl. II. A.

64. **Ligurino.** The allusion is not understood. Cato has been supposed to be meant, but there is no sufficient explanation.

65. **Elegantius.** Namely, than his own conduct in his proconsulate.

69. **Fuit tanti,** 'it was worth while' to undertake this government: namely, because it gave him an opportunity of proving to himself his own disinterestedness.

72. **Interim haec λαμπρά.** He had called his government 'praeclarum:' meantime his success in the case of Ariobarzanes was more than this, it was glorious.

73. ἐν παρόδῳ . . . **servavi**, 'in passing, by my advice and authority, and by refusing not only to receive gifts but even to see the intriguers against him, I saved the king and his kingdom.' Cicero had real cause for congratulating himself on this success.

76. **Ne pilum quidem,** 'I have not exacted even a mite.' 'Pilus,' literally, 'a hair.'

Brutum abiectum. Ariobarzanes owed Brutus some money, which he had despaired of receiving.

78. **Teruncium,** 'not a farthing of expense.' Ter-uncius (nummus) three-twelfths, or a quarter of an as. Att. 5. 17 'Sic in provincia nos gerimus, ut nullus teruncius insumatur in quemquam.'

81. **At te Romae . . . futurum est,** 'but am I to understand that you will not be at Rome? However, [if you are not there when my public letters are read] what is to take place on the first of March is the really important thing.'

82. **Vereor . . . retineamur,** 'for I am afraid that when the question of Caesar's province is discussed, if he resists (by letter) I shall be kept here.' There was however much more at stake in this question than Cicero's return. The consuls of the following year (B.C. 50), C. Claudius Marcellus and Aemilius Paulus, were to bring forward a proposal for a decree of the senate (in accordance with a resolution, 'auctoritas,' of the senate passed in September, 51), that Caesar should lay down his command, and should not be allowed to sue for the consulship in his absence. The former proposal was clearly contrary to the Trebonian law of B.C. 55, which gave Caesar a prolongation of his command for five years, till the end of the year 49; the latter to a law of B.C. 52, dispensing with his presence (Sueton. J. C. 26), which Cicero had supported (Ad Att. 7. 1). When the proposals were brought forward in March, the tribune Caelius, Cicero's friend and correspondent, succeeded in baffling Marcellus, and although the senate decreed Caesar's recall, towards the end of the year 50, the effect of the decree was neutralized by the stipulation that Pompeius also should lay down his command. But it was an open attack upon Caesar, which was really the commencement of hostilities. Cicero, in this letter, seems to fear lest the discussion should end in a general order for proconsuls to keep their provinces, which would have prevented his return. See for the history, Merivale's Abeken, and Hist. Empire, I. 13.

89. **Iucunda de Caesare.** No doubt the resolution of the senate above mentioned, passed in September.

91. **Incendio Plaetoriano:** not a literal conflagration, but the condemnation of Plaetorius, in which Seius was in some way involved. Seius was a friend of Cicero, who elsewhere speaks of him familiarly and laments his death. Fam. 9. 7; Att. 12. 11. He perhaps was out of humour with him now because he had prosecuted Saufeius, an accomplice of Milo, whom Cicero defended.

92. **Lucceius.** No doubt the historian. Cassius was tribune the following year (B.C. 49) with Antonius. Lucceius may have spoken in condemnation of his extortion in Syria, for which he would have been impeached, if the civil war had not saved him. For some account of Lucceius see on Ep. 18.

94. **Togam puram.** The white toga, contrasted with the 'praetexta'

bordered with purple, which boys wore till they assumed the 'toga pura,' 'virilis,' or 'libera,' for it was called by all these names. It was given, generally, after the completion of the 14th year, in March, at the festival 'Liberalia.' Smith, Dict. Ant.

94. **Iubeor**: namely, by Quintus, father of the boy.

Cui moderabor, 'whom I will restrain:' for he needed discipline. Moderor is used both with a dative and accusative.

96. **Cum Ciceronibus**: the two cousins, the son of Quintus and his own.

99. **Nicanor**: a slave of Atticus. Att. 5. 3. **Alexis**, another.

102. **Alexis . . . facit**, 'that Alexis so often adds a postscript, wishing me well, is pleasant to me. But why does he not do as my Alexis (i.e. Tiro) does to you, write to me himself?'

104. **Phemio**, 'I am looking out for a horn for Phemius.' He was, no doubt, a slave or a freedman of Atticus, who was a musician. The name Phemius may however be an allusion of Cicero's to Homer's minstrel. Od. 1. 154.

107. **Thermo**: propraetor of Asia. There are two letters of Cicero to him: Fam. 2. 13; 13. 53.

110. **Pammeni**. It is not known who this boy was. Manutius conjectures that Atticus and Cicero were his guardians. Cp. Att. 6. 2 sub fin.

Ep. 33. 1. Sine praenomine. The 'praenomen' of Volumnius, to whom Cicero writes, was Publius. Publius Volumnius was a Roman knight, called Eutrapelus on account of his wit. He is mentioned elsewhere as a friend of Antonius (Phil. 13. 2), and after the defeat of the latter at Mutina, B.C. 46, he was protected by Atticus, and in his turn concealed Atticus during the proscription of the triumvirate. He seems to have been a man of letters and of taste, but of bad character: for he put on the list of the proscribed the poet Julius Calidus, on account of his wealth, though, at the request of Atticus, he afterwards saved him. He was chief of the engineers (praefectus fabrûm) to Antonius. Fam. 7. 33; 9. 26; Corn. Nep. Vit. Att. 9. 10, 13.

2. **Addubitavi**, 'I was inclined to doubt;' rather weaker than 'dubitavi.'

4. **εὐτραπελία**. An allusion to the 'cognomen' of Volumnius.

5. **Quod parum . . . defenditur**, 'that you, my bailiff, are not careful enough protecting my property in my salt-works.' By his 'salt works,' or 'salt mines,' Cicero means his witty sayings, 'sales' being used for 'wit.' He playfully calls Volumnius his agent, and says that he should have taken more care of his reputation for wit.

7. **Ut ego discesserim**, 'after my departure.' Subjunctive of the oratio obliqua; the notion in 'discesserim' not being stated as a fact, but depending through **conferri** upon **ais**. 'Ut,' meaning 'since,' takes the perfect indicative (in oratio directa). Madv. § 441.

8. **Sestiana**. Sestius must have been some one whose wit was poor. 'Conferri,' 'to be ascribed to.'

10. **Ita notata**. He hoped that by his remarks in 'De Oratore' he had left his opinion so clear as to what kinds of jokes were legitimate, that such as did not belong to the classes ('genera') there enumerated would be never supposed to come from him.

11. **Tanta faex**, 'such a vulgar crowd;' literally, 'dregs.' Att. 2. 1

' Dicit enim, tanquam in Platonis πολιτείᾳ, non tanquam in Romuli faece,
sententiam.'   1. 16 ' Apud sordem urbis et faecem.'   Lucret. 5. 1140
> ' Res itaque ad summam faecem turbasque redibat,
> Imperium sibi cum ac summatum quisque petebat.'

12. ἀκύθηρον. A word coined by Cicero, in imitation of ' invenustum.'

13. **Pugna, si me amas ... non esse,** ' unless a pointed ambiguity,
some elegant hyperbole, some neat pun, some ridiculous surprise, unless the
other forms, which I have discussed in the second book " de Oratore " in the
character of Antonius, on the subject of jokes, shall appear (in these jests
ascribed to me) scientifically expressed and ingeniously, as you love me fight,
like one contending, in a real suit, that they are not mine.'   ' Sacramentum '
is used for a sum of money deposited by the parties to a suit, and was so
called, according to Festus, because, if forfeited, it was used for sacred purposes.   Hence the suit itself.   Pro Mil. 27 'Qui non calumniâ litium,
non injustis vindiciis ac sacramentis, alienos fundos petebat.'   Perhaps, however, a simpler explanation is ' upon oath.'

The second book De Oratore, 62, etc., contains instances of the different
kinds of jests mentioned here.   The παράγραμμα, there called παρωνομ-
ασία, was a change of letter, as ' mobiliorem ' for ' nobiliorem.'   The παρὰ
προσδοκίαν contains the large class of jokes which arise from the unexpected nature of an answer : ' cum aliud exspectemus aliud dicitur.'   As the
speaker in the De Oratore is not Antonius, but Julius Caesar, the words
per Antonii personam are supposed to be an interpolation.

18. **Nam de iudiciis . . . . laboro,** ' for as to your complaints about
the law proceedings, I am much less anxious : as far as I am concerned all
the defendants may be hung : let even Selius be so eloquent as to succeed
in proving that he is not venal, I care not.'   Selius was some orator known
to be bought.

20. **Urbanitatis . . . defendamus,** ' my proprietary rights, in the case
of humour, let us defend, I beseech you, by all possible bars.'   The terms are
taken from a process at law, by which ' possessio ' (or ownership) was protected by ' interdicts ' of the judge, prohibiting wrongful claims.   Smith,
Dict. Ant. ' Interdictum.'

21. **Amabo** = ' si me ames.'   ' Amabo te incumbe in eam rem ' Att. 5. 17.

22. **In qua :** namely, in wit.

23. **Derideri te putas,** ' you think I am bantering you ; now at last
I know how sensible you are : ' i. e. you are right : I am bantering you.

25. **Illa,** ' what follows in your letter.'   Volumnius, as we gather from
the next sentence, had reported some words or acts of the tribune (no doubt
Cicero's friend Curio) which were ridiculous.

34. **Dolabellam :** now betrothed to Tullia.   He was a profligate young
man, deep in debt.   Cicero had great fears for his daughter's happiness, but
made the best of the matter, hoping that Dolabella would improve.   Fam.
2. 15 and 16.

36. **Non quo.** See Ep. 5. 2, note.

Ep. 34. Cicero was very anxious that a public thanksgiving ('supplicatio')
should be decreed to him by the senate, for his military exploits.   This
honour had been paid him on account of his success in detecting and sup-
pressing Catiline's conspiracy ; a singular instance of it being decreed for
something other than victory in war.   His great object was, afterwards, to

obtain a triumph, to which the thanksgiving would be a step; though the former did not always follow, as Cato reminds him in this letter. Cato, though he had spoken honourably of Cicero in the senate, had not voted for the decree, though after it had passed he had subscribed it. Fam. 8. 11; and Ep. 36.

4. **Administrare**; infinitive constructed with 'virtutem,' &c. The verb is here used intransitively or with 'rem' understood. Cp. Caes. B. G. 3. 26 'Administrantibus M. Antonius et F. Caleno.' Sall. B. J. 92 'Milites neque pro opere consistere propter iniquitatem loci, neque inter vineas sine periculo administrare.' 'Curare' is thus sometimes used. Sall. Cat. 59 ' C. Manlium in dexterâ, Faesulanum quemdam in sinistrâ parte curare jubet.'

8. **Feci.** Cato certainly selects those points in Cicero's proconsular government which were most deserving of praise : but probably neither he, nor his countrymen generally, attached much importance to Cicero's military success. Moreover Caesar's great and hazardous exploits in the Gallic wars, which he had just brought to a triumphant close, and for which he had received more than one ' supplicatio,' would throw into the shade the subjugation of a few barbarous mountaineers.

Supplicationem . . . gaudeo, 'I rejoice that a thanksgiving was decreed for you, if you yourself, in a matter wherein nothing was left to chance, but everything foreseen with that great prudence which you showed and self-denying regard for the public good—if you prefer that we should thank the immortal gods for this, rather than put it down to your credit.'

12. **Praerogativam,** 'a precedent for,' or 'a step towards.' 'Praerogativa,' properly an adjective agreeing with 'tribus' or 'centuria,' was used of the tribe whose vote was first asked. As this generally was a sign how all the votes would go, the word came to be used as a substantive, for something from which a future event could be augured, or guessed.

22. **Instituto itinere,** 'in the course you have entered upon.' Or it may mean, taking 'itinere' literally, 'when you have entered on your journey home, secure to the allies and republic (a continuance of) the strictness and diligence you have shown.' For, on leaving his province, it was important that Cicero should put a good ruler in charge of it, until another proconsul should be appointed. He was anxious on this point himself, but did not succeed very well, as he appointed Caelius Caldus, a young man of very indifferent character. Att. 6. 3.

Ep. 35. 1. **Appium orno.** How little Cicero approved of the conduct of Appius in his proconsulate appears from his letters to Atticus written soon after his arrival in his province, about a year before the date of this letter. He there speaks of him as more like a wild beast than a man in his cruelty and oppression, and says that he had enough to do to heal the wounds he had inflicted. Att. 5. 16 and 17. Notwithstanding this, and although Appius treated him badly, Cicero did all he could to aid him, so far as his duty to his province permitted. He wished to keep on good terms with him, and perhaps really felt something of the personal kindness to him which he often expressed. Pompeius also was a friend of Appius, which was another motive with Cicero. ' Pro Appio nos hic omnia faciemus; honeste tamen, sed plane libenter, nec enim ipsum odimus, et Brutum amamus; et Pompeius mirifice a me contendit' Att. 6. 2.

2. **Accusatoris eius socer.** On his return to Rome Appius was im-

peached by Dolabella at the end of the year B.C. 51, on two suits, for
' maiestas,' and bribery.   The former charge was vague, and included any
acts derogatory to the Commonwealth.   He had been acquitted of both,
partly in consequence of Cicero's testimony.   Fam. 3. 11 and 12.   Cicero
had been somewhat embarrassed by the betrothal of Tullia to Dolabella, while
the trial was pending, wishing to be on good terms with both.   It appears
from this passage that the marriage had now taken place.

3. **Adprobent,** ' well, you will say, may the Gods prosper it.'   He uses
the same expression in a letter to Caelius, written just before this.   Fam. 2.
15 ' Quod actum est, Dii approbent.'   The fact is Cicero, who tenderly
loved Tullia, had much reason to fear for her happiness.   Dolabella had
divorced his wife Fabia in order to marry her.   His dissipated character
and rash conduct caused Tullia much misery, and after four years a divorce
took place between them.   In the following year she died.

3. **Ita velim.** See Madv. § 350 b.   The subjunctive expresses modestly
and cautiously what the indicative says positively.   This usage is most
frequent in the first person, as in such phrases as ' Haud facile dixerim,' and
the like. So ' malim,' ' nolim,' are used for ' I am inclined to prefer,' etc. A
wish which cannot be fulfilled is expressed by ' vellem,' ' mallem,' ' nollem.'

Sed crede mihi . . . . sponsalibus, ' but, believe me, there was
nothing I expected less, and I had sent persons on whom I could rely to
the women (Terentia and Tullia) about Tiberius Nero, who had applied
to me (as suitor for Tullia); but they only arrived at Rome after the betrothal (to Dolabella).'   ' Certus' is used not unfrequently in this sense.
Att. 5. 17 ' Habebam certos homines, quibus darem literas.'   Fam. 1. 7
' Quoties mihi certorum hominum potestas erit, quibus recte dem, non praetermittam.'   Plaut. Trin. 1. 57
                ' Sed tu ex amicis certis mi es certissimus.'
Tiberius Nero was husband, afterwards, of the celebrated Livia, who was
subsequently divorced by her husband that Augustus Caesar might marry
her.

6. **Hoc spero melius,** ' I hope that this engagement is better.'

8. **Cetera noli,** ' As for the rest of his character, don't expose it with
all its defects.'

ἐξακανθίζειν is, properly, ' to pull out thorns.'   Dolabella's disagreeable
qualities are spoken of as ' thorns.'

9. πυροὺς εἰς δῆμον, ' do you give wheat to the people?'

Athenis. See Corn. Nep. Vit. Attici, 2 ' Hic ita vixit ut universis
Atheniensibus merito esset carissimus.   Nam praeter gratiam, quae iam in
adolescentulo magna erat, saepius suis opibus inopiam eorum publicam
levavit . . . Nam universos frumento donavit, ita ut singulis septem modii
tritici darentur.'

Etsi non . . . . liberalitas, ' though it is true that my books (de
Republica) did not forbid it : for it was not on your part a largess to fellow-
citizens, but an act of generosity to hosts.'

11. **Me tamen . . cogitet?** ' do you tell me to think of my portico for
the Academy, while Appius has no more any thought of (that in) Eleusis?'
Cicero had asked advice of Atticus a few months before, whether, as Appius
intended to have a portico built at Eleusis, he should give one to the Academy
at Athens.   Att. 6. 1 ' Audio Appium προπύλαιον Eleusine facere.   Num

inepti fuerimus si nos quoque Academiae fecerimus ? "puto," inquies. Ergo id ipsum scribes ad me. Equidem valde meas Athenas amo. Volo esse aliquod monumentum. Odi falsas inscriptiones statuarum alienarum.' Atticus seems to have advised him to carry out his plan, but on Appius giving up his, Cicero desisted also. The subjunctive 'cogitet' does not express what was in the mind of Atticus, but the contrast between the contents of the subordinate proposition and the principal one. Madv. § 358, obs. 3. Hence **cum** may be construed 'although,' 'while,' 'whereas.'

12. **De Hortensio.** Caelius, writing to Cicero in June of this year, mentioned that Hortensius was dying. Fam. 8. 13 'Q. Hortensius, quum has literas scripsi, animam agebat.' On his arrival at Rhodes, Cicero heard of his death. See Brut. 1, where he speaks of him with great respect. Hortensius was eight years older than Cicero, and rivalled him in oratorical gifts. He was opposed to Cicero in the trial of Verres and in the Manilian law, for which Cicero made his first political speech. He generally supported the 'optimates:' Cicero thought he treated him badly in the events which led to his exile, but perhaps without ground. It is pleasant to find him lamenting with genuine feeling the death of his great rival, and expressing (as he does, Brut. 1) such admiration of him.

15. **Caelium.** C. Caelius Caldus, who had come out as quaestor a month or two before this letter. Fam. 2. 19. He is not to be confounded with M. Caelius, curule aedile, Cicero's correspondent at Rome. In writing to the latter Cicero had used almost the same language about Caelius Caldus, whom he plainly thought unfit to be left in charge of the province. But his praefect, Pomptinus, who would have been the proper person, had left him; his quaestor, Mescinius, was out of the question, and he was unwilling to leave his brother Quintus, even if he would have consented to stay, for the reasons which he goes on to mention.

18. **In quibus** ἐπέχειν **te scripseras,** 'in which you wrote that you were in suspense what I ought to do:' ἐπέχειν is a technical word for 'to be in doubt,' used in the Sceptical philosophy. Cp. Diog. Laert. 9. 107.

20. **Puero tradere?** Scil. 'me.' 'Should I leave it to a boy?' This elliptical use of the infinitive is common in sentences expressing surprise and the like.

    'Mene incepto desistere victam?' Virg. Aen. 1. 37.
    'Tantum laborem capere ob talem filium' Ter. Andr. 5. 2, 27.

29. **At hic triennium.** Quintus had governed Asia for the three years ending B.C. 58. During this period Cicero wrote his celebrated letter to him on the duties of a provincial governor. Q. F. 1. 1.

32. **Quid si . . . ferebat,** 'what if his son, who is but a boy, (were to cause some trouble); a boy too who is self-confident enough? what distress we should have! and his father will not part with him, and is annoyed at your thinking that he ought to.'

34. **At nunc . . . laboro,** 'I do not speak of what Caelius has done, but I am much less anxious as to what he may do, than if my brother were in his place.' The position of the nominative 'Caelius' is irregular, and accounted for by the colloquial tone of the letter.

35. **Adde illud .. reliquissem?** 'then, think of this too : Pompeius, a man of such influence, and one who had struck his roots so deep, chose Q. Cassius, who had been assigned to him without lot, Caesar chose Antonius:

should I offend one given me (regularly) by lot? so as even to provoke him to inquire into the acts of him whom I might have left?' For Caelius had been chosen quaestor by lot at Rome, in regular course, and would have been the enemy of any one preferred to him. Q. Cassius had been chosen quaestor for Spain by Pompeius, B.C. 51. Afterwards he joined Caesar's party, and being tribune with M. Antonius, B.C. 49, protested against the extreme measures of the consuls, and then fled to Caesar's camp, with Cicero's friends Curio and M. Caelius. Cassius was made propraetor of Spain by Caesar, after his conquest of Afranius and Petreius. The appointment of M. Antonius as quaestor by Caesar is related by Hirtius Pansa, B. G. 8. 2. Cicero seems to mean: 'if men so great and popular as Caesar and Pompeius thought it needful to put their quaestors in charge of their provinces, although quaestors not regularly assigned to them, how could he pass over his properly appointed quaestor?'

36. **Iis radicibus;** cp. 'vera gloria radices agit, atque etiam propagatur' Off. 2. 12 : and elsewhere frequently.

38. **Hoc melius**: namely, to accept Caelius. **Plura exempla.** It was more customary to accept than refuse, or nominate independently.

39. **Senectuti.** Cicero was now fifty-six years old, having been born Jan. 3, B.C. 106.

40. **Apud eum**: with Caelius.

41. **Librarii tui.** Nicanor, secretary to Atticus, was with Cicero, and wrote civil letters to Caelius, in the name of Atticus, Cicero dictating them. Schütz. Atticus was in fact far from civil in his language about Caelius.

43. **Propter hanc παλιγγενεσίαν.** He refers to his recovery of popularity and influence after his exile. Since that time he had striven to deserve and obtain fresh honour, and this was why he now desired a triumph, as if it would completely obliterate the effects of his calamity, being the highest of public honours. See his letter to Cato, written about six months earlier. 'Si quisquam fuit unquam remotus et natura et magis etiam, ut mihi quidem sentire videor, ratione atque doctrina, ab inani laude et sermonibus vulgi, ego profecto is sum ... Idem post iniuriam acceptam, quam tu reipublicae calamitatem semper appellas, ego meam non modo calamitatem sed etiam gloriam, studui quam ornatissima senatûs populique Romani de me iudicia intercedere; itaque et augur postea fieri volui, quod, anteà neglexeram; et eum honorem qui a senatu tribui rebus bellicis solet neglectum a me olim, nunc mihi expetendum puto' Fam. 15. 4.

Ep. 36. 4. **Gratulatione litterarum tuarum.** Cato had written to Cicero (Ep. 34), praising his conduct in his province, but hinting that he had better not apply to the senate for a triumph. Indeed, Cato himself had not even voted in favour of the 'thanksgiving' (supplicatio) which the senate had decreed to Cicero, though he had spoken of him with respect, as Caelius had told Cicero. Fam. 8. 11.

5. **Testimoniis sententiae dictae,** 'by the copies which I have received of your speech.' 'Testimonia' (in the plural) is frequently used for 'copies;' sometimes formally for 'depositions,' as in a rescript of the Emperor Hadrian: 'Alia est auctoritas praesentium testium, alia testimoniorum quae recitari solent.' Cicero received, through his friend Caelius, full accounts of all transactions in the senate.

7. **Te libenter ... dares,** 'that you granted with pleasure to friendship

that (praise) which (at the same time) you were evidently granting to truth;' i. e. to Cicero's merits. Cicero assumes that Cato had said no more than was true of him. And this was the case: Cato had praised him for what he most deserved, without much allusion to his military exploits. 'Itaque, quod pro meo iudicio facere potui, ut innocentia consilioque tuo defensam provinciam, servatum Ariobarzanis cum ipso rege regnum, sociorum revocatam ad studium imperii nostri voluntatem, sententia mea et decreto laudarem, feci' Ep. 34.

11. **Nam ad meum ... iudicium,** 'for according to my taste, and considering that sound and delicate judgment of yours.' 'Ille' is often used for emphasis, or to designate what is important or well known. Here it expresses Cicero's affected admiration of Cato's judgment. How little he was really satisfied with the part Cato had taken in the matter appears from a letter written to Atticus at Brundisium a few months later, in which he says, 'Hortensius quid egerit aveo scire; et Cato quid agat: qui quidem in me turpiter fuit malevolus. Dedit integritatis, iustitiae, clementiae, fidei mihi testimonium, quod non quaerebam; quod postulabam, negavit. Itaque Caesar iis literis, quibus mihi gratulatur et omnia pollicetur, quomodo exsultat Catonis in me ingratissimi iniuria!' Ep. 39.

15. **Superioribus litteris.** Fam. 15, 4, quoted in note on Ep. 35. 43. Writing to Atticus, Ep. 39, Cicero gives another reason for his wishing for a triumph, namely, his reluctance to be honoured less than Bibulus, whom he charges with claiming a victory that he had no share in. But it does not appear that Bibulus received more than a 'supplicatio.' Cicero's extreme eagerness in the matter was unworthy of him, and afterwards incidentally caused him much trouble.

20. **Quod si ita ... gaudeas,** 'if this is the case (that is, if the Senate decrees me a triumph), I only ask of you, what in the most friendly way you say you did (before), that, since you have given me what in your judgment you think the highest honour, you will rejoice if that which I prefer shall happen.' Cicero makes the most of Cato's complimentary letter.

25. **Scribendo adfuisti.** Cato had put his name ('praescripserat') to the decree granting Cicero the 'supplicatio,' though he had not spoken for it. Cp. the lists of senators' names prefixed to the decrees, Fam. 8. 8.

Ep. 37. 4. Qui a te discesserim. On his return to Italy, through Rhodes, Ephesus, Athens and Patrae, accompanied by his son, his nephew Quintus and his young freedman Tiro, Cicero was forced to leave the latter behind at Patrae on account of his illness. Tiro had been ill at the beginning of their journey, and had been then obliged to remain behind for a time, but must have overtaken the travellers afterwards. Cicero's affection for him is one of the pleasing traits which are so attractive in his character: and Tiro deserved his master's attachment. Att. 6. 7 'Tiro ad te dedisset literas nisi eum graviter aegrum reliquissem. Sed nuntiant melius esse. Ego tamen angor. Nihil enim illo adulescente castius, nihil diligentius.' 'Discesserim' is causal conjunctive after the relative. Madv. § 366.

7. **Postea quam cibum cepisti.** It appears from this that Cicero must have written back to Tiro very soon after parting with him. It was in fact the day after, as the next letter shows.

20. **Nos ita te desideramus, ut amemus,** 'my desire to see you is restrained by my affection for you.'

Ep. 38. 1. Discessimus. Cicero left Patrae Nov. 3, B.C. 50, and arrived at Brundisium, as he says in this letter, on the 25th of the same month. This is the eighth letter written to Tiro since he left him, all expressing the same anxiety and affection.

6. **In portum Corcyraeorum ad Cassiopen.** Cassiope was a port town belonging to the Corcyraeans on the coast of Epirus, not in Corcyra. Dyrrhachium and Cassiope were the seaports from which vessels sailed for Italy. Some copyists, fancying that Cassiope was in Corcyra, changed the reading to 'in portu,' though this would hardly make sense with **retenti sumus** in the next sentence. Schütz.

9. **Cenati** : that is, they sailed in the evening; for the Roman ' cena ' was an evening meal. Att. 9. 8 ' Cenantibus nobis, ac noctu quidem.'

11. **Hydrunten** : now Otranto. It was on the coast of Calabria, 150 stadia south of Brundisium.

Ludibundi, ' merrily;' that is, ' safely,' ' without anxiety.' Participles in ' -bundus' (or ' -ibundus' in the third conjugation) have the sense of the active present participle.

23. **Symphoniam ... incideres,** ' I wish you had excused yourself from going to Lyso's concert, so as to have avoided exertion on the seventh day.' The ' hebdomas' was a technical name among physicians for the seventh days, which were considered critical in fevers.

25. **Curio misi** : sc. epistolam. ' I have written to Curius to see that the physician has his due, and to give you whatever you need; telling him that I will take care (to make all good) to any one he should have commissioned (to attend you).' Curius was a merchant at Patrae; Epp. 48 and 65 are addressed to him.

27. **Equum et mulum.** Observe Cicero's thought for Tiro's comfort.

28. **Ex K. Ian.** Then the new consuls, L. Cornelius Lentulus and C. Claudius Marcellus, would come into office, and the question would come on about Caesar's giving up his pro-consulate before his ten years had expired.

32. **Mescinio.** Cicero's quaestor, returning, like himself, to Italy.

33. **Honesto aliquo homine,** ' some man of weight.'

Ep. 39. 1. Tua felicitate, ' your usual good fortune.' This letter was written on the same day as the last.

3. **Onchesmites,** ' blowing from Onchesmus,' a port of Epirus. Winds were sometimes thus named from the places from which they blew, as Iapyx was used for that blowing from the Iapygian promontory; Gaurus, by the Pamphylians, for that from the island Gauris; Sciron, by the Athenians, for that from the Scironian rocks. Graevius.

4. **Hunc ... vendito.** ' This spondaic palm off, if you like, as your own on any of your young friends.'

16. **Sescentas,** ' a number of which.' It is commonly used indefinitely, as we sometimes say ' a thousand.'

18. **Litterae,** ' handwriting.'

21. **Ut nosti.** Instead of describing Tiro he merely says ' ut nosti,' ' as you know,' ' you know what he is.' If you must have an epithet, take ' probus.'

22. **Careo aegre,** ' I find it hard to do without him.'

26. **Et mehercule ... urbanitas,** ' and indeed there is in the man a native politeness which one soon grows fond of.' For M. Curius see on

Ep. 38. 25. There is a witty letter from Curius to Cicero, written five years later, Fam. 7. 29, to which Ep. 65 is a reply.

28. **Eius testamentum ... praetoriae**, 'I am carrying home his will, sealed with the signets of my son and nephew, and of the praetorian company.' He calls the troop of friends and followers who accompanied him, his bodyguard. Every Roman general had a ' cohors praetoria ' of picked men to attend on him.

29. **Fecit palam te ex libella, me ex teruncio**, ' by word of mouth he has made you heir to one-tenth of his property, me to one fortieth.' ' Haeredem palam facere ' was the technical expression for naming an heir orally before witnesses. ' Licebit ergo testanti vel nuncupare haeredes, vel scribere. Sed si nuncupat, palam debet. Quid est palam ? Non utique in publicum, sed ut exaudiri possit, exaudiri autem non ab omnibus, sed a testibus.' Ulpian, in Schütz's note.

The ' libella ' was a small silver coin, stated by Varro, who was a contemporary of Cicero, to be, then, one-tenth of a denarius. The ' teruncius ' was one-fourth of a ' libella :' so that, if the denarius be taken as the unit, the respective shares would be as above explained. There must have been other co-heirs, of course.

The common way of expressing the value of an inheritance made the ' as ' the unit: but the ' as ' and ' libella ' being equal, this cannot be the right explanation here, as Atticus would, in that case, have been ' haeres ex asse,' or heir to the whole.

30. **In Actio Corcyrae**, 'at Actium, in Corcyra, Alexio entertained me magnificently.' Actium is not the promontory of this name, which is far to the south of Corcyra, but the port mentioned in the last letter, near Cassiope, where Cicero was detained eight days.

Corcyrae, ' at Corcyra,' not ' of Corcyra.' See Madv. § 296, a. 1.

32. **Thyamim.** One of the largest rivers of Epirus. The estate of Atticus may have been situated near it.

48. **Qui pedem porta ... non extulerit.** Cicero is unjust towards Bibulus, who, though he had suffered a defeat, yet had done good service by fomenting discord among the Parthians and averting the outbreak of war. Abeken.

53. **Quod si ... essent**, ' but if you had been well, some points would before now have been made clear for me.'

54. **De raudusculo ... amo**, ' I am much obliged to you about the bit of money which Numerius owed me.' Nothing is known of this transaction. ' Raudus,' a piece of copper or brass ; hence ' coin.'

55. **Hortensius quid egerit.** Hortensius, son of the great orator, was about to sell some of his late father's property, as appears from another letter (Att. 7. 3). Cicero seems to have had some interest in the matter, for he says ' Hortensii legata cognovi.'

60. **At hic idem Bibulo dierum xx**: sc. ' supplicationem decrevit.' Bibulus was Cato's son-in-law.

61. **Cupio ad omnes**, ' I should like to answer all your letters.'

65. **Chrysippum** : a freedman of Cicero, to whom he had entrusted his son's education. He seems to have heard from Atticus of his leaving him. Chrysippus must have returned to him afterwards, as he is mentioned in connection with Cicero's domestic affairs in a subsequent letter (Ep. 45).

69. Itaque usurpavi . . . iuraret, 'I have therefore put in force that old edict of Drusus the praetor, as they call it, in the case of a man who did not swear when free (to keep) the conditions on which he was freed.' The edict referred to is said by Pighius to be that of M. Drusus, B.C. 116. It is not directly described anywhere, but seems to have ordered that both before and after being manumitted, the slave must swear to perform some services to his late master. See Smith's Dict. art. 'Patronus.'

71. Me istos . . . vindicarentur, '(pleading) that I never declared them free: especially as no one was present by whom they could be rightly claimed.' Cicero seems to have freed Chrysippus in an informal way, which was sometimes allowed, as in 'manumissio inter amicos.' He now says that he shall reclaim him (and others) on the ground that no person was present to legalise the act. The magistrate or lictor seems to have done this ordinarily. See Smith's Dict. art. ' Manumissio.'

76. Parthi. The Parthians, after threatening Bibulus, had retreated unexpectedly: Cicero says it would be a lesson to him not to indulge groundless fear.

Ep. 40. 1. Etsi . . . valere, 'although, wherever I am, I miss the convenience of your services,' or, 'feel the loss of your kind services,' 'yet it is not so much for my own sake as for yours that your illness pains me.'

7. Quantum ex desiderio labores, 'how much you suffer from longing to be with me.'

8. Festinare . . . naviges, 'I am unwilling that you should hurry, lest you should be distressed by sea-sickness in your weak health, and have a dangerous voyage in winter.' The passage to Italy, from Cicero's frequent allusions, seems to have often been stormy, the south wind blowing violently up the Ionian sea at certain seasons. Antonius had extreme difficulty in crossing with Caesar's fleet to Epirus, the next year. Horace speaks of ' Infames scopulos Acroceraunia' Hor. Od. 1. 3, 20. Caesar himself was once in great danger. ' Suscipere' is commonly used with ' dolorem,' 'morbos,' and the like. Lucret. 3. 461

' Corpus
Suscipit immanes morbos, durumque laborem.'

10. Ego ad urbem accessi pridie nonas Ian. Cicero had landed at Brundisium, as before said, on the 26th of November. He might have easily reached Rome before the end of the year, but shrank from taking his place in the senate on the 1st of January, B.C. 49, since the great struggle between Caesar and Pompeius would begin then; and though he inclined to the side of the latter, he both feared Caesar's anger, and felt himself bound, in some degree, by his former friendship with him, while he also deeply distrusted the adherents of both leaders. Both of them wished for the support of his eloquence and character, Caesar pressing him by letters and messages through Balbus, Pompeius influencing him in personal interviews, at Herculaneum and Lavernum. Although he was further hampered by a debt to Caesar (Att. 7. 3) and as he drew nearer Rome perceived that he was generally felt to be stronger (7. 6), while the Optimates were irresolute and divided (7. 5), he nevertheless resolved to espouse the cause of Pompeius. He no doubt really thought this the right course, while he was influenced also by his personal esteem for Pompeius. But he had no hope of saving the state, unless the two leaders would consent to terms of peace, for he foresaw that war must, in any result, lead to despotism (7. 5). His sincere wish to avert this, on public grounds, may excuse his apparent irresoluteness and duplicity in listening to overtures from both at once: besides which he had been intimate with both. The letters which he wrote to Atticus, on his journey from Brundisium, present a vivid picture of his extreme perplexity, which was further increased by his desire that a triumph might be decreed to him, a wish which Pompeius professed to join in. This however gave him an excuse for absenting himself, since he could not enter Rome without laying down his military command (imperium). From Herculaneum, where, at the villa of his friend Pontius (called Trebulanum), he had his first interview with Pompeius on the 10th of December, he went to Formiae, thence to Tarracina, and to the Alban villa of Pompeius, and ultimately arrived at the gates of Rome on January 4, B.C. 49, the day after his birthday. He seems not to have entered the city at all, but to have gone to Campania on the 19th of January, to take charge of that coast, under direction of Pompeius, and to order levies of troops. Within this fortnight the final breach was made between the Senate and Caesar, by the decree of the former that Caesar should give up his command, or be declared a public enemy, and that the consuls, praetors, tribunes and consulars should assume the extraordinary powers conferred by the words 'Dent operam ne quid respublica detrimenti capiat.' The tribunes Antonius and Cassius, on this, fled from Rome to Caesar's camp at Ravenna, and the civil war began.

1 2. **Incidi in ipsam flammam civilis discordiae.** This was quite true. The stormy discussion about Caesar had begun in the senate on Jan. 1, and the decrees against him were passed on the 8th.

16. **Ipse Caesar ... minaces ad senatum et acerbas litteras miserat.** Caesar represented himself as the injured party. Indeed when Cicero calls him 'shameless' for wishing to hold his province and command against the will of the senate, he forgets that Caesar's command did not expire till the following April, and that permission had been expressly granted him to sue for the consulship while absent from Rome. In other letters he justly remarks that these decrees were the real grounds of his advantage, which it was now too late to deprive him of.

19. **Antonius .. et Cassius, nulla vi expulsi.** But though not forcibly expelled, they were put in the power of their enemies by the decree of Jan. 6, which virtually took away their ordinary rights, among others that of 'intercessio.' Caesar B. C. 1. 5.

29. **Triumphum.** It is characteristic of Cicero to think of his triumph when he knew that a civil war was breaking out.

32. **Nos agimus ... auctoritas,** 'I seek no private ends, and therefore have more weight.' He did not aim at wealth or power for himself. Caesar ascribes selfish objects to his opponents: Lentulus was deeply in debt, and wished for rule over rich provinces: the same was the case with Scipio, father-in-law of Pompeius, who hoped also to escape a trial which hung over him : Pompeius himself, brooking no rival, was besides irritated by a charge of keeping back in Italy two legions which Caesar had lent him, and which ought to have been sent to Asia, and wished for war. Cicero's account of Pompeius certainly conveys the idea that he did not either hope or wish to make terms with Caesar (Att. 7. 5).

34. **Nos Capuam sumpsimus.** Cicero was to raise soldiers there for the senate : but the levies came to nothing, both there and in other parts of Italy. Nothing indeed is more surprising than the entire want of preparation with which the Senate entered on a war with Caesar at the head of his veteran and victorious army. The failure of the Italian levies shows also the unpopularity of their cause, and that it was felt to be hopeless.

35. **Tu etiam atque etiam cura ut valeas.** Atticus had been ill of a fever for some time before Cicero's return.

Ep. 41. After leaving Rome, Jan. 19, B.C. 49, Cicero spent the following six months on the coast of Italy, in continual anxiety what course he should take. Caesar was urgent that he should go to Rome and take his place in the senate; and besides letters and messages sent to him through Balbus and Oppius, on his return to Rome from Brundisium, he himself had an interview with him at Formiae. Cicero, who had looked forward to this meeting with much anxiety, was relieved and pleased with himself when it was over, for having resisted Caesar's entreaties (Att. 9. 18). He seemed to himself to be bound in honour to support the cause of Pompeius and the Senate, dissatisfied as he was with the entire want of foresight and resolution which the former had shown. It is probable however that in leaving Rome, and perhaps Italy, Pompeius was merely acting on necessity, for the only troops which he had were two legions, lately transferred from Caesar, the Italian levies being unsuccessful. The interval from Jan. 19 to June 11 Cicero spent on the coast of Campania, at Minturnae, Formiae, and his Cuman and Pompeian villas, from the last of which places he at length embarked for Epirus to join Pompeius, accompanied by his brother Quintus, his son, and nephew. His wife and daughter, who had remained in Rome for a fortnight after he left it, joined him at Formiae early in February (Att. 7. 18). Both Terentia and Tullia pressed him to remain in Italy, which Atticus also advised, until news could be had of the result of the war in Spain, whither Caesar had gone to oppose Afranius and Petreius, the legates of Pompeius. Dolabella also, his son-in-law, wrote from Rome to the same effect (Fam. 9. 9) : but yielding at last to his sense of honour, Cicero set sail June 11. His letters during these six months fully detail his perplexities and anxieties to his faithful friend Atticus. They disclose, no doubt, an irresolute and perhaps weak character : but it must be remembered that there was really little to choose between the two parties. Remembering the horrors of the civil war of Marius and Sylla, he was justified in thinking that anything was better than a renewal of them; although he had lost faith in the ability of Pompeius, his course would have seemed the best, but that he feared a victory of the Optimates no less than that of Caesar. He did not indeed give the latter credit for the clemency which he afterwards showed, nor perhaps for the sincere personal friendship which he seems to have felt for the great orator. Unable from his very goodness to cope with the unscrupulous men by whom he was surrounded, vain, and exaggerating his own influence, sensitive and excitable in his nature, he shows no sign of self-seeking in these letters, nor of anything inconsistent with sincere love for his country and desire for its welfare.

5. **Vereor ut Dolabella.** Dolabella, Tullia's husband, was at this time in Caesar's favour. ' Vereor ut ' expresses an apprehension that something wished for will not happen. Madv. 376. Compare below ' videndum est ut

honeste vos esse possitis;' 'one must consider whether,' &c., implying the negative.

8. **Vestri similes feminae sintne Romae.** Cicero was afraid that, by leaving his wife and daughter at Rome, he should seem, while outwardly on Pompeius' side, to be really on Caesar's: especially as Dolabella was his son-in-law. He had also some fear for their safety. Att. 7. 13 'Sed velim consideres quid faciendum putes; primum πρὸς τὸ ἀσφαλές ... deinde ad opiniones, ne reprehendamur, quod eas Romae velimus esse in communi bonorum fugâ.' Also 7. 14.

10. **Modo ut ... liceat,** 'if only I am allowed.' 'Modo ut ' = 'dummodo.' 'Modo' is often used without any particle to express hypothesis. Fam. 10. 10 'Sit modo aliqua respublica, omnibus amplissimis honoribus abundabis.'

14. **Camillo.** C. Camillus is frequently mentioned by Cicero as an intimate friend who advised him in domestic matters and business. Cp. Ep. 47.

15. **Labienus rem meliorem fecit.** Labienus, who had been Caesar's lieutenant during his Gallic wars, had been made governor of Gallia Togata, the southern part of Cisalpine Gaul, by Caesar, in order to forward his interests in his petition for the consulship. He now deserted to Pompeius, whom he joined afterwards at Dyrrhachium. He fought against his old commander at Pharsalia, in Africa, and at the battle of Munda in Spain, where he was killed. Caesar B.G. 1. 21; 8. 52; C. 3. 13; Af. 75; H. 31. His desertion gave hopes at the time to the party of Pompeius.

16. **Piso.** L. Piso Caesoninus, father-in-law of Caesar.

20. **Rufus.** Mescinius Rufus, who had been Cicero's quaestor in Cilicia. There are three letters to him, Fam. 5. 19–21.

Ep. 42. 1. **Dionysius . . . gubernabimus.** 'Dionysius, your friend rather than mine, about whom, after sufficient discovery of his character, I yet relied on your judgment more than on my own, (Dionysius, I say) paying no regard even to the testimony which you had often given to me on his behalf, has shown himself arrogant in view of what he expected would be my circumstances: these, however, as far as can be done by human management, I will control and direct rationally.' This Dionysius, who was a freedman of Atticus, but manumitted, and then called M. Pomponius Dionysius (Att. 4. 15), had been intimate with Cicero for seven years. He is first mentioned as helping Cicero to arrange his library in his villa near Antium (Ib. 8), as a 'wonderful man,' with whom Cicero 'devoured literature' (Ib. 11); and two years afterwards the orator sends for him to come and teach his son, 'and himself also.' Cicero built him a room in his house (Ib. 19), conversed with him on literary questions, and praises him (Att. 7. 4) as not only learned, but attached to himself, and a good man. He seems to have accompanied Cicero to his province, and was with him at Athens (Ib. 3); but shortly after the orator complains of him to Atticus for not having expressed his obligation to him when sent before him to Rome. (Ib. 7). Cicero wished him to stay at Formiae with his son and nephew, while he himself followed Pompey (7. 26); but Dionysius declined, much to Cicero's annoyance, as this letter and the following show; nor would he accompany Cicero himself. He is not to be confounded with a slave of the orator, of the same name, who stole some of his books and ran away (Fam. 13. 77).

Observe the construction of ‘ vereor ’ with a genitive.   Ter. Phorm. 5. 7,
78 ‘ Neque hujus sis veritus faeminae primariae.’ The genitive with ‘ misereor’
is perhaps the nearest parallel.

8. **Ad ceteros contempti,** ‘ despised in the sight of others ’ as being a
freedman.

11. **Subdoceri**; ‘ to be taught in part,’ either in Dionysius’ absence,
or more probably in subjects which Dionysius could not teach.   For though
learned, Cicero says he was not a good teacher.

14. **Dicaearchum aut Aristoxenum**;   both were celebrated pupils of
Aristotle.

16. **Sed est memoria bona.   Me dicet esse meliore.** ‘ But you
say he has a good memory.   He shall find that I have a better (for his
ingratitude).’

17. **Quibus litteris . . . reciperem,** ‘ he answered my letters in a
way that I never used to any one whose cause I was refusing to undertake.’
‘ Recipere causam ’ is equivalent here to ‘ suscipere.’

21. **Tam praecise,** ‘ so briefly,’ ‘ so peremptorily.’

24. **Navem paravi.**   For his departure to Greece.

25. **Sulmone.** Sulmo was seven miles from Corfinium.   Caesar says that
the inhabitants opened the gates to Antonius, whom he had sent thither,
against the will of C. Atius Paelignus and Lucretius, who threw themselves
from the walls.   Atius was taken by Antonius, and dismissed unhurt by
Caesar.   There were seven cohorts, not five, in the town.   Caesar B. C.
1. 18.

28. **Desertum.** This epithet does not seem applicable as yet to
Pompeius.   Perhaps ‘ Domitium ’ should be inserted, of whom it could well
be said, as he was shut up in Corfinium and was refused assistance by
Pompey.

Ep. 43. 3. **Solet.** ‘ Solet paenitere,’ instead of ‘ paenitet.’ ‘ Solet ’ is here
used impersonally in the construction of ‘ paenitet,’ to which it is attracted.

5. **Cerritior,** a good emendation of ‘ certior’ the Medicean reading.   For
the word cp. Hor. Sat. 2. 3, 278; for the fact, ‘ pueri aiunt eum furenter
irasci ’ Att. 6. 1.

6. **A tertio miliario.** He repented as soon as he had gone three miles.

11. **Servum a pedibus** = pedisequus, ‘ my lackey.’

15. **Pendeo animi.** Madvig treats this use of ‘ animi’ as nearly adverbial,
classing it with ‘ humi,’ ‘ domi,’ &c.   § 396, b. Obs. 3.

Exspectatione Corfiniensi.   Corfinium was held for Pompey by
Domitius.   See on Ep. 42. 28.   The ablative denotes the source or cause
of his anxiety.

16. **M'. Curio.** The same Curius as that mentioned Epp. 38, 39.   Tiro
was still at Patrae in need of assistance from Atticus’ friend Curius.

Ep. 44. 4. **Si nactus hic esset.** Cicero thought that if Caesar cap-
tured Brundisium before Pompey left it, the two rivals might come to terms,
and their partisans would lay down their arms.

5. **Tramisisset**; to Epirus.

11. **Nummulos.** Observe the contemptuous use of the diminutive form.

Ep. 45. Cicero sailed from Italy, June 11, B.C. 49, with his son to join
Pompeius.   He wrote from on board the vessel an affectionate letter to
Terentia, to cheer her.   He was in good spirits, having recovered from a fit

of sickness from which he had suffered, and says that he hoped to return to defend the Republic with his friends. He advises her to reside on his estate at Arpinum with her household of slaves from the city, if prices should be high in the latter. (Fam. 14. 7.) From that date to the date of the present letter none of his correspondence remains except one short letter to Atticus, on business, written probably, like this one, from the camp of Pompeius. He was then in distress on account of his debts in Italy, and suspected his steward Philotimus of dishonesty. As usual he entreats Atticus to help him, but also suggests to him to draw from his store of 2,200 sestertia (about 1700*l.* or 1800*l.*) which he had in Asia in coin of that country. (See on l. 15.)

2. **Crevi hereditatem,** 'I accepted the inheritance.' Atticus had informed Cicero that he would, in the name of the latter, accept an inheritance left him, on the 4th of February. Writing the day after he received the letter, which was on the very day mentioned, Cicero takes for granted that Atticus had done this, and that the property was his own. 'Cernere hereditatem' is to 'accept in form,' by the words 'eam hereditatem adeo, cernoque.' 'Adire' is properly 'to take actual possession.'

In this way the wealth of the great Romans was amassed, it being customary for their friends to leave property to them, especially for clients to leave legacies to their patrons. Cicero, in his speeches against Antonius, asserts that he had received more than 160,000*l.* ('amplius H. S. ducenties') by legacies, left him out of kindness. Atticus himself inherited many such gifts from friends. Corn. Nep. Vit. Att. 21.

5. **De dote.** This was the dowry of Tullia, which her husband Dolabella was squandering. The second instalment of this was due on the Kalends of July ensuing; and, as we learn from a letter of the 5th of that month (Att. 11. 25), was paid, though with great difficulty, by the sale of an estate (11. 13). The alternative of a divorce, which ultimately took place during this year, seems to have been suggested by Atticus, but Cicero was unwilling to come to an open rupture with Dolabella at present, as he was in Caesar's favour.

7. **Illam miseram;** Tullia.

10. **In quos enim sumptus abeunt fructus praediorum?** 'But how has the income from the farms been spent?' 'Enim' seems to mean, 'I was not aware Tullia would be in such distress, for I counted on her having this income.'

11. **Iam illa HS. LX. . . . detracta,** 'then, no one ever told me that that 480*l.* which you speak of in your letter had been taken from the dowry.' This is supposed to have been done when the dowry was paid, perhaps by Terentia or the steward Philotimus, so that they were still due to Dolabella.

15. **Ex ea pecunia, quae fuit in Asia, partem dimidiam fere exegi.** This money was a sum of 17,600*l.* which Cicero had amassed in his government of Cilicia; he spoke of it in a letter to Atticus immediately before this one as untouched, forgetting perhaps that he had withdrawn half, as he now says. But there is some confusion in the whole matter, for a year earlier, writing to his quaestor Mescinius Rufus, he says that Pompeius had taken the whole sum (Fam. 5. 20), yet afterwards, when he joined the camp at Dyrrhachium, he again states that he lent Pompeius money.

Merivale (note in Abeken's Letters of Cicero) thinks that the latter may have borrowed it earlier, and repaid it, or only have intended to borrow it: and that Cicero probably knew very little about the state of his accounts. ' Exegi,' ' I have demanded,' from the ' publicani,' who had it on loan. He deposited with Egnatius, a money lender (Att. 11. 3).

20. **De domo.** He had heard that he was to lose his house on the Palatine, as a punishment for having followed Pompeius.

31. **Si signum requirent aut manum.** They would naturally doubt whether the feigned letters really came from Cicero, if they did not bear his seal and were not in his handwriting. Atticus is instructed to say that Cicero has avoided these marks of genuineness for fear of Caesar's pickets detaining and opening them. These petty falsehoods seem not to have been thought dishonourable. Cp. note on Ep. 14. 28.

Ep. 46. For some account of Varro see on Ep. 9.

11. **Sed quod eorum me subpudebat,** 'but because I was a little ashamed in regard of them.' He was not ashamed of having books, but of having neglected their advice.

Ep. 47. This letter is addressed to L. Papirius Paetus, a witty and luxurious Epicurean, who seems to have taken no part in politics. Cicero professes to be converted by the turn of public affairs to his friend's creed and manner of life.

3. **Scurram velitem.** The epithet ' veles ' is applied to ' scurra,' a buffoon, from the manner in which he attacks and retreats in the combat of raillery, like ' a skirmisher.'

Malis. Gronovius sees a pun here, and thinks Paetus had sent Cicero a present of apples.

4. **In ista loca,** ' to your part of the country.'

5. **Non hospitem, sed contubernalem.** The latter word signifies that Cicero would now not merely have come to stay, but to live like his friend, and be a real boon companion.

6. **Promulside conficere.** Before the dinner came the 'promulsis' or whet, to give an appetite, as oysters are sometimes served in this country. It consisted of olives, lettuce, sausages, radishes, &c., and is still to be met with in Italy. In old times this had quite satisfied Cicero's appetite instead of increasing it. ' Solebam debilitari oleis et lucanicis tuis' Fam. 2. 16. Now he pretends that even after the ' promulsis ' his appetite will be quite fresh for the ' egg,' i. e. the beginning of the serious part of the dinner.

8. **Perducitur.** The present tense shows that Cicero is describing his present habit, not merely what he will do at Paetus' house.

Illa mea, ' those former habits of mine.'

13. **Hanc insolentiam.** He distinguishes between the wanton extravagance then common, and Paetus' refined comfort.

14. **Cum in sumptum,** ' when you had as much as you wanted to spend.' He implies that Paetus was not so well off as he used to be; ' although,' he adds, ' you never have had so many farms before, as you have now.' Caesar had obliged creditors, and Paetus among them, to foreclose their mortgages, and take the debtors' lands at an extravagantly high price. Paetus had thus incurred a heavy loss, though he had increased his landed property. On this Cicero rallies him.

16. **Aliquid intellegat,** ' about cookery.'

18. **Sportellae et artolagani.** He must have something better than baskets of pastry.

Iam artis tantum habemus, 'I am so far a proficient.' The Medicean reads 'iam ex artis.' Ernesti omits 'ex.'

19. **Verrium tuum et Camillum.** Verrius was not the distinguished grammarian Verrius Flaccus, but perhaps the master from whom he, as a freedman, took his name. C. Furius Camillus was an intimate friend of Cicero, who had a high opinion of his legal knowledge. See on Ep. 41. 14.

21. **Etiam Hirtio.** A. Hirtius the consul. Cicero speaks of him and Dolabella as his masters in the art of good living. For more information about Hirtius, see note on Ep. 50. 12.

22. **Ius fervens.** Apparently Cicero's cook had been unable to ascertain the secret of this admirable sauce.

26. **Salutatio** = salutatores.

30. **Eluxi.** The preposition 'ex' here, as in other compounds, adds the sense of completion to the meaning of the verb.

Ep. 48. This letter is addressed to that Curius who had attended to the wants of Tiro during his illness at Patrae (Ep. 38. 25).

3. **Cum quidem;** i.e. before it was enslaved.

4. **Nedum** is generally found after a preceding negative clause, with the sense of 'much less.' But here it follows an affirmative clause, **erat aptius,** and therefore must be translated 'much more,' 'much more so than Patrae.' The argument is that Rome is better than the Peloponnese, and every part of the Peloponnese better than Patrae, therefore Rome is 'a fortiori' much better than Patrae.

5. **Vidisse mihi multum videris,** 'I think you had great foresight.'

10. **Ubi nec Pelopidarum.** By this quotation he means, 'out of hearing of the deeds of Caesar and his followers.' The Pelopidae, so often the subjects of Greek tragedy, were proverbial representatives of evil doers. The quotation is from some unknown play, and occurs in two other letters.

13. **Avem albam,** a proverbial expression for something strange, like 'niger cycnus.'

14. **Abdo me in bibliothecam.** 'Abdo,' by its etymology, means literally 'to withdraw,' and would therefore properly be constructed with 'in' and acc. It often retains this construction along with its commoner sense, 'to conceal,' as in this instance.

16. **Senties,** i.e. when you read them.

18. **Animum meum,** 'my spirit.' Curius thought Cicero too despairing when he conversed with him, and regretted the absence of that spirit which was reflected in his writings.

25. **In eo;** in Caesar. He seems to be awake to the truth that the fall of the republic was not Caesar's doing, and that he had merely taken advantage of the miserable condition of the state to put himself at its head.

Ep. 49. Servius Sulpicius Rufus, to whom this letter is addressed, was one of the best and most distinguished men of his age. He was born in the same year as Cicero, B.C. 106, and studied oratory with him at Rhodes, and afterwards as a speaker and a jurist he had no superior. After being quaestor, curule aedile, and praetor, he was an unsuccessful candidate for the consulship in the year in which Cicero held that office, B.C. 63; he was afterwards consul, B.C. 51, and was now governing Achaia as proconsul. This province included the Peloponnesus and Northern Greece. There are several other letters of Cicero to Sulpicius, and a very beautiful one from the latter comforting Cicero in his grief for the death of Tullia, Ep. 58. Sulpicius died, B.C. 43, eleven months before Cicero, in the camp of Antonius before Mutina, whither he had gone on a mission from the Senate. His high character and the distinguishing excellence of his oratory are described by Cicero (Brutus c. 41). Smith's Dict. Biog.

2. **Fidei.** 'Conscientiousness' or 'integrity;' the virtue which makes men true to their duties to others.

Commendata sint; because Sulpicius would have already shown his sense of their claims upon him.

3. **Qui te optime novissem,** 'because I knew you thoroughly.'

4. **Iura et merita populorum,** 'the rights and claims of nationalities,' in modern phraseology. Sulpicius was celebrated for his knowledge both of civil and natural law, and his learning would cause him to feel interest in the Lacedaemonians, on account of their former celebrity.

10. **Quod iis tu praesis**; the subjunctive after 'arbitrari.' So **nosses** in the next sentence, after **iudicare,** both being verbs of thinking.

Eundemque me, 'and that I also.' For a slightly different use of 'idem' cp. Ep. 17. 7.

17. **Officium meum.** Either alluding to his general interest, as a man of learning, in anything that concerned the Greeks (Ernesti), or because the Lacedaemonians had placed themselves especially under his protection (Schütz).

The skill and delicacy with which Cicero pleads their cause, while assuming that it was unnecessary, and (as his usual custom is) requesting that they might be made aware of the interest he felt in them, are very characteristic.

Ep. 50. Titus Ampius Balbus, to whom this letter is addressed, was a partisan of Pompeius, and had been actively engaged in levying troops for him at the outbreak of the civil war, at Capua. After the battle of Pharsalia he endeavoured to raise money to carry on the war by taking the treasure from the famous temple of Diana at Ephesus, but was prevented and put to flight by Caesar's arrival (Caes. B. C. 2. 105). We gather from this letter that he was banished by Caesar, but allowed to return to Rome on Cicero's intercession.

He is not to be confounded with Caesar's friend, L. Cornelius Balbus, of whom there is frequent mention in Cicero's letters to Atticus, and who is the Balbus mentioned below in this epistle.

2. **Usura falsi gaudii,** 'the enjoyment of a false pleasure;' which it would be if Cicero's hopes of success in his petition for Balbus were not well founded. Therefore he says ' vereque gratulor.' ' Usura ' has its original meaning, ' the use ' or ' enjoyment ' of anything; but it is implied that the thing itself is not possessed. Thus ' usura lucis,' ' temporis,' ' aedium ' are used. The mercantile sense, ' interest ' for money lent, is a secondary, but obvious one.

3. **Aequitatem animi,** 'contentment,' 'tranquillity of mind.'

5. **Mea tempora,** 'my circumstances,' not (of course) pecuniary, but political.

5. **Vincebatur enim . . . diligentissime,** 'for even the disadvantage of my diminished influence was overcome by the regard felt for you and by

my unchangeable affection towards you, which on your part has been most carefully cherished.'

9. **Vidi, cognovi, interfui.** 'I myself saw them, I am witness, I was present;' that is, I was present, and have personal knowledge that all is settled.

10. **Satis opportune,** 'fortunately enough.'

11. **Cum ab illo discesserint,** 'next to him.' See on Ep. 6. 55.

12. **Hoc Pansa ... diligant,** 'indeed, this is so true of Pansa, Hirtius, &c., that there is no one they love so much as me.' 'Hoc ita faciunt' refers to the assertion in the preceding sentence.

C. Vibius Pansa was one of Caesar's most faithful adherents. He was tribune of the people B.C. 51, received the government of Cisalpine Gaul from Caesar B.C. 46, and was nominated by him, in B.C. 44, consul for the following year with Hirtius. He was defeated by Antonius at Forum Gallorum and mortally wounded, the victor being routed later in the same day by Hirtius. Cicero speaks of him (Fam. 15. 17) as much esteemed for his kindness. The name Pansa originally indicated a person with broad or splay feet. Smith, Dict. Biog.

A. Hirtius, colleague of Pansa, B.C. 43, had been legate of Caesar in Gaul B.C. 58, and was frequently employed by him in various offices until the dictator's death on the Ides of March, B.C. 44. Hirtius does not appear, however, to have distinguished himself much as a general until he was consul. Though a faithful friend of Caesar, he was moderate and unambitious, and would, if possible, have reconciled Antonius to the Senate. He was intimate with Cicero, who gave him and Pansa lessons in oratory, and wrote his treatise 'de Fato' on account of a discussion with Hirtius at Puteoli. Being sent against Antonius, in February 43, he united his forces with those of Octavius, taking the chief command as consul, and relieved Decimus Brutus, then besieged in Mutina by Antonius, by throwing supplies into the town. On Pansa's defeat and death, Hirtius retrieved the day and saved Mutina, but himself fell in the battle. The bodies of the two consuls were buried at Rome with unusual honours, but their deaths left the state without leaders, and the union of Octavius with Antonius soon destroyed all hope of the constitution being saved.

L. Cornelius Balbus was a native of Gades, who, after serving under several Roman generals against Sertorius, migrated to Rome and received Roman citizenship. Although originally attached to Pompeius, he gradually drew closer to Caesar, who made him his 'praefectus fabrum' and gave him the charge of his private property, so that a great part of the Gallic booty passed through his hands, and he became very rich. Without taking any active part in the civil war he promoted Caesar's interests, and at this time is frequently mentioned by Cicero, whom he endeavoured to gain over. On Caesar's death he joined Octavius, and was consul B.C. 40, being the first foreigner who ever held that office. His immense wealth is shown by his leaving in his will twenty denarii to every Roman citizen.

C. Oppius was throughout life associated with Balbus in Caesar's service.

11. **C. Matius Calvena,** so called from his baldness, was an amiable and accomplished man, intimate both with Cicero and Caesar. He was sincerely attached to the latter, and incurred some blame from his opponents because

he mourned for his death and presided over the games exhibited by Octavius in honour of his victories. He justified this in an interesting letter to Cicero which is extant (Fam. 11. 28). He appears to have been the author of several works, among others of a translation of the Iliad.

Of **Postumius** little seems to be known, more than is here stated, that he was a friend of Caesar. Cicero speaks of him afterwards with ill-humour with others as 'latrocinii auctores' (Att. 14. 10). Smith's Dict. Biog.

14. **Quod si mihi per me efficiundum fuisset,** 'even if I had been obliged to effect this by my own exertions, I should not have repented of having contrived matters thus, considering the nature of the times:' that is, if he had not had the friendship of Caesar's supporters before, he would have been content to use some contrivance to gain it; but (as he goes on to say) no such sacrifice of independence was necessary.

19. **Qui valeret apud illum,** 'a man who had with Caesar the influence due to authority (as I knew), not of personal liking only.' The 'authority' of Pansa with the dictator may have been either that of his character, or perhaps of his rank. It was in this year that he was appointed to the government of Cisalpine Gaul.

20. **Cimber Tillius** was at this time one of Caesar's warmest friends, but afterwards became famous as one of the most active among his murderers. He seems, from what is said here, to have been an intimate friend of Ampius Balbus. Smith's Dict. Biog.

21. **Valent tamen apud Caesarem,** 'Caesar is not so much influenced by a pressing petitioner as by one who has claims of friendship with him.' Or perhaps **ambitiosae rogationes** may mean, 'requests made in order to seem to have influence with Caesar:' **necessariae,** 'such as proceed from real friendship with the person in whose favour they are made.'

24. **Diploma.** A letter folded double—a state letter of recommendation given to persons travelling to the provinces (Att. 10. 17). Also, as here, a public document containing a privilege for a person.

Non est datum, 'is not yet given,' when Cicero was writing.

25. **Qui tulissent ... belli civilis,** 'who would have been bitterly offended at pardon being extended to you whom they call the trumpet of civil war.' This name was given to Balbus, who, besides his activity in endeavouring to raise levies for Pompeius, seems to have been entrusted by the consuls of the year 49 B.C., Marcellus and Lentulus, with secret messages to that general. This appears from a corrupt fragment of Varro, De Vita Pop. Rom., pointed out by Martyni-Laguna. Schütz.

27. **Quasi non ... incidisse,** 'as if they were not really glad that that war happened.' For these very men who persecuted Balbus as the cause of the war, were enjoying the fruits of it in wealth and offices.

Qua re ... agendum, 'therefore we have thought it best to keep the matter rather close.'

32. **Non solum confirmavit, verum etiam recepit,** 'not only protested, but even pledged himself.' 'Recipere' is a favourite word of Cicero in this sense. Fam. 3. 10; Phil. 5. 18 'Promitto, recipio, spondeo C. Caesarem talem semper, fore civem qualis hodie sit.' Terence and Plautus use it with 'ad me,' or 'in me.'

'Tute unus si recipere hoc ad te dicis . . .
Plaut. Mil. Glor. 2. 2, 76.

34. **Perscribi**, 'to be fully explained.'

Eppuleiae. Probably wife of Balbus : **Ampiae**, his sister. They had no doubt seen Cicero in his behalf.

39. **Scis me . . . censerem**, 'You know that I have formerly been accustomed to write to you in such terms as might console a brave and wise man, rather than to pretend to have discovered any hope of safety for you, except what I thought one ought to hope for from the republic itself when this conflagration should have been extinguished.' **Hic ardor** means the excitement following on the civil war.

48. **Et tuos . . . sapiens esses**, 'and that the times of your holding office happened in the most critical periods for the safety and fortunes of the commonwealth, and that you entered this very war prepared not only, if victorious, for happiness, but (if it should so happen) in case of defeat to bear it like a wise man.' Cicero's exhortations are excellently written : but it is impossible not to be reminded how little he had been able to bear up under his own calamity, when in exile.

52. **In virorum fortium factis memoriae prodendis.** We gather from this that Ampius Balbus was writing a biographical or historical work. He is mentioned as an author by Suetonius and Varro. Smith's Dict. Biog. It is remarkable that very many of the Romans who were active in public life were also authors.

55. **Illa tempora**, 'times now gone by,' those of the civil war and its consequent dangers. **Haec** the state of things under Caesar's rule.

Ep. 51. 1. **Male de Seio**, 'I am distressed about Seius.' 'Male est mihi.' Atticus had told Cicero of the death of Seius. The latter is mentioned as entertaining Cicero at dinner, Fam. 9. 7. In the year 51 B.C., when Cicero was in Cilicia, he had been involved in the condemnation of Plaetorius, but it is not known for what act.

3. **Ea videamus quae ad nos magis pertinent**, 'let us look to those things which concern us more (although even these do not concern us much more)—what we are to do about the Senate.' Cicero was going to Rome, as he says below, and was anxious how he should speak without either offending or supporting Caesar.

5. **Postumiam Sulpicii**, Postumia, the wife of Servius Sulpicius. She had called on Caesonius (who had been Cicero's colleague in the aedileship, B.C. 69—Verr. I. 10—and was probably his personal friend) with reference perhaps to his choice of a wife, to which the following lines refer.

7. **Alteram vero illam.** It is not known who this lady was. Cicero had lately divorced Terentia, to whom he had been married more than thirty years. Their discord probably arose from money matters. Before the end of the year he married Publilia, his ward, a young lady of wealth, her wealth indeed being his motive. Her too he soon divorced, being displeased at her want of feeling for Tullia's death. Terentia lived till the age of 103, according to Pliny.

8. **Nihil vidi foedius**, 'I never saw an uglier creature.'

10. **Atticae . . . συμπάσχω**, 'I am glad to hear that Attica is so cheerful : I feel for her in her indisposition.' Pomponia, daughter of Atticus, whom Cicero sometimes calls Attica and Atticula, had been ill of fever.

Ep. 52. Dolabella, Cicero's late son-in-law, was now with Caesar in Spain. Salvius was perhaps a freedman. An erratum in the heading of this letter describes it as addressed to Atticus.

2. **Nisi te a me mirabiliter amari.** Although Tullia had been divorced from Dolabella four years after her marriage with him, and in spite of his notoriously bad character, Cicero writes to him in a most friendly and even affectionate way. Possibly this was owing to Dolabella having, as Cicero thought, influence with Caesar. There are too many proofs that Cicero was not always sincere in his correspondence. See Ep. 36. 11, note.

7. **Niciam nostrum.** Nicias was a 'grammarian,' or teacher of literature, of Cos. He had been with Cicero in Cilicia (Att. 7. 3), and was much valued by Dolabella also (Att. 13. 28). A few months after the date of this letter, when Cicero was much distressed on account of Tullia's death, Nicias offered to visit him. Cicero felt grateful, but declined the offer through Atticus. 'Praeterea nosti Niciae nostri imbecillitatem, mollitiam, consuetudinem victus. Cur ego illi modestus esse velim, cum mihi illi jucundus esse non posset? Voluntas tamen ejus mihi grata est.' (12. 26.) This agrees with what he says below of Nicias' dinners. Of Vidius nothing is known but what appears here, that he was a creditor of Nicias, and that they applied to Cicero to arbitrate between them.

Profert alter . . . ὀβελίζει. 'Vidius, I suppose, brings forward his charge against Nicias in two lines; Aristarchus, his opponent, marks these as spurious,' literally, marks them with an obelus, by which the great critic Aristarchus noted what he considered spurious verses in Homer. Cicero writes in jest, as if it were a literary dispute, Nicias being a grammarian, and he therefore uses the word 'versiculis.'

8. **Opinor,** 'I should fancy,' not of course that he really thought so.

9. **Ego tamquam . . . παρεμβεβλημένοι.** 'I, like an ancient critic, am to decide whether they are the poet's work, or interpolated.'

11. **Oblitusne es . . . sepia,** 'have you forgotten those mushrooms which you ate at Nicias' table? and the great prawns and cuttle-fish?' that is (Dolabella is supposed to say), 'can you doubt in whose favour to decide after such dinners?'

The reading 'squillarum' however is a conjecture of Gronovius; the editors can make nothing of 'Septimiae.'

13. **Quid ergo? &c.** Cicero answers in the same style, 'What then? do you think my former severe integrity has been so completely lost, that even in court no remains of my ancient sternness appear?' But he rather infringes on this profession by what follows.

15. **Sed tamen . . . integellum,** 'I will take care that my most agreeable friend shall not suffer.'

16. **Nec committam . . . discat,** 'nor will I be a party to condemning a person, for you to restore him, lest Bursa Plancus should have a teacher to learn to read from.' Caesar had restored the exiles (with some exceptions) whom Pompeius had banished in his third consulship, B.C. 52. Cicero alludes, in joke, to this. Bursa Plancus was one of these restored exiles; Cicero's allusion here, however, is merely to his being an illiterate man; Nicias, he jestingly remarks, might think himself bound to become his teacher out of gratitude, if restored by Caesar and his party, of whom Dolabella is taken as a representative (tu restituas). Bursa (whose full name was T. Munatius

Plancus Bursa) was tribune in Pompeius' consulship : the latter had used him as a tool and then banished him. Cicero had a great dislike of him, and calls him ' a little ape ' in a letter to Marius, in which he triumphs on account of his banishment (Fam. 7. 2).

20. **Labor longius**, ' I run on too far.' So (De Div. 2. 37) ' sed labor longius, ad propositum revertor.'

23. **Ante quam certum scierit**, ' before they knew whether it was certain or not.' He means that the people were glad to hear of Sulla's death. P. Sulla was nephew of the dictator, and having taken Caesar's side, had enriched himself by buying estates of exiled Romans, or of those who had fallen. Cicero alludes to his death in much the same way in another letter to Cassius (Fam. 15. 17).

26. **Ne hasta Caesaris refrixerit**, ' lest Caesar's auctions should grow slack ;' that is, lest there should be no one now to buy the confiscated estates. ' Quum Romae a iudiciis forum refrixerit' Att. 1. 1.

Ep. 53. Q. Lepta had been Cicero's ' praefectus fabrûm ' in Cilicia, and was much esteemed by him (Fam. 3. 7 ; 9. 13). He had been a Pompeian ; but later in this year, when Caesar, on his return from Spain, exhibited public games in different parts of the city, Lepta applied for the office of president in one of the exhibitions. Cicero however dissuaded him from pressing his request, saying that there were too many applicants (Fam. 6. 19). He was a native of Cales.

1. **Simul atque . . . vetari.** ' As soon as I had received your letter from Seleucus, I immediately wrote a note to Balbus asking what was in the law. He wrote back, that those who were actually holding the office of public crier were forbidden to be councillors ; those who had formerly held it were not forbidden.' Caesar had made a draft of this law about the ' decuriones ' or senators in the provinces, which he intended to enact. Schütz.

Seleucus was probably Lepta's freedman.

5. **Familiares ;** natives of Cales, friends of Lepta, in whose behalf he had asked Cicero this question.

Neque enim . . . . licere, ' for it would have been intolerable indeed, if, when men who were practising divination at this very day were chosen into the senate at Rome, those (on the other hand) who had ever been public criers should not be allowed to be senators in the provincial towns.' He alludes to a certain Ruspina, a diviner, whom Caesar had made a Roman senator. Manutius. Caesar raised the senate to nine hundred, admitting foreigners. The people put up placards recommending good citizens not to guide them to the senate house.

8. **Magnum tamen exercitum Pompeium habere constat.** Cnaeus, son of the great Pompeius, had raised his banner (inscribed with the word ' Pietas,' or ' Filial duty') in Spain, where his father's name was held in great honour. He had a large army, consisting of adventurers, dissatisfied veterans of Caesar's army, and Spaniards. Thirty thousand perished at the battle of Munda.

10. **Paciaeci.** L. Junius Paciaecus is mentioned in the book De Bello Hispaniensi, 3, as an eminent and able man, a native of Spain, sent by Caesar to relieve the town of Ulia besieged by Cn. Pompeius.

11. **Messalla.** M. Valerius Messalla was consul B.C. 52, and with Caesar in the African war ; but, as appears from this passage, now in Spain.

12. **Fratrem eius**: namely of Q. Salassus. The latter was probably Vettius Salassus, proscribed by the triumvirs in B.C. 43. He threw himself from the roof of a house, on seeing his wife leading on the assassins. Smith's Dict. Biog.

16. **Sponsor**, 'surety.' **Pompeio** may refer to the father or the son.

19. **Oratorem meum.** He alludes to his treatise ' Ad Marcum Brutum, Orator.' His work ' De Oratore' was finished ten years earlier, B.C. 55, that entitled ' Brutus sive de claris Oratoribus' in 46. The three were intended to form a connected series. Smith's Dict. Biog.

22. **Qui si est .... detrahatur,** ' If this book is such as you tell me it seems to you to be, then I too am of some consequence; if not, I do not refuse to be mulcted just as much as the book may be in reputation for critical ability.' This treatise therefore contains Cicero's most matured thoughts on oratory.

25. **Leptam nostrum**: son of his correspondent.

28. **Omnino,** ' in any case.'

Sed cum ea . . . satis firma sit. But Tullia was moved to Tusculum and died there within a few weeks of this time. Her child was born in the January after her divorce from Dolabella ; she died in February.

29. **Dum a . . . pensionem,** ' until I get from Dolabella's agents the first instalment' of Tullia's dowry, which was to be repaid in consequence of her divorce.

31. **Non tam sum peregrinator.** Cicero was just sixty-one.

Aedificia mea . . . maius. 'My buildings (in my country houses) used to delight me, and their retirement. Now I have a house (in Rome) equal to any of my villas ; and the retirement is greater than the most secluded spot.'

34. **In quibus sine ulla interpellatione versor.** The whole of Cicero's works on philosophy and oratory, except those ' De Legibus' and ' De Republica,' were published in this, the preceding, and the following years (46–44 B.C.). Ramsay, in Smith's Dict. Biog.

37. **Et cetera.**

> τῆς δ' ἀρετῆς ἱδρῶτα Θεοὶ προπάροιθεν ἔθηκαν
> Ἀθάνατοι, μακρὸς δὲ καὶ ὄρθιος οἶμος ἐπ' αὐτήν,
> Καὶ τρηχὺς τὸ πρῶτον ἐπὴν δ' εἰς ἄκρον ἵκηαι
> Ῥηϊδίη δ' ἥπειτα πέλει, χαλεπή περ ἐοῦσα.

Ep. 54. Caius Cassius Longinus, afterwards one of Caesar's assassins, was now in retirement at Brundisium, waiting for the end of the Spanish war.

1. **Puto te . . . litteram ;** ' I suppose you must be somewhat ashamed now that this third epistle has come down upon you, before you have written a page or even a single letter in return.' **Suppudere** is impersonal. ' Opprimo,' ' to catch suddenly,' 'take by surprise.' ' Oppressi luce copias instruunt' Caes. B. G. 8. 14.

6. **Neque id . . . excitari,** ' I do not mean in imaginary apparitions as your new friends say, who think that even *intellectual* imaginations are excited by the spectres of Catius.' These words were technical terms of the Epicurean philosophy, of which Cassius had become an adherent. Images or apparitions from distant objects were supposed to impinge upon the mind or senses, and so give rise to perception. Catius was a native of Gaul, called ' Insuber' in the next sentence, who had written on the Epicurean system, ' in Epicureis levis quidem sed non iniucundus auctor' Quint. 10. 1. 124;

probably not the same as the Catius mentioned by Horace, Sat. 2. 4, 1. Smith's Dict. Biog.

9. **Ille Gargettius**: Epicurus, a native of the 'demus,' or ward, of Gargettus, in Attica.

10. **Et iam ante Democritus**, 'and Democritus before him.' Democritus of Abdera was one of the earlier teachers of the atomic philosophy, born 460 B.C. Epicurus was born 342 B.C.

11. **His autem ... non video.** 'But even if the eyes could be struck by these images because even of their own accord they rush to them, I do not see how the mind can be.' **Vel ipsa** sc. 'spectra.' But this is clearly not the original reading, which lies concealed somewhere in the Medicean reading ' quod velis ipsa currunt.'

12. **Doceas tu me ... occurrat**, 'you must explain to me, when you have come safe home, whether your image is at my control, so that as soon as I choose to think of you, it hastens up to me.'

18. **Si enim ... restituare,** 'for if you are angry and annoyed (at my objections), I will say more, and demand that you shall be restored to that sect from which by force and by armed men you were ejected.' Cicero uses, jocosely, the formula of a praetor, who in his interdicts (decrees concerning private rights) said to the aggressor, ' unde tu vi, hominibus armatis, dejeceras illuc restituas.' The **haeresis** which Cassius had left was the Stoic philosophy.

21. **In hoc interdicto.** ' In this decree it is not usual to add "within this year."' A real interdict always contained that limitation.

22. **Qua re si ... nobis erit.** ' Therefore, if it is now two or three years since you divorced yourself from virtue, coaxed by the allurements of pleasure, it is all the same to me '—my decree is not limited by the year. He jocosely calls the Stoic system virtue in contrast to the ' pleasure' of the Epicureans, not meaning that this popular language was true. ' Nuntium remittere uxori, marito, sponsae,' to dissolve a contract of marriage or betrothal.

24. **Uno.** 'Unus' is thus used to strengthen the superlative. Madv. § 310, obs. 2.

28. **Qui id tibi in mentem venit?** ' How came you to think of writing this ?'

Cassius answered this letter in much the same strain (Fam. 15. 19), defending Epicurus, whom even his followers, he said, misinterpreted. He was as anxious as Cicero about the event of the Spanish war, having a great dread of the folly and cruelty of Cnaeus Pompeius. He returned to Rome on Caesar's victory.

Ep. 55. Aulus Manlius Torquatus had been on the side of Pompeius, and after the battle of Pharsalia took refuge at Athens, where he was living in the early part of the year 45 B.C. Cicero had written a letter of consolation to him shortly before this one, and wrote again twice on the same subject. Little is known of Torquatus, except that he had been praetor in 52 B.C. and had then presided at Milo's trial, and that he was an intimate friend of Cicero. De Fin. 2. 22; Fam. 6. 1, 2 and 4.

8. **Nam etsi cotidie ... cernimus,** ' for although we daily hear something of these events, the report of which, I suppose, reaches you, yet the upshot and result will be the same. And this I see with my mind as clearly as

what one beholds with one's eyes.'   The events he alludes to are those of Caesar's second Spanish war, against Sextus and Cnaeus, sons of Pompeius. Caesar had left Rome for Spain towards the end of 46 B.C., and brought the war to a close by the battle of Munda, March 17th, 45 B.C., though he did not return to Rome till September.

12. **Nam etsi . . . . victoria.** 'For though no one can divine what issue the battle (now imminent) will have, yet I both foresee the issue of the war; and supposing I cannot, I certainly can foresee (since one side or the other must win) what will be the result of victory in either case.' 'If not,' without a verb, is generally expressed by 'si[n]minus,' rarely by 'si non.' Madv. § 442. c.   Cicero clearly expected Caesar to crush Pompey's army, and was not deceived.

15. **Idque cum optime . . . proponitur.** 'And, having looked clearly through this matter, I see that it is of such a kind that in my opinion there will be nothing to regret if even that event happens to us first which is generally put forward as the great object of dread.'   He means death, which might be preferable to life under either Caesar or the opposite party.

18. **Ut tum sit vivendum,** 'as one would then have to live'—in case of the victory of either.

Cicero's despondent tone in this and many similar passages was quite natural, as the events which afterwards took place showed.   Caesar, indeed, was more merciful after his victory was secure, than had been expected; but his character seems to have degenerated with success, nor was there any hope under him of that restoration of liberty for which Cicero pined.   On the other hand, he had just cause to dread the triumph of the nobles; Cnaeus Pompeius was a ferocious leader, burning, like his brother Sextus, to avenge their father's death; they had drawn their swords on Cicero himself when in the camp of the latter, accusing him of treachery.   He remembered the proscriptions of Sulla when he was a young man, and feared the recurrence of similar atrocities.

20. **In ea es urbe.** Athens, where the very walls would utter consolation.   Torquatus was an Epicurean.

23. **Eorum qui . . . timent.** 'Of those who have gone to the war, or those who have remained at home.   The former fight, the latter fear the conqueror.'   Both were at least in as much danger as Torquatus.

27. **Et si non ero . . . carebo.** 'And if I shall cease to exist I shall have no more consciousness.'

28. **Γλαῦκ' εἰς 'Αθήνας.** 'Owls to Athens,' like 'coals to Newcastle.' Aristoph. Av. 301.

Ep. 56. 1. **De me excusando apud Appuleium.** Appuleius had just been chosen augur, and there was a law that all the other augurs should attend the inaugural banquet (which lasted several days) unless excused by illness, which needed to be affirmed each day by witnesses.   Ernesti.

2. **Quemcumque appellaris nemo negabit,** 'whomsoever you apply to (to be my witness), no one will refuse.'

4. **Sed mihi Laenas totum receperat,** 'but Laenas had undertaken the whole matter for me;' that is, to arrange for Cicero being excused properly. 'Recipio' is used with a dative of the person benefited. 'Omnia ei et petenti recepi, et ultro pollicitus sum' Fam. 10. 21.

5. **Quod scribis . . . videbis.** 'As to what you say that you have been

called upon by Junius; Cornificius is certainly rich, but yet I should like to know when I am said to have become surety, and whether for the father, or for the son. However, you will, as you say, see the agents of Cornificius, and Appuleius, the dealer in estates.' Cornificius owed money to Junius, and Cicero had become surety for him, but Cornificius being a rich man, Cicero could not be held responsible. The elder Cornificius being dead, Cicero doubts also if he is legally bound as surety for his son. Appuleius was a purchaser of mortgaged estates: such persons were consulted as lawyers on points of business. Schütz.

9. **Ab hoc maerore.** On account of Tullia's death, which had taken place in February.

11. **Domi tuaé.** It appears from this that Cicero had gone to stay with Atticus immediately after Tullia's death.

16. **Non quo proficiam . . . reficiendum:** 'not that I succeed at all (in forgetting my grief); but for the time I am hindered (from indulging it). Not indeed as much as I could wish, for its violence presses on me, but still I am eased, and strive with all my might to enliven, not my mind indeed, but if I can my face at least.' Such expressions of grief grow even more intense in subsequent letters. Cicero, unfortunately, had no domestic consolation now, on account of his divorce from Terentia, and was shut out from public occupation. For 'Non quo' see Ep. 5. 2 note.

21. **Solitudo aliquid adiuvat.** He says in a letter written just after, that he used to go into a thick and wild forest in the morning, and not come out till the evening.

23. **Nam pro malis . . . . amabas,** 'for, considering my misfortunes, the place suited me well, and yet I grieve on this very account (because of my approaching departure to meet you). For you will not be able to be to me what you were. All is gone which you used to love.' He means his cheerfulness, wit, and power of amusement.

29. **Pansa quando,** 'when Pansa is going to his province.' Pansa was going to Gaul to succeed M. Brutus in the government. For Pansa see note on Ep. 50. 12.

30. **Cratero,** the physician. Hor. Sat. 2. 3, 161.

Ep. 57. 1. **Publilia,** Cicero's young wife, whom he had married only a few months before.

Quasi. An admirable correction of Boot for 'suam' usually read. This makes the whole passage clear. Publilia in her letter spoke of her mother to Cicero as 'mater' just as if she were writing to her brother Publilius. In writing to her husband she ought to have called her 'mater mea.'

2. **Cum illo,** Publilius.

8. **Illas litteras non illius esse,** 'that the letter was not her own,' but written by or under the influence of her friends.

9. **Quod fore video.** This seems contradictory to **nunc non puto.** But all that he meant by the latter words was that now he did not think she really meant to come at once. 'Nunc' means since he had discovered it was not Publilia's own letter. He still feels convinced that she and her mother will come sooner or later.

10. **Una est vitatio,** 'there is one way of avoiding them, though I don't like it,' namely by going away. There is no occasion to insert ' absim.' **Ut** means 'although.'

12. **Ad quam diem**, 'for what period,' not up to what day; for obs. 'quam,' not 'quem.'

Ut ne opprimar, 'so as not to be caught.'

13. **Ciceroni**. Marcus Tullius, Cicero's only son, was going to Athens to study, and Atticus had been asked, as usual, to manage the provision for his journey thither. In one of his earliest letters to Atticus, his father mentions his birth, B.C. 65 (Ep. 3), so that he would now be nearly twenty. He had been taken, as a boy, to Cilicia, in his father's proconsulate, with his cousin Quintus, and had been sent on a visit to king Deiotarus during the war in M. Amanus. Although only eighteen he did good service to the cause of Pompeius in the Pharsalian campaign, was with his father at Brundisium when Caesar returned (Att. 11. 18), and no doubt was pardoned. He was chosen aedile at Arpinum next year (Fam. 13. 11), and in 45 B.C. wished to join Caesar in Spain. His father dissuaded him from this, and he consented to go to Athens instead, and to study. There is an interesting letter extant written from Athens by him to Tiro, B.C. 44, showing good temper, and elegance of style (Fam. 16. 21), and his father expressed pleasure at his talents and progress (Att. 14. 7; 15. 17). He fought on the republican side after the death of Caesar, and when the cause was lost at Philippi lived in retirement under the amnesty at Rome until Octavianus made him augur and finally consul, B.C. 30, in the year of the death of Antonius. He was afterwards governor of Asia, or of Syria. Smith, Dict. Biog.

Ita tamen . . . videbitur, 'but only if it seems to you not unfair.'

14. **Ut sumptus . . . . Aventini**, 'that he will make the rents of Argiletum and Aventine meet the costs of this tour; which he would have been quite satisfied with if he had been at Rome and had hired a house there, which he was thinking of doing.' Cicero intended to let some houses in the part of Rome called Argiletum and in the Aventine, and apply the rents as above. Argiletum was between the Circus Maximus and the Aventine.

18. **Et cum . . . . opus sit**, 'and when you have proposed this to him I shall be glad if you will yourself arrange other matters, how I can supply him from these rents with what he needs.'

20. **Praestabo nec Bibulum**, &c. Calpurnius Bibulus, Manlius Acidinus, and Valerius Messalla were to be students at Athens with young Cicero. Manutius.

23. **Conductores qui sint et quanti**, 'who wish to be tenants, and at what rent.'

24. **Quid viatici, quid instrumenti satis sit**, 'what provisions for his journey and what equipments will be enough.' 'Instrumentum' applies to his residence at Athens, as well as his journey. The genitive is after 'quid,' denoting measure. Madvig, 285. b. 'Genitivus generis.'

26. **Quod etiam tu animadvertis**, 'which you notice also;' no doubt in a letter, which Cicero had received from Atticus.

Ep. 58. From Servius Sulpicius, proconsul of Achaea. See note to Ep. 49.

1. **Postea quam mihi . . . declarassem**. 'As soon as news was brought me of the death of Tullia, your daughter, I assure you I was grievously and painfully affected by it, as was natural, and felt as if I shared the calamity; and if I had been with you I would not have been wanting to you, and should have shown, to your face, my own sorrow.' **Sane quam**

gives emphasis to a statement. 'Sane quam incutit multis magnum metum' Fam. 8. 4. **Pro·eo ac debui,** 'in proportion as,' or 'in the degree that I was bound to.'

6. **Confieri.** 'Confici' is more usual.

9. **Uti magis ipsi.** The delicacy and skill with which Sulpicius consoles his friend, implying his own deep sympathy, is very remarkable.

20. **Illius vicem.** 'Vicem' with genitive, as here, or acc. of possessive pronouns, is used adverbially with adjectives and verbs.

23. **Mortem cum vita commutare ?** 'Muto' and its compounds, in the sense of 'exchanging,' take two cases, acc. and abl., the latter either with or without 'cum.' The thing received in exchange is sometimes, as here, put in the acc.; and sometimes in the abl., as 'praedas mutare vino' Sall. 7. 48. See Madv. § 258, Obs. 2.

27. **Credo,** ironical both here and below.

35. **Haec sufferre et perpeti,** 'that they (our children) should bear up against and suffer out these (miserable times).'

43. **Hem!** an interjection of surprise.

46. **Visne tu.** 'Vis tu' is a gentle form of request. As 'ne' sometimes has the sense of 'nonne,' so here 'visne' presumes an affirmative answer, and strengthens the request implied.

49. **Idem,** acc. neut. sing.

Modo uno tempore, 'just lately, at once,' i. e. at the battle of Pharsalia, and immediately afterwards.

50. **De imperio populi Romani tanta deminutio facta est.** By 'imperium P. R.' is meant the power of the citizens in their own state. Sulpicius seems to allude to a law of Caesar, B.C. 46, making two years the limit for holding a consular province, one year a praetorian. The object was to prevent any one else from gaining the military power which he had himself acquired by his long tenure of his province.

62. **Hoc nomine,** in respect of her death.

75. **Denique, quoniam . . . lugere.** 'Finally, since we have arrived at such a condition that we must bend even to this motive, do not give any one the chance of thinking that you are not grieving so much for your daughter, as for the state of the republic and the victory of others.' This suspicion might have endangered Cicero with Caesar's party.

82. **Fac aliquando intellegamus,** 'let us see for once.' He perhaps delicately alludes to Cicero not having borne his exile firmly.

Cicero, in thanking Sulpicius for this beautiful letter, admits that it had given him much comfort. (Fam. 4. 6.) His grief was excessive during the early months of this year; he could bear no company, and, though he employed himself diligently in reading and writing, found, he says, little consolation in them. His letters to Atticus are full of a project, which much occupied his mind until August, of building a temple in memory of Tullia; but the scheme was never carried out, and his mind became again occupied with public matters as the time of Caesar's return drew near. Meantime it is interesting to see how his friends, who were among the best and most virtuous men of the time, exerted themselves to console him. The historian Lucceius had written to him for this object, and Cicero's reply is preserved (Fam. 5. 13), besides two letters which they exchanged later in the same year (Epp. 59, 60).

Ep. 59. 2. Romae quia postea ... **miratus sum,** 'I have wondered that you have never been at Rome since you left it.' Cicero had gone to Astura, a small island on the coast of Latium, in March, and had stayed there till late in May; from thence he removed to his villa near Antium, where this letter was received from his friend Lucceius the historian. For some account of Lucceius, see on Ep. 18.

10. **Vel erudito, qui semper aliquid ex se promat, quod alios delectet, te ipsum laudibus inlustret.** It would be hard to describe Cicero's activity of mind and genius more justly than in these words of Lucceius. Unless we insert 'te,' 'ipsum' must grammatically refer to 'animus tuus,' as it is used for 'se ipsum' but not for 'te ipsum.' The subjunctives **quaerat** and **promat** come under the description (Madvig, § 364) of 'relative propositions which complete the idea of a certain quality, and express the way in which it operates;' 'qui' being nearly equivalent to 'talis, ut.'

13. **Non possum** ... **accusare,** 'I cannot but find fault with you, if you allow me to speak freely what I think.'

21. **Ad consuetudinem** ... **propriam,** 'to your usual habits of life, either such as we have shared in common, or such as you may choose for yourself.' Med. marks a lacuna between **redeas** and **ad.** Perhaps 'atque' has fallen out.

22. **Cupio** .... **incepto.** 'I wish not to annoy you, if you are not pleased with my earnestness; yet I wish to deter you from persisting in your purpose.'

24. **Nunc duae** ... **offendas.** 'These two contrary things (or wishes) perplex me while I write; I hope that you will either comply with me in the latter, if you can; or at least, that you will not take offence at the former (**nostro studio**).' **Aut** repeated in the second clause, sometimes means 'or at least.'

> 'Incute vim ventis, submersasque obrue puppes,
>   Aut age diversos et disiice corpora ponto'   Virg. Aen. 1. 69.

'Offendo' is used in both a transitive and intransitive sense; here, in the latter.

Ep. 60. 1. Ex omnibus partibus, 'entirely.' Without 'ex' it has the same sense. So also, 'in omnes partes' Fam. 4. 10.

2. **Non ille quidem,** 'not indeed that that affection was unknown to me, but,' &c. 'Ille quidem' is frequently thus used, throwing a slight emphasis on the antecedent substantive, and followed by 'sed,' 'autem,' &c. 'Sed L. Mucius enucleate ille quidem et polite, ut solebat, nequaquam autem ea vi atque copia' Brut. 30.

4. **Ob eam unam causam.** The death of his daughter, which, however, Lucceius had not expressly mentioned.

9. **Habuimus enim fere communes,** 'for we had in great measure the same friends.' He implies that Lucceius would feel with him in the loss of friends.

14. **Sed certe adhuc non fuimus,** 'but we certainly have not hitherto (lived much together), at the times when we were neighbours in the country at Tusculum or Puteoli.'

18. **Quod enim** ... **solaciis?** 'for what refuge had I, stripped as I was of private and public enjoyments and consolations?'

20. **Litterae** .... **adsidue,** 'books, I suppose, with which I am con-

tinually employed.' **Credo,** like our expression 'of course,' may introduce something which cannot be gainsaid, or something which is evidently false and ironical.

25. In qua domus nihil delectare possit. On account of his late divorce from Terentia, and unhappy marriage with Publilia, mentioned above. See on Ep. 51. 'Domus,' home life as opposed to public employments.

29. Quod si id .... metus, 'but if you and I had done what we never even thought of doing, on account of the daily fear we lived in.'

Ep. 61. 4. Ligarianam, sc. 'orationem.' In the year B.C. 46, just before Caesar's departure to Spain, Cicero had defended L. Ligarius (accused of having been a partisan of Pompeius) before the dictator in the forum. His speech, which is extant, was a skilful appeal to Caesar's clemency, and was successful.

Vendidisti. 'Vendo' often means to recommend like a salesman, to speak highly of. This is the sense as appears from Att. 13. 19 'Ligarianam, ut video, praeclare auctoritas tua commendavit.'

Posthac ... deferam, 'in future, whatever I write I will make you my auctioneer.' This is in continuation of the metaphor suggested by 'vendo.'

6. Scis me .... intexere. 'You know that I have been used to write speeches hitherto or things of that kind, so that I could not insert Varro anywhere in them.'

Cicero had lately finished two philosophical works, his 'De Finibus,' and his 'Academicae Quaestiones.' The latter, which is the subject of this and the following letter, had been composed, as this letter informs us, in the names of Catulus and Lucullus, as speakers. For the reason given in the next sentence, Cicero complied with a suggestion of Atticus to insert Varro's name instead. The words 'aliquid id genus' refer to Cicero's treatises on oratory, all of which were composed before this time; the 'Brutus, de claris Oratoribus' in 46 B.C.; the 'ad M. Brutum, Orator,' early in the present year. 'Id genus' is in apposition with 'aliquid.' The 'De Republica' was written some years earlier. All his other philosophical works we owe to the years 46-44, when his activity of mind must have been immense.

7. Postea autem ... προσφώνησιν, 'but after I had begun these treatises, more of a literary kind, Varro had already announced his intention of making a really great and valuable dedication to me.' Perhaps that of Varro's famous work on the Latin language. 'Denuntio' is used of formal announcements, political or religious, and has here a slightly pompous air, intentionally given.

9. Biennium .... processerit. 'Two years passed away while that Callippides (i.e. Varro) though constantly moving did not get on an inch.' Callippides was a celebrated actor of tragedies, blamed for overdoing his action. Cicero alludes to him as the proverbial type of those 'qui satagunt et nihil agunt.' Manutius.

11. Ego autem, &c. 'But I was preparing to reply to what he should send me, in the same measure, and better, if I could.' Alluding to Hesiod's line,

αὐτῷ τῷ μέτρῳ καὶ λώϊον αἴκε δύνηαι.

Opp. et D. 350.

Brut. 4 'Quamquam illud Hesiodi laudatur a doctis, quod eâdem mensurâ reddere iubet quâ acceperis, aut etiam cumulatiore si possis.'

13. Nunc illam .... scripsisti. 'Now I have betrothed to Brutus, as you wished, my "De Finibus," which I value much: and you have written to me that he was pleased with the compliment.' Cicero's contemporaries seem to have been aware of his literary greatness, and were glad that their names should go down to posterity in connection with his works. **Despondimus** may be merely 'promised,' or it may be used, as translated, in a tropical sense.

16. **Nobiles illi quidem**, 'in which men, illustrious indeed, but by no means literary, speak with too much subtlety.' Catulus and Lucullus, the former interlocutors, were not suitable characters for the subtle discussions of the Academy. 'Illi quidem' as in Ep. 60. 2, where see note.

18. **Etenim sunt . . . probat**, 'for they are in the style of Antiochus, which Varro highly approves.' Antiochus of Ascalon, Cicero's teacher, who revived the doctrines of the old Academy, or of Plato's school. Acad, 2. 19.

19. **Catulo . . . velim.** 'I will, in some other work, repay Catulus and Lucullus for their loss; at least if you approve this proposal: and do you write back to me, if you please, what you think of it.'

The two books, the first only a fragment, which are now extant, entitled 'Academicae Quaestiones' (Academica is probably the right name), belonged to the two different copies or editions of his work of which Cicero speaks in this and the following letter. The first, in which Varro, Atticus, and himself are the interlocutors, is part of the first of those sent to Varro (four in number) after he had made the change mentioned in this letter, putting Varro's name with two others in place of Catulus and Lucullus, and enlarging the two books to four. The second book of the extant Academics is the original second book, inscribed Lucullus, and beginning with an encomium on him, as mentioned Att. 13. 32. The other book (Catulus) of the first edition or copy, and the other three of the second, sent to Varro, are all lost. Several of Cicero's letters at this time (June—September B.C. 45) speak of his change of plan in the inscription of his work.

20. **De Brinniana auctione.** Cicero, with some others, had a legacy left him by Brinnius, whose estates were to be sold in order to pay the legatees. Vestorius was a money-lender, with whom Cicero and Atticus did business. Cicero dates two letters from his house (Att. 14. 12 and 21).

22. **Rem ad me esse conlatam**, 'that the business is devolved upon me.' It was usual in such sales that one of the parties interested should act as executor.

25. **Proferant**, 'to defer the sale a little,' till Cicero should go to his Tusculan villa about July 7 instead of June 24. The day fixed for the sale was July 13. Cicero's legacy does not seem to have been very large, for he was unwilling to be detained at Arpinum (where he now was) for the sake of meeting his co-heirs, as they proposed. Att. 13. 14.

26. **Cum Pisone Erotem habes.** 'Piso and Eros are both with you.' Piso was a banker, Eros an agent of Atticus who attended to Cicero's accounts. Att. 13. 2. The latter still kept his plan of buying the gardens which Scapula had left, for a monument to Tullia. He wished to raise money for this by calling in some debts, especially that of Faberius. Eros would calculate these, and Piso would advance the money. The scheme never seems to have been carried out.

27. **Dies adest.** The day for the auction. He wishes Atticus to prepare in good time.

Ep. 62. 1. **Commotus tuis litteris.** The letter of Atticus referred to is no doubt the same which is alluded to in the preceding letter, not an answer to the latter.

3. **In quattuor.** Of which only the second book exists. See note to preceding letter.

5. **Qui** = quomodo.

6. **Illud vero . . . . scire pervelim.** 'But anyhow I want to know this, who it was that you think was envied by him, unless perhaps (you think) it was Brutus: this (supposition) indeed was the only one I could entertain; but yet I should much like to be certain.' For **utique** cp. Ep. 29. 8, note.

7. **Restabat,** 'remained on my mind as reasonable.' Cicero had just dedicated to Brutus his treatise 'De Finibus bonorum et malorum,' and had heard that Varro felt jealous of this. He had intended not to introduce any living persons as interlocutors in his dialogues; but on Atticus suggesting that it seemed ostentatious to bring in such persons as Catulus and Lucullus, he gladly caught at the proposal to insert Varro's name, especially as his pursuits made it appropriate. This gave him an opportunity of making himself a party in the dialogue. Att. 13. 19 'Haec Academica, ut scis, cum Catulo, Lucullo, Hortensio contuleram: sane in personas non cadebant; erant enim λογικωτέρα quam ut illi de iis somniasse unquam viderentur. Itaque ut legi tuas de Varrone, tanquam ἕρμαιον accepi. Aptius esse nihil potuit ad id philosophiae genus, quo ille maxime mihi delectari videtur, easque partes, ut non sim consecutus, ut superior mea causa videatur; sunt enim vehementur πιθανὰ Antiochia: quae diligenter a me expressa, acumen habent Antiochi, nitorem orationis nostrum, si modo is est aliquis in nobis.' It is much to be regretted that the three books are lost, although, as said above, the substance is partly preserved in the second book of the extant work.

11. **Frustra descripta sunt,** 'have been copied to no purpose.' Cicero was in the habit of sending his writings to Atticus, and allowing him to have them copied by his private copyists (librarii) before they were published. Sometimes unauthorized persons got possession of copies before publication, as Balbus got part of the 'De Finibus.' Att. 13. 21.

12. **Breviora.** Probably not shorter in actual length, but more condensed in matter.

13. **Nunc autem . . . Τρῶας.** 'But now I am in doubt whither to turn: I wish to write something for Dolabella, who is very anxious for it. But I do not see what it can be; and also I "stand in awe of the Trojans."' He frequently quotes these words from Homer, to express his regard for what his fellow-citizens would say. Dolabella, having taken Caesar's side, was unpopular with Cicero's old companions, besides being a man of bad character.

19. **In his acquiesco,** 'I calm my anxiety by these.' His anxiety was on account of the health of Atticus' daughter, Pomponia, whom he calls Attica.

Ep. 63. M. Fadio Gallo. He was an intimate friend of Cicero, and a man of taste in the fine arts. Fam. 7. 23. He had been trying to soothe Tigellius the poet and singer, Hor. Sat. 1. 3, 4, who was offended with Cicero. Fam. 7. 24.

1. **Quod epistolam conscissam doles.** 'As regards your distress at the letter being destroyed, do not be unhappy about it.' The allusion is either to a letter from Gallus to Cicero, or to one from Cicero, which Gallus

had by accident destroyed, but of which Cicero had a copy. If the latter, it was probably Fam. 7. 24, in which he relates the cause of Tigellius' animosity.

2. **Quod autem me mones**, 'but as to your warning me, I am very grateful;' warning him against Tigellius, who was in favour with Caesar.

4. **Rideamus**, 'lest we should laugh sardonically.' This phrase had not its modern signification of a sneering laugh. It was taken from a herb, said to grow in Sardinia, which when eaten caused a distention of the jaws, producing death. Tigellius was a Sardinian, and Gallus anticipated danger from his enmity.

5. **Sed heus tu . . . . putaramus.** 'But, look out! your hand off the tablet! The master is come sooner than we thought.' Boys at school, when their master was away, would meddle with his writing materials: this is the alarm given on his suddenly coming back. Cicero means that Caesar was soon coming home from Spain, and Gallus and himself must take care what they were doing. They had both written treatises in praise of Cato.

6. **Vereor ne in Catonium Catoninos**, 'I am afraid that he will send all the Catonians to the lower world.' The pun upon the words Catonini, friends of Cato and Catonium cannot be rendered into English. The mimic poet Laberius (who acted, though a knight, in this very year by Caesar's command) is quoted as using the word Catonium. 'Tollet bonâ fide vos Orcus in Catonium' Aul. Gell. 1. 76. Catonium is of course connected with κάτω, below.

7. **Mi Galle**, &c. 'My dear Gallus, be assured that nothing could be better than the part of your letter following the words "Cetera labuntur." This is private: listen, keep it to yourself.' Gallus had expressed discontent at the condition of Rome under Caesar. Cicero agrees with him, but writes cautiously, almost enigmatically in reply, and might be taken as writing only about style.

10. **Bene malene, videro**, 'whether well or ill, I will consider at another time; but whatever it is, it is between us two only.' He means that no others ventured to write thus. 'Videro' Madvig. § 340. Obs. 4.

11. **Urge igitur nec transversum unguem (quod aiunt) a stilo.** 'Push on then, and do not stray a nail's breath (as the saying is) from your writing.' Schütz thinks this sentence too abrupt to have been written without more connection with the preceding. But Cicero is purposely brief and enigmatical. He means to warn Gallus to keep to his studies and avoid politics. 'Transversum unguem' would be in English idiom 'a hair's breadth.' Att. 13. 20 'In omni vita sua quemque a recta conscientia traversum unguem non oportet discedere.'

Ep. 64. 1. **O hospitem . . . ἀμεταμέλητον!** 'To think of my having a guest who cost me so much anxiety, and yet no regret (for his having come)!' This visit of Caesar took place at the end of 45 B.C., shortly before his campaign in Africa against the optimates, which ended in the victory of Thapsus and the suicide of Cato. For the acc. cp. 'O hominem facilem' Ep. 47. 9.

Fuit enim periucunde. Sometimes, in familiar language, 'sum' is used with an adverb which denotes way or manner, instead of the corresponding adjective, e.g. 'impune fuit.' Madv. § 209, b. Obs. 2.

2. **Secundis Saturnalibus,** on the second day of the Saturnalia.

5. **CIƆ.** A stroke (I) with a c inverted (Ɔ) is 500. The two signs are sometimes combined to form a D. The number is doubled when as many c's are put before the stroke as there are after it, hence CIƆ = 1000, and CCIƆƆ = 10,000, as each c following the stroke has the value of a cipher in Arabic numerals. Hence CIƆ repeated = 2000.

6. **Custodes,** to prevent Caesar's escort from following him into the villa. The soldiers were thus compelled to encamp outside (**Castra in agro**).

8. **Apud Philippum.** He stayed with Philip till nearly noon on the day after his arrival at Philip's house.

9. **Cum Balbo,** Caesar's courier. See on Ep. 21.

In balneum, at Cicero's house. His arrival there is left to be understood.

10. **De Mamurra.** There had been a Mamurra in his employment in Gaul, but what this allusion means cannot be determined.

Non mutavit. As the news about Mamurra is not explained, these words also are without explanation.

11. **Accubuit.** 'Discumbo' is frequent in the same sense.

Agebat, 'he intended to take,' after dinner, so he indulged freely (ἀδεῶς). Cp. 'Ipse qui dedebatur' Off. 3. 30, 'He himself who was going to be delivered up.' Madv. § 337. Obs. 1.

13. **Bene cocto, condito,** 'something well cooked and seasoned.' These ablatives probably depend on some verb preceding them in the original, but this is mere conjecture, as the works of Lucilius are only preserved to us in fragmentary quotations. Lucilius was Horace's original in satire.

14. **Sermone bono** seems to be an ablative descriptive of an accompaniment of the feast.

17. **Homines visi sumus,** 'we seemed on friendly terms, as men should be with one another.' Distinctions of rank and party were laid aside.

18. **Eodem ad me,** 'come this same way and visit me when you return.'

19. **Σπουδαῖον οὐδέν.** Conversation was on literature, not on the events of the time.

20. **Libenter fuit.** Cp. 'periucunde fuit,' above.

21. **Habes,** 'you have got the account of.'

22. **Ἐπισταθμείαν.** This word is substituted for **hospitium,** to show that Cicero had no choice about entertaining Caesar. It is a term employed of troops 'billeted' on their entertainers.

25. **Nec usquam alibi.** This was a mark of honour to his friend Dolabella.

Ep. 65. 1. **Nec hortor nec rogo.** This letter is in answer to one from M. Curius (Fam. 7. 29), in which the latter speaks of returning to Italy in obedience to Cicero's 'praecepta.'

2. **Ubi nec Pelopidarum.** See note on a former letter to Curius, Ep. 48. 10.

4. **Intersim.** The subjunctive gives the *cause* of his unfavourable judgment on himself.

8. **Hora secunda,** about a quarter past 8 a.m.

8. **Comitiis quaestoriis**; the comitia tributa, at which the lesser magistrates, such as quaestors, tribunes, &c., were elected.

9. **Q. Maximi.** He had been appointed consul by Caesar as a reward for his services in Spain. The people resented this arbitrary appointment. Cp. ' Ab universis conclamatum est, non esse consulem eum' Suet. J. C. 80.

11. **Centuriata**; at which consuls and praetors were elected.

Hora septima. The seventh hour began at twelve noon. If, therefore, Caninius' election was not announced till after twelve o'clock, luncheon time would already be past, for the ' prandium' was taken at noon, ' cibus meridianus.'

13. **Postridie**, next day. The events related happened Dec. 31.

15. **Somnum non viderit.** He would hardly be asleep before midnight, and at midnight the Kalends of January began, and his consulship was over.

21. **Proprium te esse scribis mancipio et nexo.** This alludes to what Curius had written, ' sum enim χρήσει μὲν tuus, κτήσει δὲ Attici nostri, ergo fructus est tuus, mancipium illius' Fam. 7. 29. ' Mancipio et nexo,' ' by ownership and bond.' Curius said he must consider himself the property of Atticus, because he was his oldest friend, and had introduced him to Cicero; but Cicero should have the full benefit of his friendly services, ' usus et fructus.' ' Mancipium' and ' usus' are contrasted in the famous line,

' Vitaque mancipio nulli datur, omnibus usu' Lucr. 3. 983.

22. **Isto**, sc. ' usu,' ' which you allot me.'

24. **Acilius.** M. Acilius Glabrio was one of Caesar's lieutenants, and held successive commands in Sicily and Achaia.

25. **Maximo meo beneficio est**, ' is in the receipt of very great services from me,' is under the greatest obligations to me. For the abl. see Madvig, § 272, Obs. 2.

27. **Diligentissime scripsi.** It has been thought that Fam. 13. 50 is the letter referred to. It is inscribed ' Aucto,' for which Schütz proposes to read Acilio.

38, BLEECKER STREET, NEW YORK,
September, 1872.

A CATALOGUE of EDUCATIONAL BOOKS, with a Short Account of their Character and Aim,

Published by

MACMILLAN AND CO.,

38, Bleecker Street, New York (and in London).

CLASSICAL.

Æschylus.—ÆSCHYLI EUMENIDES. The Greek Text, with English Notes and English Verse, Translation, and an Introduction. By BERNARD DRAKE, M.A., late Fellow of King's College, Cambridge. 8vo. $1.

The Greek text adopted in this Edition is based upon that of Wellauer. But advantage has been taken of the suggestions of Hermann, Paley, Linwood, and other commentators. In the Translation, the simple character of the Æschylean dialogues has generally enabled the author to render them without any material deviation from the construction and idioms of the original Greek.

"The Notes are judicious, and, a rare merit in English Notes, not too numerous or too long. A most useful feature in the work is the analysis of Müller's celebrated dissertations."—BRITISH QUARTERLY REVIEW.

A

Aristotle. — AN INTRODUCTION TO ARISTOTLE'S RHETORIC. With Analysis, Notes, and Appendices. By E. M. Cope, Senior Fellow and Tutor of Trinity College, Cambridge. 8vo. $3.

The author has aimed to illustrate the general bearings and relations of the Art of Rhetoric in itself, as well as the special mode of treating it adopted by Aristotle in his peculiar system. The evidence upon obscure or doubtful questions connected with the subject is examined; and the relations which Rhetoric bears, in Aristotle's view, to the kindred art of Logic are considered. A connected Analysis of the treatise is given, sometimes in the form of paraphrase; and a few important matters are separately discussed in Appendices. There is added, as a general Appendix, by way of specimen of the antagonistic system of Isocrates and others, a complete analysis of the treatise called Ῥητορικὴ πρὸς Ἀλέξανδρον, *with a discussion of its authorship and of the probable results of its teaching.*

ARISTOTLE ON FALLACIES; OR, THE SOPHISTICI ELENCHI. With a Translation and Notes by Edward Poste, M.A., Fellow of Oriel College, Oxford. 8vo. $4·50.

Besides the doctrine of Fallacies, Aristotle offers, either in this treatise or in other passages of his works quoted in the commentary, various glances over the world of science and opinion, various suggestions or problems which are still agitated, and a vivid picture of the ancient system of dialectics. "It is not only scholarlike and careful, it is also perspicuous."—Guardian. *"It is indeed a work of great skill."*—Saturday Review.

Blackie.—GREEK AND ENGLISH DIALOGUES FOR USE IN SCHOOLS AND COLLEGES. By John Stuart Blackie, Professor of Greek in the University of Edinburgh. Fcap. 8vo. $1.

"Why should the old practice of conversing in Latin and Greek be altogether discarded?"—Professor Jowett.

Professor Blackie has been in the habit, as part of the regular training of his class in Edinburgh University, of accustoming the students to converse in Greek. This method he has found to be eminently successful as a means of furnishing the students with a copious vocabulary, training them to use it promptly, confidently, and with correct articulation, and instilling into them an accurate and intelligent knowledge of Greek Grammar, which he hopes may aid other teachers in realising the same ends. The present little volume furnishes a series of twenty-five graduated dialogues in parallel columns of Greek and English on a great variety of interesting subjects. The Author has had the advantage of submitting his work to the judgment of several scholars of repute, both English and Scotch. The GLOBE *says: "Professor Blackie's system is sensible; his book is likely to be useful to teachers of Greek; and his suggestions valuable to the learners of any language."*

Cicero.—THE SECOND PHILIPPIC ORATION. With an Introduction and Notes, translated from the German of KARL HALM. Edited, with Corrections and Additions, by JOHN E. B. MAYOR, M.A., Fellow and Classical Lecturer of St. John's College, Cambridge. Third Edition, revised. Fcap. 8vo. $1·25.

This volume opens with a List of Books useful to the Student of Cicero, and some account of various editions, mostly German, of the works of Cicero. The Introduction is based on Halm. The English editor has further illustrated the work by additions drawn, for the most part, (1) from the ancient authorities; (2) from his own private marginal references, and from collections; (3) from the notes of previous commentators. A copious 'argument' is also given. "On the whole we have rarely met with an edition of a classical author which so thoroughly fulfils the requirements of a good school-book."—EDUCATIONAL TIMES. *" A valuable edition," says the* ATHENÆUM.

THE ORATIONS OF CICERO AGAINST CATILINA. With Notes and an Introduction. Translated from the German of Karl Halm, with many additions by A. S. WILKINS, M.A. Professor of Latin in Owens College, Manchester. Fcap. 8vo. $1·25.

The historical introduction of Mr. Wilkins brings together all the details which are known respecting Catiline and his relations with

*the great orator. A list of passages where conjectures have bee
admitted into the text, and also of all variations from the text .
Kayser (1862), is added at the end. Finally, the English Editor h
subjoined a large number of notes, both original and selected, fro
Curtius, Schleischer, Corssen, and other well-known critics, an analy:
of the orations, and an index.*

Demosthenes.—DEMOSTHENES ON THE CROWN. Tl
Greek Text with English Notes. By B. DRAKE, M.A., late Fello
of King's College, Cambridge. Fourth Edition, to which
prefixed ÆSCHINES AGAINST CTESIPHON, with Engl:
Notes. Fcap. 8vo. $1·50.

*An Introduction discusses the immediate causes of the two orations, a:
their general character. The Notes contain frequent references to the b.
authorities. Among the appendices at the end is a chronological tabl
the life and public career of Æschines and Demosthenes. "A neat a:
useful edition."*—ATHENÆUM.

Hodgson.—MYTHOLOGY FOR LATIN VERSIFICATIOI
A brief Sketch of the Fables of the Ancients, prepared to l
rendered into Latin Verse for Schools. By F. HODGSON, B.D
late Provost of Eton. New Edition, revised by F. C. HODGSO:
M.A. 18mo. 75 *Cents.*

*The late Provost of Eton has here supplied a help to the composition
Latin Verse, combined with a brief introduction to Classical Mytholog
In this new edition a few mistakes have been rectified; rules have be.
added to the Prosody; and a more uniform system has been adopted wi
regard to the help afforded.*

Juvenal.—Thirteen Satires of JUVENAL. With a Commentar
By JOHN E. B. MAYOR, M.A., Fellow of St. John's Colleg
Cambridge. Second Edition, enlarged. Part I. Crown 8vo. sewe
$1·25.

Juvenal—*continued.*

Besides the author's own, there are various other notes, for which the author is indebted to Professors Munro and Conington. All the citations have been taken anew from the original authors. "A painstaking and critical edition."—SPECTATOR. *"For really ripe scholarship, extensive acquaintance with Latin literature, and familiar knowledge of continental criticism, ancient and modern, it is unsurpassed among English editions."*—EDINBURGH REVIEW.

Marshall.—A TABLE OF IRREGULAR GREEK VERBS, classified according to the arrangement of Curtius' Greek Grammar. By J. M. MARSHALL, M.A., Fellow and late Lecturer of Brasenose College, Oxford; one of the Masters in Clifton College. 8vo. cloth. New Edition. 40 *Cents.*

The system of this table has been borrowed from the excellent Greek Grammar of Dr. Curtius.

Mayor (John E. B.)—FIRST GREEK READER. Edited after KARL HALM, with Corrections and large Additions by JOHN E. B. MAYOR, M.A., Fellow and Classical Lecturer of St. John's College, Cambridge. Second and Cheaper Edition. Fcap. 8vo. $1·50.

A selection of short passages, serving to illustrate especially the Greek Accidence. A good deal of syntax is incidentally taught, and Madvig and other books are cited, for the use of masters: but no learner is expected to know more of syntax than is contained in the Notes and Vocabulary. A preface "To the Reader," not only explains the aim and method of the volume, but also deals with classical instruction generally. The extracts are uniformly in the Attic dialect. This book may be used in connexion with Mayor's "Greek for Beginners." "After a careful examination we are inclined to consider this volume unrivalled in the hold which its pithy sentences are likely to take on the memory, and for the amount of true scholarship embodied in the annotations."—EDUCATIONAL TIMES.

Mayor (Joseph B.)—GREEK FOR BEGINNERS. By the Rev. J. B. MAYOR, M.A., Professor of Classical Literature in King's College, London. Complete in one vol., fcap. 8vo. cloth, $1·50.

The distinctive method of this book consists in building up a boy's knowledge of Greek upon the foundation of· his knowledge of English and Latin, instead of trusting everything to the unassisted memory. Greek words have been used in the earlier part of the book except such as have connections either in English or Latin. Each step leads naturally on to its successor; grammatical forms and rules are at once applied in a series of graduated exercises, accompanied by ample vocabularies. Thus the book serves as Grammar,.Exercise book, and Vocabulary. The ordinary ten declensions are reduced to three, which correspond to the first three in Latin; and the system of stems is adopted. .A general Vocabulary, and Index of Greek words, completes the work. " We know of no book of the same scope so complete in itself, or so well calculated to make the study of Greek interesting at the very commencement."—.STANDARD.

Peile (John, M.A.)—AN INTRODUCTION TO GREEK AND LATIN ETYMOLOGY. By JOHN PEILE, M.A., Fellow and Assistant Tutor of Christ's College, Cambridge, formerly Teacher of Sanskrit in the University of Cambridge. New and Revised Edition. Crown 8vo. $3·50.

*These Philological Lectures are the result of Notes made during the author's reading for several years. These Notes were put into the shape of lectures, delivered at Christ's College, as one set in the " Intercollegiate" list. They are now printed with some additions and modifications. " The book may be accepted as a very valuable contribution to the science of language."—*SATURDAY REVIEW.

Plato.—THE REPUBLIC OF PLATO. Translated into English, with an Analysis and Notes, by J. LL. DAVIES, M.A., and D. J. VAUGHAN, M.A. Third Edition, with Vignette Portraits of Plato and Socrates, engraved by JEENS from an Antique Gem. 18mo. $1·25.

An introductory notice supplies some account of the life of Plato, and the translation is preceded by an elaborate analysis. " The translators have," in the judgment of the SATURDAY REVIEW, *"produced a book which any reader, whether acquainted with the original or not, can peruse with pleasure as well as profit."*

Plautus (Ramsay).—THE MOSTELLARIA OF PLAUTUS. With Notes Critical and Explanatory, Prolegomena, and Excursus. By WILLIAM RAMSAY, M.A., formerly Professor of Humanity in the University of Glasgow. Edited by Professor GEORGE G. RAMSAY, M.A., of the University of Glasgow. 8vo. $5.

" The fruits of that exhaustive research and that ripe and well-digested scholarship which its author brought to bear upon everything that he undertook are visible throughout it. It is furnished with a complete apparatus of prolegomena, notes, and excursus ; and for the use of veteran scholars it probably leaves nothing to be desired."—PALL MALL GAZETTE.

Potts (Alex. W., M.A.)—HINTS TOWARDS LATIN PROSE COMPOSITION. By ALEX. W. POTTS, M.A., late Fellow of St. John's College, Cambridge ; Assistant Master in Rugby School ; and Head Master of the Fettes College, Edinburgh. New Edition, enlarged. Extra fcap. 8vo. cloth. $1.

An attempt is here made to give students, after they have mastered ordinary syntactical rules, some idea of the characteristics of Latin Prose and the means to be employed to reproduce them. Some notion of the treatment of the subject may be gathered from the ' Contents.' CHAP. I.— *Characteristics of Classical Latin, Hints on turning English into Latin ;*

CHAP. II.—*Arrangement of Words in a Sentence;* CHAP. III.—*Unity in Latin Prose, Subject and Object;* CHAP. IV.—*On the Period in Latin Prose;* CHAP. V.—*On the position of the Relative and Relative Clauses.* The GLOBE *characterises it as "an admirable little book which teachers of Latin will find of very great service."*

Roby.—A GRAMMAR OF THE LATIN LANGUAGE, from Plautus to Suetonius. By H. J. ROBY, M.A. late Fellow of St John's College, Cambridge. Part I. containing :—Book I. Sounds. Book II. Inflexions. Book III. Word-Formation. Appendices. Crown 8vo. $2·50.

This work is the result of an independent and careful study of the writers of the strictly classical period, the period embraced between the time of Plautus and that of Suetonius. The author's aim has been to give the facts of the language in as few words as possible. This is a Grammar strictly of the Latin *language; not a Universal Grammar illustrated from Latin, nor the Latin section of a Comparative Grammar of the Indo-European languages, nor a Grammar of the group of Italian dialects, of which Latin is one. It will be found that the arrangement of the book and the treatment of the various divisions differ in many respects from those of previous grammars. Mr. Roby has given special prominence to the treatment of Sounds and Word-formation; and in the First Book he has done much towards settling a discussion which is at present largely engaging the attention of scholars, viz., the pronunciation of the classical languages. " The book is marked by the clear and practised insight of a master in his art. It is a book that would do honour to any country."—*ATHENÆUM.

Rust.—FIRST STEPS TO LATIN PROSE COMPOSITION. By Rev. GEORGE RUST, M.A. of Pembroke College, Oxford, Master of the Lower School, King's College, London. New Edition. 18mo, 75 Cents.

This little work consists of carefully graduated vocabularies and exercises, so arranged as gradually to familiarise the pupil with the elements of Latin Prose Composition, and fit him to commence a more advanced work.

Sallust.—CAII SALLUSTII CRISPI CATILINA ET JUGUR-
THA. For Use in Schools. With copious Notes. By C.
MERIVALE, B.D. (In the present Edition the Notes have been
carefully revised, and a few remarks and explanations added.)
Second Edition. Fcap. 8vo. $1·50.

*This edition of Sallust, prepared by the distinguished historian of Rome,
contains an introduction, concerning the life and works of Sallust, lists
of the Consuls, and elaborate notes. "A very good edition, to which the
Editor has not only brought scholarship but independent judgment and
historical criticism."—*SPECTATOR.

The JUGURTHA and the CATILINA may be had separately, price
75 *Cents* each.

Tacitus.—THE HISTORY OF TACITUS TRANSLATED
INTO ENGLISH. By A. J. CHURCH, M.A., and W. J.
BRODRIBB, M.A. With Notes and a Map. 8vo. $3·50.

*The translators have endeavoured to adhere as closely to the original as
was thought consistent with a proper observance of English idiom. At
the same time, it has been their aim to reproduce the precise expressions of
the author. The campaign of Civilis is elucidated in a note of some length,
which is illustrated by a map, containing the names of places and of tribes
occurring in the work. There is also a complete account of the Roman army
as it was constituted in the time of Tacitus. This work is characterised
by the* SPECTATOR *as " a scholarly and faithful translation."*

THE AGRICOLA AND GERMANIA OF TACITUS. A Revised
Text, English Notes, and Maps. By A. J. CHURCH, M.A.,
and W. J. BRODRIBB, M.A. Fcap. 8vo. $1·25.

*" We have endeavoured, with the aid of recent editions, thoroughly to
elucidate the text, explaining the various difficulties, critical and grammatical, which occur to the student. We have consulted throughout, besides
the older commentators, the editions of Ritter and Orelli, but we are
under special obligations to the labours of the recent German editors, Wex
and Kritz." Two Indexes are appended, (1) of Proper Names, (2) of
Words and Phrases explained. " A model of careful editing," says the*

ATHENÆUM, "*being at once compact, complete, and correct, as well as neatly printed and elegant in style.*"

THE AGRICOLA and GERMANIA may be had separately, price 75 *Cents* each.

THE AGRICOLA AND GERMANIA. Translated into English by A. J. CHURCH, M.A., and W. J. BRODRIBB, M.A. With Maps and Notes. Extra fcap. 8vo. $1.

The translators have sought to produce such a version as may satisfy scholars who demand a faithful rendering of the original, and English readers who are offended by the baldness and frigidity which commonly disfigure translations. The treatises are accompanied by introductions, notes, maps, and a chronological summary. The ATHENÆUM *says of this work that it is* "*a version at once readable and exact, which may be perused with pleasure by all, and consulted with advantage by the classical student.*"

Theophrastus. — THE CHARACTERS OF THEO-PHRASTUS. An English Translation from a Revised Text. With Introduction and Notes. By R. C. JEBB, M.A., Public Orator in the University of Cambridge. Extra fcap. 8vo. $2.

The first object of this book is to make these lively pictures of old Greek manners better known to English readers. But as the Editor and Translator has been at considerable pains to procure a trustworthy text, and has recorded the results of his critical labours in an Introduction, Notes, and Appendices, it is hoped that the work will prove of value even to the scholar. "*We must not omit to give due honour to Mr. Jebb's translation, which is as good as translation can be . . . . Not less commendable are the execution of the Notes and the critical handling of the Text.*"— SPECTATOR.

The SATURDAY REVIEW *speaks of it as* "*a very handy and scholarly edition of a work which till now has been beset with hindrances and difficulties, but which Mr. Jebb's critical skill and judgment have at length placed within the grasp and comprehension of ordinary readers.*"

Thring.—Works by the Rev. E. THRING, M.A., Head Master of Uppingham School.

A LATIN GRADUAL. A First Latin Construing Book for Beginners. New Edition, enlarged, with Coloured Sentence Maps. Fcap. 8vo. $1 ·25.

The Head Master of Uppingham has here sought to supply by easy steps a knowledge of grammar, combined with a good Vocabulary. Passages have been selected from the best Latin authors in prose and verse. These passages are gradually built up in their grammatical structure, and finally printed in full. A short practical manual of common mood constructions, with their English equivalents, forms a second part. To the New Edition a circle of grammatical constructions with a glossary has been added ; as also some coloured Sentence Maps, by means of which the different parts of a sentence can easily be distinguished, and the practice of dissecting phrases carried out with the greatest benefit to the student.

A MANUAL OF MOOD CONSTRUCTIONS. Fcap. 8vo. 75 *Cents.*

Treats of the ordinary mood constructions, as found in the Latin, Greek, and English languages. The EDUCATIONAL TIMES *thinks it "very well suited to young students."*

A CONSTRUING BOOK. Fcap. 8vo. 75 *Cents.*

Thucydides.—THE SICILIAN EXPEDITION. Being Books VI. and VII. of Thucydides, with Notes. A New Edition, revised and enlarged, with a Map. By the Rev. PERCIVAL FROST, M.A., late Fellow of St. John's College, Cambridge. Fcap. 8vo. $1 ·50.

This edition is mainly a grammatical one. Attention is called to the force of compound verbs, and the exact meaning of the various tenses employed. " The notes are excellent of their kind. Mr. Frost seldom passes over a difficulty, and what he says is always to the point."— EDUCATIONAL TIMES.

Virgil.—THE WORKS OF VIRGIL RENDERED INTO ENGLISH PROSE, with Notes, Introductions, Running Analysis, and an Index, by JAMES LONSDALE, M.A. and SAMUEL LEE, M.A. Second Edition. Globe 8vo. $1·50; gilt edges, $2.

*The original has been faithfully rendered, and paraphrase altogether avoided. At the same time, the translators have endeavoured to adapt the book to the use of the English reader. Some amount of rhythm in the structure of the sentence has been generally maintained; and, when in the Latin the sound of the words is an echo to the sense (as so frequently happens in Virgil), an attempt has been made to produce the same result in English. The general introduction contains whatever is known of the poet's life, an estimate of his genius, an account of the principal editions and translations of his works, and a brief view of the influence he has had on modern poets; special introductory essays are prefixed to the " Eclogues,' " Georgics," and " Æneid." The text is divided into sections, each of which is headed by a concise analysis of the subject; the index contains references to all the characters and events of any importance. " A more complete edition of Virgil in English it is scarcely possible to conceive than the scholarly work before us."—*GLOBE.

Wright.—Works by J. WRIGHT, M.A., late Head Master of Sutton Coldfield School.

HELLENICA ; OR, A HISTORY OF GREECE IN GREEK, as related by Diodorus and Thucydides ; being a First Greek Reading Book, with explanatory Notes, Critical and Historical. Third Edition, with a Vocabulary. 12mo. $1.

In the last twenty chapters of this volume, Thucydides sketches the rise and progress of the Athenian Empire in so clear a style and in such simple language, that the editor has doubts whether any easier or more instructive passages can be selected for the use of the pupil who is commencing Greek. This book includes a chronological table of the events recorded. The GUARDIAN *speaks of the work as " a good plan well executed."*

Wright—*continued.*

A HELP TO LATIN GRAMMAR ; or, The Form and Use of Words
in Latin, with Progressive Exercises.   Crown 8vo. $1·25.

This book is not intended as a rival to any of the excellent Grammars
now in use ; but as a help to enable the beginner to understand them.

THE SEVEN KINGS OF ROME.   An Easy Narrative, abridged
from the First Book of Livy by the omission of Difficult Passages ;
being a First Latin Reading Book, with Grammatical Notes.
With Vocabulary and Exercises. Fourth Edition. Fcap. 8vo. $1·50.

This work is intended to supply the pupil with an easy construing book,
which may at the same time be made the vehicle for instructing him in the
rules of grammar and principles of composition.   The notes profess to
teach what is commonly taught in grammars.   It is conceived that the
pupil will learn the rules of construction of the language much more
easily from separate examples, which are pointed out to him in the course
of his reading, and which he may himself set down in his note-book after
some scheme of his own, than from a heap of quotations amassed for him
by others.   " The Notes are abundant, explicit, and full of such grammatical
and other information as boys require."—ATHENÆUM.   *" This is*
really," the MORNING POST *says, " what its title imports, and we*
believe that its general introduction into Grammar Schools would not
only facilitate the progress of the boys beginning to learn Latin, but
also relieve the Masters from a very considerable amount of irksome labour
. . . a really valuable addition to our school libraries."

Or, separately,

SEVEN KINGS OF ROME. $1.

VOCABULARY AND EXERCISES TO "THE SEVEN KINGS."
75 *Cents.*

FIRST LATIN STEPS ; OR, AN INTRODUCTION BY A
SERIES OF EXAMPLES TO THE STUDY OF THE
LATIN LANGUAGE.   Crown 8vo. $2.

Wright—*continued.*

*The following points in the plan of the work may be noted:-
The pupil has to deal with only one construction at a time. 2. T
construction is made clear to him by an accumulation of instan
3. As all the constructions are classified as they occur, the construc
in each sentence can be easily referred to its class. 4. As the au
thinks the pupil ought to be thoroughly familiarized, by a repeti
of instances, with a construction in a foreign language, before he
tempts himself to render it in that language, the present volume conta
only Latin sentences. 5. The author has added to the Rules on Pros
in the last chapter, a few familiar lines from Ovid's Fasti by
of illustration. In a brief Introduction the author states the ratio
of the principal points of Latin Grammar. Copious Notes are appen
to which reference is made in the text. From the clear and ratio
method adopted in the arrangement of this elementary work, from
simple way in which the various rules are conveyed, and from the ob
dance of examples given, both teachers and pupils will find it a valu
help to the learning of Latin.*

MATHEMATICS.

Airy.—Works by G. B. AIRY, Astronomer Royal :—

ELEMENTARY TREATISE ON PARTIAL DIFFERENTIAL
EQUATIONS. Designed for the Use of Students in the Universities. With Diagrams. Crown 8vo. cloth. $2.

*It is hoped that the methods of solution here explained, and the instances
exhibited, will be found sufficient for application to nearly all the important
problems of Physical Science, which require for their complete investigation
the aid of Partial Differential Equations.*

ON THE ALGEBRAICAL AND NUMERICAL THEORY OF
ERRORS OF OBSERVATIONS AND THE COMBINA-
TION OF OBSERVATIONS. Crown 8vo. cloth. $2·50.

*In order to spare astronomers and observers in natural philosophy the
confusion and loss of time which are produced by referring to the ordinary
treatises embracing both branches of probabilities (the first relating to
chances which can be altered only by the changes of entire units or integral multiples of units in the fundamental conditions of the problem ;
the other concerning those chances which have respect to insensible grada-
tions in the value of the element measured), the present tract has been drawn
up. It relates only to errors of observation, and to the rules, derivable
from the consideration of these errors, for the combination of the results
of observations.*

Airy (G. B.)—*continued.*

UNDULATORY THEORY OF OPTICS. Designed for the Use
Students in the University. New Edition. Crown 8vo. cl
$2·50.

*The undulatory theory of optics is presented to the reader as having
same claims to his attention as the theory of gravitation : namely, that
certainly true, and that, by mathematical operations of general eleganc
leads to results of great interest. This theory explains with accurac
vast variety of phenomena of the most complicated kind. The plan of
tract has been to include those phenomena only which admit of calculati
and the investigations are applied only to phenomena which actually h
been observed.*

ON SOUND AND ATMOSPHERIC VIBRATIONS. With
Mathematical Elements of Music. Designed for the Use of Stude
of the University. Second Edition, Revised and Enlarg
Crown 8vo. $3·50.

*This volume consists of sections, which again are divided into numbe
articles, on the following topics : General recognition of the air as
medium which conveys sound ; Properties of the air on which the forn
tion and transmission of sound depend ; Theory of undulations as app
to sound, &c. ; Investigation of the motion of a wave of air through
atmosphere ; Transmission of waves of soniferous vibrations through
ferent gases, solids, and fluids ; Experiments on the velocity of sou
&c. ; On musical sounds, and the manner of producing them ; On
elements of musical harmony and melody, and of simple musical comp
tion ; On instrumental music ; On the human organs of speech a
hearing.*

A TREATISE ON MAGNETISM. Designed for the use
Students in the University. Crown 8vo. $3.

*As the laws of Magnetic Force have been experimentally examined w
philosophical accuracy, only in its connection with iron and steel, and*

the influences excited by the earth as a whole, the accurate portions of this work are confined to the investigations connected with these metals and the earth. The latter part of the work, however, treats in a more general way of the laws of the connection between Magnetism on the one hand and galvanism and thermo-electricity on the other. The work is divided into Twelve Sections, and each section into numbered articles, each of which states concisely the subject of the following paragraphs.

Airy (Osmund). — A TREATISE ON GEOMETRICAL OPTICS. Adapted for the use of the Higher Classes in Schools. By OSMUND AIRY, B.A., one of the Mathematical Masters in Wellington College. Extra fcap. 8vo. $1·25.

"This is, I imagine, the first time that any attempt has been made to adapt the subject of Geometrical Optics to the reading of the higher classes in our good schools. That this should be so is the more a matter for remark, since the subject would appear to be peculiarly fitted for such an adaptation. . . . . I have endeavoured, as much as possible, to avoid the example of those popular lecturers who explain difficulties by ignoring them. But as the nature of my design necessitated brevity, I have omitted entirely one or two portions of the subject which I considered unnecessary to a clear understanding of the rest, and which appear to me better learnt at a more advanced stage."—AUTHOR'S PREFACE. *"This book,"* the ATHENÆUM says, *"is carefully and lucidly written, and rendered as simple as possible by the use in all cases of the most elementary form of investigation."*

Bayma.—THE ELEMENTS OF MOLECULAR MECHA-NICS. By JOSEPH BAYMA, S.J., Professor of Philosophy, Stonyhurst College. Demy 8vo. cloth. $3·75.

Of the twelve Books into which the present treatise is divided, the first and second give the demonstration of the principles which bear directly on the constitution and the properties of matter. The next three books contain a series of theorems and of problems on the laws of motion of elementary substances. In the sixth and seventh, the mechanical constitution of molecules is investigated and determined : and by it the general properties of bodies are explained. The eighth book treats of luminiferous æther. The ninth explains some special properties of bodies. The tenth and eleventh contain a radical and lengthy investigation of chemical principles and relations, which may lead to practical results of high importance. The twelfth and last book treats of molecular masses, distances, and powers.

Beasley.—AN ELEMENTARY TREATISE ON PLANE TRIGONOMETRY. With Examples. By R. D. BEASLEY, M.A., Head Master of Grantham Grammar School. New Edition, revised and enlarged. Crown 8vo. cloth. $1·50.

This treatise is specially intended for use in schools. The choice of matter has been chiefly guided by the requirements of the three days' examination at Cambridge. About four hundred examples have been added to this edition, mainly collected from the Examination Papers of the last ten years.

Blackburn (Hugh).— ELEMENTS OF PLANE TRIGONOMETRY, for the use of the Junior Class of Mathematics in the University of Glasgow. By HUGH BLACKBURN, M.A., Professor of Mathematics in the University of Glasgow. Globe 8vo. 75 Cents.

The author having felt the want of a short treatise to be used as a Text-Book after the Sixth Book of Euclid had been learned and some knowledge of Algebra acquired, which should contain satisfactory demonstrations of the propositions to be used in teaching Junior Students the solution of Triangles, and should at the same time lay a solid foundation for the study of Analytical Trigonometry, thinking that others may have felt the same want, has attempted to supply it by the publication of this little work.

Boole.—Works by G. BOOLE, D.C.L., F.R.S., Professor of Mathematics in the Queen's University, Ireland.

A TREATISE ON DIFFERENTIAL EQUATIONS. New and Revised Edition. Edited by I. TODHUNTER. Crown 8vo. cloth.

[In the press.

Professor Boole has endeavoured in this treatise to convey as complete an account of the present state of knowledge on the subject of Differential Equa-

*ms, as was consistent with the idea of a work intended, primarily, for
ementary instruction. The earlier sections of each chapter contain that
nd of matter which has usually been thought suitable for the beginner,
hile the latter ones are devoted either to an account of recent discovery, or
e discussion of such deeper questions of principle as are likely to present
emselves to the reflective student in connection with the methods and
ocesses of his previous course. "A treatise incomparably superior to
ry other elementary book on the same subject with which we are
quainted."*—PHILOSOPHICAL MAGAZINE.

TREATISE ON DIFFERENTIAL EQUATIONS. Supplementary Volume. Edited by I. TODHUNTER. Crown 8vo. cloth. $3·50.

*This volume contains all that Professor Boole wrote for the purpose of
larging his treatise on Differential Equations.*

HE CALCULUS OF FINITE DIFFERENCES. Crown 8vo. cloth. $3·50.

*In this exposition of the Calculus of Finite Differences, particular attention
is been paid to the connection of its methods with those of the Differential
lculus—a connection which in some instances involves far more than a
rely formal analogy. The work is in some measure designed as a
uel to Professor Boole's* Treatise on Differential Equations. *"As an
iginal book by one of the first mathematicians of the age, it is out
all comparison with the mere second-hand compilations which have
herto been alone accessible to the student."*—PHILOSOPHICAL MAGAZINE.

ambridge Senate-House Problems and Riders,
WITH SOLUTIONS :—
1848-1851.—PROBLEMS. By FERRERS and JACKSON. 8vo. cloth. $6.
1848-1851.—RIDERS. By JAMESON. 8vo. cloth. $3.
1854.—PROBLEMS AND RIDERS. By WALTON and MACKENZIE. 8vo. cloth. $4.
1857.—PROBLEMS AND RIDERS. By CAMPION and WALTON. 8vo. cloth. $3·50.

B 2

Cambridge Senate-House Problems—*continued.*

1860.—PROBLEMS AND RIDERS. By WATSON and ROUTH. Crown 8vo. cloth. $3.

1864.—PROBLEMS AND RIDERS. By WALTON and WIL-KINSON. 8vo. cloth. $4.

These volumes will be found of great value to Teachers and Students, as indicating the style and range of mathematical study in the University of Cambridge.

CAMBRIDGE COURSE OF ELEMENTARY NATURAL PHILOSOPHY, for the Degree of B.A. Originally compiled by J. C. SNOWBALL, M.A., late Fellow of St. John's College. Fifth Edition, revised and enlarged, and adapted for the Middle-Class Examinations by THOMAS LUND, B.D., Late Fellow and Lecturer of St. John's College, Editor of Wood's Algebra, &c. Crown 8vo. cloth. $1·75.

This work will be found adapted to the wants, not only of University Students, but also of many others who require a short course of Mechanics and Hydrostatics, and especially of the candidates at our Middle Class Examinations. At the end of each chapter a series of easy questions is added for the exercise of the student.

CAMBRIDGE AND DUBLIN MATHEMATICAL JOURNAL. The Complete Work, in Nine Vols. 8vo. cloth, $84.

Only a few copies remain on hand. Among Contributors to this work will be found Sir W. Thomson, Stokes, Adams, Boole, Sir W. R. Hamilton, De Morgan, Cayley, Sylvester, Jellett, and other distinguished mathematicians.

Candler.—HELP TO ARITHMETIC. Designed for the use of Schools. By H. CANDLER, M.A. Mathematical Master of Uppingham School. Extra fcap. 8vo. $1.

This work is intended as a companion to any text-book that may be in use. " The main difficulties which boys experience in the different rules are skilfully dealt with and removed."—MUSEUM.

Cheyne.—Works by C. H. H. CHEYNE, M.A., F.R.A.S.

AN ELEMENTARY TREATISE ON THE PLANETARY THEORY. With a Collection of Problems. Second Edition. Crown 8vo. cloth. $2·50.

In this volume, an attempt has been made to produce a treatise on the Planetary theory, which, being elementary in character, should be so far complete as to contain all that is usually required by students in the University of Cambridge. In the New Edition the work has been carefully revised. The stability of the Planetary System has been more fully treated, and an elegant geometrical explanation of the formulæ for the secular variation of the node and inclination has been introduced.

THE EARTH'S MOTION OF ROTATION. Crown 8vo. $1·50.

The first part of this work consists of an application of the method of the variation of elements to the general problem of rotation. In the second part the general rotation formulæ are applied to the particular case of the earth.

Childe.—THE SINGULAR PROPERTIES OF THE ELLIP-SOID AND ASSOCIATED SURFACES OF THE Nth DEGREE. By the Rev. G. F. CHILDE, M.A., Author of "Ray Surfaces," "Related Caustics," &c. 8vo. $3·25.

The object of this volume is to develop peculiarities in the Ellipsoid; and, further, to establish analogous properties in the unlimited congeneric series of which this remarkable surface is a constituent.

Christie.—A COLLECTION OF ELEMENTARY TEST-QUESTIONS IN PURE AND MIXED MATHEMATICS; with Answers and Appendices on Synthetic Division, and on the Solution of Numerical Equations by Horner's Method. By JAMES R. CHRISTIE, F.R.S., late First Mathematical Master at the Royal Military Academy, Woolwich. Crown 8vo. cloth. $3.

This series of Mathematical exercises is collected from those which the author has, from time to time, proposed for solution by his pupils during

*a long career at the Royal Military Academy. A student who finds
that he is able to solve the larger portion of these exercises, may consider
that he is thoroughly well grounded in the elementary principles of pure
and mixed Mathematics.*

Dalton.—ARITHMETICAL EXAMPLES. Progressively
arranged, with Exercises and Examination Papers. By the Rev.
T. DALTON, M.A., Assistant Master of Eton College. 18mo.
cloth. \$1. *Answers to the Examples are appended.*

Day.—PROPERTIES OF CONIC SECTIONS PROVED
GEOMETRICALLY. PART I., THE ELLIPSE, with
Problems. By the Rev. H. G. DAY, M.A., Head Master of
Sedburgh Grammar School. Crown 8vo. \$1·25.

*The object of this book is the introduction of a treatment of Conic
Sections which should be simple and natural, and lead by an easy transi-
tion to the analytical methods, without departing from the strict geometry
of Euclid.*

Dodgson.—AN ELEMENTARY TREATISE ON DETER-
MINANTS, with their Application to Simultaneous Linear
Equations and Algebraical Geometry. By CHARLES L. DODGSON,
M.A., Student and Mathematical Lecturer of Christ Church,
Oxford. Small 4to. cloth. \$3·50.

*The object of the author is to present the subject as a continuous chain of
argument, separated from all accessories of explanation or illustration.
All such explanation and illustration as seemed necessary for a beginner
are introduced, either in the form of foot-notes, or, where that would have
occupied too much room, of Appendices. "The work," says the*
EDUCATIONAL TIMES, *"forms a valuable addition to the treatises we
possess on modern Algebra."*

Drew.—GEOMETRICAL TREATISE ON CONIC SEC-
TIONS. By W. H. DREW, M.A., St. John's College, Cambridge.
Fourth Edition. Crown 8vo. cloth. \$1·75.

Drew—*continued.*

In this work the subject of Conic Sections has been placed before the student in such a form that, it is hoped, after mastering the elements of Euclid, he may find it an easy and interesting continuation of his geometrical studies. With a view, also, of rendering the work a complete manual of what is required at the Universities, there have either been embodied into the text or inserted among the examples, every book-work question, problem, and rider, which has been proposed in the Cambridge examinations up to the present time.

SOLUTIONS TO THE PROBLEMS IN DREW'S CONIC SECTIONS. Crown 8vo. cloth. $1·75.

Earnshaw (S.) — PARTIAL DIFFERENTIAL EQUA-TIONS. An Essay towards an entirely New Method of Integrating them. By S. EARNSHAW, M.A., St. John's College, Cambridge. Crown 8vo. $2·50.

The peculiarity of the system expounded in this work is, that in every equation, whatever be the number of original independent variables, the work of integration is at once reduced to the use of one independent variable only. The author's object is merely to render his method thoroughly intelligible. The various steps of the investigation are all obedient to one general principle, and though in some degree novel, are not really difficult, but on the contrary easy when the eye has become accustomed to the novelties of the notation. Many of the results of the integrations are far more general than they were in the shape in which they have appeared in former Treatises, and many Equations will be found in this Essay integrated with ease in finite terms, which were never so integrated before.

Edgar (J. H.) and Pritchard (G. S.)—NOTE-BOOK ON PRACTICAL SOLID OR DESCRIPTIVE GEOMETRY. Containing Problems with help for Solutions. By J. H. EDGAR, M.A., Lecturer on Mechanical Drawing at the Royal School of Mines, and G. S. PRITCHARD, late Master for Descriptive Geometry, Royal Military Academy, Woolwich. Second Edition, revised and enlarged. Globe 8vo. $1·25.

In teaching a large class, if the method of lecturing and demonstrating from the black board only is pursued, the more intelligent students have generally to be kept back, from the necessity of frequent repetition, for the sake of the less promising; if the plan of setting problems to each pupil is adopted, the teacher finds a difficulty in giving to each sufficient attention. A judicious combination of both methods is doubtless the best; and it is hoped that this result may be arrived at in some degree by the use of this book, which is simply a collection of examples, with helps for solution, arranged in progressive sections. The new edition has been enlarged by the addition of chapters on the straight line and plane, with explanatory diagrams and exercises, on tangent planes, and on the cases of the spherical triangle.

Ferrers.—AN ELEMENTARY TREATISE ON TRILINEAR CO-ORDINATES, the Method of Reciprocal Polars, and the Theory of Projectors. By the Rev. N. M. FERRERS, M.A., Fellow and Tutor of Gonville and Caius College, Cambridge. Second Edition. Crown 8vo. $2.

The object of the author in writing on this subject has mainly been to place it on a basis altogether independent of the ordinary Cartesian system, instead of regarding it as only a special form of Abridged Notation. A short chapter on Determinants has been introduced.

Frost.—Works by PERCIVAL FROST, M.A., formerly Fellow of St. John's College, Cambridge; Mathematical Lecturer of King's College.

AN ELEMENTARY TREATISE ON CURVE TRACING. By PERCIVAL FROST, M.A. 8vo. $6.

The author has written this book under the conviction that the skill and power of the young mathematical student, in order to be thoroughly available afterwards, ought to be developed in all possible directions. The subject which he has chosen presents so many faces, that it would be difficult to find another which, with a very limited extent of reading, combines, to the same extent, so many valuable hints of methods of calculations to be employed hereafter, with so much pleasure in its present use. In order to understand the work it is not necessary to have much knowledge of what is called Higher Algebra, nor of Algebraical Geometry of a higher kind than that which simply relates to the Conic Sections. From the study of a work like this, it is believed that the student will derive many advantages Especially he will become skilled in making correct approximations to the values of quantities, which cannot be found exactly, to any degree of accuracy which may be required.

THE FIRST THREE SECTIONS OF NEWTON'S PRINCIPIA. With Notes and Illustrations. Also a collection of Problems, principally intended as Examples of Newton's Methods. By PERCIVAL FROST, M.A. Second Edition. 8vo. cloth. $3·50.

The author's principal intention is to explain difficulties which may be encountered by the student on first reading the Principia, *and to illustrate the advantages of a careful study of the methods employed by Newton, by showing the extent to which they may be applied in the solution of problems ; he has also endeavoured to give assistance to the student who is engaged in the study of the higher branches of mathematics, by representing in a geometrical form several of the processes employed in the Differential and Integral Calculus, and in the analytical investigations of Dynamics.*

Frost and Wolstenholme.—A TREATISE ON SOLID GEOMETRY. By PERCIVAL FROST, M.A., and the Rev. J. WOLSTENHOLME, M.A., Fellow and Assistant Tutor of Christ's College. 8vo. cloth. $5·50.

The authors have endeavoured to present before students as comprehensive a view of the subject as possible. Intending to make the subject accessible, at least in the earlier portion, to all classes of students, they have endeavoured to explain completely all the processes which are most useful in dealing with ordinary theorems and problems, thus directing the student to the selection of methods which are best adapted to the exigencies of each problem. In the more difficult portions of the subject, they have considered themselves to be addressing a higher class of students ; and they have there tried to lay a good foundation on which to build, if any reader should wish to pursue the science beyond the limits to which the work extends.

Godfray.—Works by HUGH GODFRAY, M.A., Mathematical Lecturer at Pembroke College, Cambridge.

A TREATISE ON ASTRONOMY, for the Use of Colleges and Schools. 8vo. cloth. $4·50.

This book embraces all those branches of Astronomy which have, from time to time, been recommended by the Cambridge Board of Mathematical Studies: but by far the larger and easier portion, adapted to the first three days of the Examination for Honours, may be read by the more advanced pupils in many of our schools. The author's aim has been to convey clear and distinct ideas of the celestial phenomena. "It is a working book," says the GUARDIAN, *"taking Astronomy in its proper place in mathematical sciences. . . . It is a book which is not likely to be got up unintelligently."*

AN ELEMENTARY TREATISE ON THE LUNAR THEORY, with a Brief Sketch of the Problem up to the time of Newton. Second Edition, revised. Crown 8vo. cloth. $2·25.

These pages will, it is hoped, form an introduction to more recondite works. Difficulties have been discussed at considerable length. The selection of the method followed with regard to analytical solutions, which is the same as that of Airy, Herschel, &c. was made on account of its simplicity; it is, moreover, the method which has obtained in the University of Cambridge. "As an elementary treatise and introduction to the subject, we think it may justly claim to supersede all former ones."— LONDON, EDIN. AND DUBLIN PHIL. MAGAZINE.

Hemming.—AN ELEMENTARY TREATISE ON THE DIFFERENTIAL AND INTEGRAL CALCULUS, for the Use of Colleges and Schools. By G. W. HEMMING, M.A., Fellow of St. John's College, Cambridge. Second Edition, with Corrections and Additions. 8vo. cloth. $3.

"There is no book in common use from which so clear and exact a knowledge of the principles of the Calculus can be so readily obtained."— LITERARY GAZETTE.

Jackson.—GEOMETRICAL CONIC SECTIONS. An Elementary Treatise in which the Conic Sections are defined as the Plane Sections of a Cone, and treated by the Method of Projection. By J. STUART JACKSON, M.A., late Fellow of Gonville and Caius College, Cambridge. $1·75.

This work has been written with a view to give the student the benefit of the Method of Projections as applied to the Ellipse and Hyperbola. When this Method is admitted into the treatment of the Conic Sections, there are many reasons why they should be defined, not with reference to the focus and direction, but according to the original definition from which they have their name as plane sections of a cone. This method is calculated to produce a material simplification in these curves, and to make the proof of their properties more easily understood and remembered. It is also a powerful instrument in the solution of a large class of problems relating to these curves.

Jellet (John H.)—A TREATISE ON THE THEORY OF FRICTION. By JOHN H. JELLET, B.D., Senior Fellow of Trinity College, Dublin; President of the Royal Irish Academy. 8vo. $4.

*The theory of friction is as truly a part of Rational Mechanics as the theory of gravitation. This book is taken up with a special investigation of the laws of friction; and some of the principles contained in it are believed to be here enunciated for the first time. The work consists of eight Chapters as follows:—I. Definitions and Principles. II. Equilibrium with Friction. III. Extreme Positions of Equilibrium. IV. Movement of a Particle or System of Particles. V. Motion of a Solid Body. VI. Necessary and Possible Equilibrium. VII. Determination of the Actual Value of the Acting Force of Friction. VIII. Miscellaneous Problems— 1. Problem of the Top. 2. Friction Wheels and Locomotives. 3. Questions for Exercise. " The work is one of great research, and will add much to the already great reputation of its author."—*SCOTSMAN.

Jones and Cheyne.—ALGEBRAICAL EXERCISES. Progressively arranged. By the Rev. C. A. JONES, M.A., and C. H. CHEYNE, M.A., F.R.A.S., Mathematical Masters of Westminster School. New Edition. 18mo. cloth. *75 Cents.*

This little book is intended to meet a difficulty which is probably felt more or less by all engaged in teaching Algebra to beginners. It is, that while new ideas are being acquired, old ones are forgotten. In the belief that constant practice is the only remedy for this, the present series of miscellaneous exercises has been prepared. Their peculiarity consists in this, that though miscellaneous they are yet progressive, and may be used by the pupil almost from the commencement of his studies. The book being intended chiefly for Schools and Junior Students, the higher parts of Algebra have not been included.

Kitchener.—A GEOMETRICAL NOTE-BOOK, containing Easy Problems in Geometrical Drawing preparatory to the Study of Geometry. For the Use of Schools. By F. E. KITCHENER, M.A., Mathematical Master at Rugby. New Edition. 4to. *75 Cents.*

It is the object of this book to make some way in overcoming the difficulties of Geometrical conception, before the mind is called to the attack of Geometrical theorems. A few simple methods of construction are given, and space is left on each page, in order that the learner may draw in the figures.

Morgan.—A COLLECTION OF PROBLEMS AND EXAMPLES IN MATHEMATICS. With Answers. By H. A. MORGAN, M.A., Sadlerian and Mathematical Lecturer of Jesus College, Cambridge. Crown 8vo. cloth. *$2.*

This book contains a number of problems, chiefly elementary, in the Mathematical subjects usually read at Cambridge. They have been selected from the papers set during late years at Jesus College. Very few of them are to be met with in other collections, and by far the larger number are due to some of the most distinguished Mathematicians in the University.

Newton's PRINCIPIA. Edited by Professor Sir W. THOMSON and Professor BLACKBURN. 4to. cloth. $12.

It is a sufficient guarantee of the excellence of this complete edition of Newton's Principia *that it has been printed for and under the care of Professor Sir William Thomson and Professor Blackburn, of Glasgow University. The following notice is prefixed:—" Finding that all the editions of the* Principia *are now out of print, we have been induced to reprint Newton's last edition [of* 1726] *without note or comment, only introducing the 'Corrigenda' of the old copy and correcting typographical errors." The book is of a handsome size, with large type, fine thick paper, and cleanly cut figures, and is the only modern edition containing the whole of Newton's great work. " Undoubtedly the finest edition of the text of the ' Principia ' which has hitherto appeared."—*EDUCATIONAL TIMES.

Parkinson.—Works by S. PARKINSON, D.D., F.R.S., Fellow and Tutor of St. John's College, Cambridge.

AN ELEMENTARY TREATISE ON MECHANICS. For the Use of the Junior Classes at the University and the Higher Classes in Schools. With a Collection of Examples. Fourth edition, revised. Crown 8vo. cloth. $3.

In preparing this work the author's object has been to include in it such portions of Theoretical Mechanics as can be conveniently investigated without the use of the Differential Calculus, and so render it suitable as a manual for the junior classes in the University and the higher classes in Schools. With one or two short exceptions, the student is not presumed to require a knowledge of any branches of Mathematics beyond the elements of Algebra, Geometry, and Trigonometry. Several additional propositions have been incorporated in the work for the purpose of rendering it more complete; and the collection of Examples and Problems has been largely increased.

A TREATISE ON OPTICS. Third Edition, revised and enlarged. Crown 8vo. cloth. $3·50.

A collection of examples and problems has been appended to this work, which are sufficiently numerous and varied in character to afford useful exercise for the student.   For the greater part of them, recourse has been had to the Examination Papers set in the University and the several Colleges during the last twenty years.

Phear.—ELEMENTARY HYDROSTATICS. With Numerous Examples. By J. B. PHEAR, M.A., Fellow and late Assistant Tutor of Clare College, Cambridge. Fourth Edition. Crown 8vo. cloth. $2.

This edition has been carefully revised throughout, and many new illustrations and examples added, which it is hoped will increase its usefulness to students at the Universities and in Schools.   In accordance with suggestions from many engaged in tuition, answers to all the Examples have been given at the end of the book.

Pratt.—A TREATISE ON ATTRACTIONS, LAPLACE'S FUNCTIONS, AND THE FIGURE OF THE EARTH. By JOHN H. PRATT, M.A., Archdeacon of Calcutta, Author of "The Mathematical Principles of Mechanical Philosophy." Fourth Edition. Crown 8vo. cloth. $2·25.

The author's chief design in this treatise is to give an answer to the question, " Has the Earth acquired its present form from being originally in a fluid state? "   This Edition is a complete revision of the former ones.

Puckle.—AN ELEMENTARY TREATISE ON CONIC SEC- TIONS AND ALGEBRAIC GEOMETRY. With Numerous Examples and Hints for their Solution ; especially designed for the Use of Beginners. By G. H. PUCKLE, M.A., Head Master of Windermere College. New Edition, revised and enlarged. Crown 8vo. cloth. $2·50.

This work is recommended by the Syndicate of the Cambridge Local Examinations, and is the text-book in Harvard University, U.S.   The ATHENÆUM *says the author " displays an intimate acquaintance with the difficulties likely to be felt, together with a singular aptitude in removing them."*

Rawlinson.—ELEMENTARY STATICS, by the Rev. GEORGE RAWLINSON, M.A. Edited by the Rev. EDWARD STURGES, M.A., of Emmanuel College, Cambridge, and late Professor of the Applied Sciences, Elphinstone College, Bombay. Crown 8vo. cloth. $1·75.

Published under the authority of Her Majesty's Secretary of State for India, for use in the Government Schools and Colleges in India.

Reynolds.—MODERN METHODS IN ELEMENTARY GEOMETRY. By E. M. REYNOLDS, M.A., Mathematical Master in Clifton College. Crown 8vo. $1·25.

This little book has been constructed on one plan throughout, that of always giving in the simplest possible form the direct proof from the nature of the case. The axioms necessary to this simplicity have been assumed without hesitation, and no scruple has been felt as to the increase of their number, or the acceptance of as many elementary notions as common experience places past all doubt. The book differs most from established teaching in its constructions, and in its early application of Arithmetic to Geometry.

Routh.—AN ELEMENTARY TREATISE ON THE DYNAMICS OF THE SYSTEM OF RIGID BODIES. With Numerous Examples. By EDWARD JOHN ROUTH, M.A., late Fellow and Assistant Tutor of St. Peter's College, Cambridge; Examiner in the University of London. Second Edition, enlarged. Crown 8vo. cloth. $3·50.

In this edition the author has made several additions to each chapter. He has tried, to make each chapter, as far as possible, complete in itself, so that all that relates to any one part of the subject may be found in the same place. This arrangement will enable every student to select his own order in which to read the subject. The Examples which will be found at the end of each chapter have been chiefly selected from the Examination Papers which have been set in the University and the Colleges in the last few years.

Smith.—Works by the Rev. BARNARD SMITH, M.A., Rector of
Glaston, Rutland, late Fellow and Senior Bursar of St. Peter's
College, Cambridge.

THE METRIC SYSTEM OF ARITHMETIC, ITS PRINCIPLES
AND APPLICATION, with numerous Examples, written
expressly for Standard V. in National Schools.   Fourth Edition.
18mo. cloth sewed.   10 *Cents.*

*In the New Code of Regulations issued by the Council of Education it
is stated "that in all schools children in Standards V. and VI. should
know the principles of the Metric System, and be able to explain the
advantages to be gained from uniformity in the method of forming multiples
and sub-multiples of the unit." In this little book, Mr. Smith clearly
and simply explains the principle of the Metric System, and in considerable detail expounds the French system, and its relation to the
ordinary English method, taking the pupil on as far as Compound
Division. The book contains numerous Examples, and two wood-cuts
illustrating the Metric Tables of Surface and Solidity. Answers to the
Examples are appended.*

A CHART OF THE METRIC SYSTEM, on a Sheet, size 42 in.
by 34 in. on Roller, mounted and varnished, price $1·50.   Third
Edition.

*By the New Educational Code it is ordained that a Chart of the Metric
System be conspicuously hung up on the walls of every school under
Government inspection. The publishers believe that the present Chart will
be found to answer all the requirements of the Code, and afford a full and
perfectly intelligible view of the principles of the Metric System. The
principle of the system is clearly stated and illustrated by examples; the
Method of Forming the Tables is set forth; Tables follow, clearly showing
the English equivalent of the French measures of—1. Length; 2. Surface;
3. Solidity; 4. Weight; 5. Capacity. At the bottom of the Chart is drawn
a full-length Metric Measure, subdivided distinctly and intelligibly into
Decimetres, Centimetres, and Millimetres. "We do not remember that
ever we have seen teaching by a chart more happily carried out."—*SCHOOL
BOARD CHRONICLE.

Also a Small Chart on a Card, price 5 *Cents.*

Barnard Smith—*continued.*

AN EASY METHOD OF TEACHING ARITHMETIC IN NATIONAL AND ELEMENTARY SCHOOLS.

This book will be accompanied by diagrams for the walls of school-rooms, which will, it is hoped, readily explain Decimal Notation, &c., and make the acquisition of the Metric System by children an easy task. The book will also be accompanied by a very large number of Examples and Examination Papers. [*Nearly ready.*

THE METRIC ARITHMETIC.

This book will go thoroughly into the principles of the System, introducing the money tables of the various countries which have adopted it, and containing a very large number of Examples and Examination Papers. [*Nearly ready.*

Smith (J. Brook).—ARITHMETIC IN THEORY AND PRACTICE. By J. BROOK-SMITH, M.A., LL.B., St. John's College, Cambridge; Barrister-at-Law; one of the Masters of Cheltenham College. Crown 8vo. $2.

Writers on Arithmetic at the present day feel the necessity of explaining the principles on which the rules of the subject are based, but few as yet feel the necessity of making these explanations strict and complete. If the science of Arithmetic is to be made an effective instrument in developing and strengthening the mental powers, it ought to be worked out rationally and conclusively; and in this work the author has endeavoured to reason out in a clear and accurate manner the leading propositions of the science, and to illustrate and apply those propositions in practice. In the practical part of the subject he has advanced somewhat beyond the majority of preceding writers; particularly in Division, in Greatest Common Measure, in Cube Root, in the Chapters on Decimal Money and the Metric System, and more especially in the application of Decimals to Percentages and cognate subjects. Copious examples, original and selected, are given. " This strikes us as a valuable Manual of Arithmetic of the Scientific kind. Indeed, this really appears to us the best we have seen.' —LITERARY CHURCHMAN. *" This is an essentially practical book, providing very definite help to candidates for almost every kind of competitive examination."*—BRITISH QUARTERLY.

Snowball.—THE ELEMENTS OF PLANE AND SPHERICAL TRIGONOMETRY; with the Construction and Use of Tables of Logarithms. By J. C. SNOWBALL, M.A. Tenth Edition. Crown 8vo. cloth. $2.

In preparing the present edition for the press, the text has been subjected to a careful revision; the proofs of some of the more important propositions have been rendered more strict and general; and more than two hundred examples, taken principally from the questions set of late years in the public examinations of the University and of individual Colleges, have been added to the collection of Examples and Problems for practice.

Tait and Steele.—A TREATISE ON DYNAMICS OF A PARTICLE. With numerous Examples. By Professor TAIT and Mr. STEELE. New Edition, enlarged. Crown 8vo. cloth. $3·50.

In this treatise will be found all the ordinary propositions, connected with the Dynamics of Particles, which can be conveniently deduced without the use of D'Alembert's Principle. Throughout the book will be found a number of illustrative examples introduced in the text, and for the most part completely worked out; others with occasional solutions or hints to assist the student are appended to each chapter. For by far the greater portion of these, the Cambridge Senate-House and College Examination Papers have been applied to. In the new edition numerous trivial errors, and a few of a more serious character, have been corrected, while many new examples have been added.

Taylor.—GEOMETRICAL CONICS; including Anharmonic Ratio and Projection, with numerous Examples. By C. TAYLOR, B.A., Scholar of St. John's College, Cambridge. Crown 8vo. cloth. $2·50.

This work contains elementary proofs of the principal properties of Conic Sections, together with chapters on Projection and Anharmonic Ratio.

Tebay.—ELEMENTARY MENSURATION FOR SCHOOLS. With numerous Examples. By SEPTIMUS TEBAY, B.A., Head Master of Queen Elizabeth's Grammar School, Rivington. Extra fcap. 8vo. $1·25.

The object of the present work is to enable boys to acquire a moderate knowledge of Mensuration in a reasonable time. All difficult and useless matter has been avoided. The examples for the most part are easy, and the rules are concise. "A very compact useful manual."—SPECTATOR.

WORKS

By I. TODHUNTER, M.A., F.R.S.,

Of St. John's College, Cambridge.

" They are all good, and each volume adds to the value of the rest."— FREEMAN. *" Perspicuous language, vigorous investigations, scrutiny of difficulties, and methodical treatment, characterise Mr. Todhunter's works."* —CIVIL ENGINEER.

THE ELEMENTS OF EUCLID. For the Use of Colleges and Schools. New Edition. 18mo. cloth. $1·25.

No method of overcoming the difficulties experienced by young students of Euclid appears to be so useful as that of breaking up the demonstrations into their constituent parts ; a plan strongly recommended by Professor De Morgan. In the present Edition each distinct assertion in the argument begins a new line ; and at the ends of the lines are placed the necessary references to the preceding principles on which the assertions depend. The longer propositions are distributed into subordinate parts, which are distinguished by breaks at the beginning of the lines. Notes, Appendix, and a collection of Exercises are added.

MENSURATION FOR BEGINNERS. With numerous Examples. New Edition. 18mo. cloth. $1·25.

The subjects included in the present work are those which have usually found a place in Elementary Treatises on Mensuration. The mode of treatment has been determined by the fact that the work is intended for the use of beginners. Accordingly it is divided into short independent chapters which are followed by appropriate examples. A knowledge of the elements of Arithmetic is all that is assumed ; and in connection with most of the Rules of Mensuration it has been found practicable to give such explan ions *and illustrations as will supply the place of formal mathematical demonstrations, which would have been unsuitable to the character of the work. " For simplicity and clearness of arrangement it is unsurpassed by any text-book on the subject which has come under our notice."—* EDUCATIONAL TIMES.

ALGEBRA FOR BEGINNERS. With numerous Examples. **New** Edition. 18mo. cloth. $1·25.

Great pains have been taken to render this work intelligible to young students, by the use of simple language and by copious explanations. In determining the subjects to be included and the space to be assigned to each, he author has been guided by the papers given at the various examinations n elementary Algebra which are now carried on in this country. The book may be said to consist of three parts. The first part contains the elementary operations in integral and practional expressions ; the second he solution of equations and problems ; the third treats of various subjects which are introduced but rarely into examination papers, and are more briefly discussed. Provision has at the same time been made for the introduction of easy equations and problems at an early stage—for those who prefer such a course.

KEY TO ALGEBRA FOR BEGINNERS. Crown 8vo. cloth. $2·25.

TRIGONOMETRY FOR BEGINNERS. With numerous Examples. **New** Edition. 18mo. cloth. $1.

Intended to serve as an introduction to the larger treatise on Plane Trigonometry, published by the author. The same plan has been adopted as in the Algebra for Beginners : *the subject is discussed in short chapters, and a collection of examples is attached to each chapter. The first fourteen chapters present the geometrical part of Plane Trigonometry ; and contain all that is necessary for practical purposes. The range of matter included is such as seems required by the various examinations in elementary Trigonometry which are now carried on in the country. Answers are appended.*

Todhunter (I.)—*continued.*

MECHANICS FOR BEGINNERS.   With numerous Examples.
Second Edition.   18mo. cloth. $1·50.

Intended as a companion to the two preceding books.   The work forms an elementary treatise on demonstrative mechanics. A knowledge of the elements at least of the theory of the subject is extremely valuable even for those who are mainly concerned with practical results.   The author has accordingly endeavoured to provide a suitable introduction to the study of applied as well as of theoretical mechanics.   The work consists of two parts, namely, Statics and Dynamics.   It will be found to contain all that is usually comprised in elementary treatises on Mechanics, together with some additions.

ALGEBRA.   For the Use of Colleges and Schools.   Fifth Edition.
Crown 8vo. cloth. $2·25.

*This work contains all the propositions which are usually included in elementary treatises on Algebra, and a large number of Examples for Exercise.   The author has sought to render the work easily intelligible to students, without impairing the accuracy of the demonstrations, or contracting the limits of the subject.   The Examples, about Sixteen hundred and fifty in number, have been selected with a view to illustrate every part of the subject.   Each chapter is complete in itself; and the work will be found peculiarly adapted to the wants of students who are without the aid of a teacher.   The Answers to the Examples, with hints for the solution of some in which assistance may be needed, are given at the end of the book. In the present edition two New Chapters and Three hundred miscellaneous Examples have been added.   The latter are arranged in sets, each set containing ten Examples.   " It has merits which unquestionably place it first in the class to which it belongs."—*EDUCATOR.

KEY TO ALGEBRA FOR THE USE OF COLLEGES AND
SCHOOLS. Crown 8vo. $3.

AN ELEMENTARY TREATISE ON THE THEORY OF
EQUATIONS.   Second Edition, revised.   Crown 8vo. cloth.
$2·25.

Todhunter (I.)—*continued.*

This treatise contains all the propositions which are usually included in elementary treatises on the theory of Equations, together with Examples for exercise. These have been selected from the College and University Examination Papers, and the results have been given when it appeared necessary. In order to exhibit a comprehensive view of the subject, the treatise includes investigations which are not found in all the preceding elementary treatises, and also some investigations which are not to be found in any of them. For the Second Edition the work has been revised and some additions have been made, the most important being an account of the researches of Professor Sylvester respecting Newton's Rule. "A thoroughly trustworthy, complete, and yet not too elaborate treatise." PHILOSOPHICAL MAGAZINE.

PLANE TRIGONOMETRY. For Schools and Colleges. Fourth Edition. Crown 8vo. cloth. $1·75.

The design of this work has been to render the subject intelligible to beginners, and at the same time to afford the student the opportunity of obtaining all the information which he will require on this branch of Mathematics. Each chapter is followed by a set of Examples: those which are entitled Miscellaneous Examples, *together with a few in some of the other sets, may be advantageously reserved by the student for exercise after he has made some progress in the subject. In the Second Edition the hints for the solution of the Examples have been considerably increased.*

A TREATISE ON SPHERICAL TRIGONOMETRY. New Edition, enlarged. Crown 8vo. cloth. $1·75.

The present work is constructed on the same plan as the treatise on Plane Trigonometry, to which it is intended as a sequel. In the account of Napier's Rules of Circular Parts, an explanation has been given of a method of proof devised by Napier, which seems to have been overlooked by most modern writers on the subject. Considerable labour has been bestowed on the text in order to render it comprehensive and accurate, and the Examples (selected chiefly from College Examination Papers) have all been carefully verified. "For educational purposes this work seems to be superior to any others on the subject."—CRITIC.

Todhunter (I.)—*continued.*

PLANE CO-ORDINATE GEOMETRY, as applied to the Straight Line and the Conic Sections. With numerous Examples. Fourth Edition, revised and enlarged. Crown 8vo. cloth. $2·25.

The author has here endeavoured to exhibit the subject in a simple manner for the benefit of beginners, and at the same time to include in one volume all that students usually require. In addition, therefore, to the propositions which have always appeared in such treatises, he has intro-duced the methods of abridged notation, *which are of more recent origin; these methods, which are of a less elementary character than the rest of the work, are placed in separate chapters, and may be omitted by the student at first.*

A TREATISE ON THE DIFFERENTIAL CALCULUS. With numerous Examples. Fifth Edition. Crown 8vo. cloth. $3·50.

The author has endeavoured in the present work to exhibit a compre-hensive view of the Differential Calculus on the method of limits. In the more elementary portions he has entered into considerable detail in the explanations, with the hope that a reader who is without the assistance of a tutor may be enabled to acquire a competent acquaintance with the subject. The method adopted is that of Differential Coefficients. To the different chapters are appended examples sufficiently numerous to render another book unnecessary; these examples being mostly selected from College Ex-amination Papers. " *It has already taken its place as* the *text-book on that subject.*"—Philosophical Magazine.

A TREATISE ON THE INTEGRAL CALCULUS AND ITS APPLICATIONS. With numerous Examples. Third Edition, revised and enlarged. Crown 8vo. cloth. $3·50.

This is designed as a work at once elementary and complete, adapted for the use of beginners, and sufficient for the wants of advanced students. In the selection of the propositions, and in the mode of establishing them, it has been sought to exhibit the principles clearly, and to illustrate all their most important results. The process of summation has been repeatedly brought forward, with the view of securing the attention of

Todhunter (I.)—*continued.*

the student to the notions which form the true foundation of the Calculus itself, as well as of its most valuable applications. Every attempt has been made to explain those difficulties which usually perplex beginners, especially with reference to the limits *of integrations. A new method has been adopted in regard to the transformation of multiple integrals. The last chapter deals with the Calculus of Variations. A large collection of exercises, selected from College Examination Papers, has been appended to the several chapters.*

EXAMPLES OF ANALYTICAL GEOMETRY OF THREE
  DIMENSIONS. Second Edition, revised. Crown 8vo. cloth.
  $1·50.

A TREATISE ON ANALYTICAL STATICS. With numerous
  Examples. Third Edition, revised and enlarged. Crown 8vo.
  cloth. $3·50.

In this work on statics (treating of the laws of the equilibrium of bodies) will be found all the propositions which usually appear in treatises on Theoretical Statics. To the different chapters examples are appended, which have been principally selected from University Examination Papers. In the Third Edition many additions have been made, in order to illustrate the application of the principles of the subject to the solution of problems.

A HISTORY OF THE MATHEMATICAL THEORY OF
  PROBABILITY, from the time of Pascal to that of Laplace.
  8vo. $8.

The subject of this volume has high claims to consideration on account of the subtle problems which it involves, the valuable contributions to analysis which it has produced, its important practical applications, and the eminence of those who have cultivated it. The subject claims all the interest which illustrious names can confer: nearly every great mathematician within the range of a century and a half comes up in the course of the history. The present work, though principally a history, may claim the title of a comprehensive treatise on the Theory of Probability, for it assumes in the reader only so much knowledge as can be gained from an elementary

Todhunter (I.)—*continued.*

book on Algebra, and introduces him to almost every process and every species of problem which the literature of the subject can furnish. The author has been careful to reproduce the essential elements of the original works which he has analysed, and to corroborate his statements by exact quotations from the originals, in the languages in which they were published.

RESEARCHES IN THE CALCULUS OF VARIATIONS, principally on the Theory of Discontinuous Solutions: an Essay to which the Adams Prize was awarded in the University of Cambridge in 1871. 8vo. $3·50.

The subject of this Essay was prescribed in the following terms by the Examiners:—" A determination of the circumstances under which discontinuity of any kind presents itself in the solution of a problem of maximum or minimum in the Calculus of Variations, and applications to particular instances. It is expected that the discussion of the instances should be exemplified as far as possible geometrically, and that attention be especially directed to cases of real or supposed failure of the Calculus." The Essay, then, is mainly devoted to the consideration of discontinuous solutions, but incidentally various other questions in the Calculus of Variations are examined and elucidated. The author hopes that he has definitely contributed to the extension and improvement of our knowledge of this refined department of analysis.

Wilson (J. M.)—ELEMENTARY GEOMETRY. Angles, Parallels, Triangles, Equivalent Figures, the Circle, and Proportion. By J. M. WILSON, M.A., late Fellow of St. John's College, Cambridge, and Mathematical Master of Rugby School. Second Edition. Extra fcap. 8vo. $1·25.

The distinctive features of this work are intended to be the following: The classification of Theorems according to their subjects ; the separation of Theorems and Problems ; the use of hypothetical constructions ; the adoption of independent proofs where they are possible and simple ; the introduction of the terms locus, projection, &c. ; *the importance given to the notion of direction as the property of a straight line ; the intermixing of exercises, classified according to the methods adopted for their solution ; the diminution of the number of Theorems ; the compression of proofs, especially in the later parts of the book ; the tacit, instead of the explicit, reference to axioms ; and the treatment of parallels.* " *The methods employed have the great merit of suggesting a ready application to the solution of fresh problems.*"—GUARDIAN.

ELEMENTARY GEOMETRY. PART II. (separately). The Circle and Proportion. By J. M. WILSON, M.A. Extra fcap. 8vo. 75 *Cents.*

SOLID GEOMETRY AND CONIC SECTIONS. With Appendices on Transversals and Harmonic Division. For the use of Schools. By J. M. WILSON, M.A. Extra fcap. 8vo. $1·25.

This work is an endeavour to introduce into schools some portions of Solid Geometry which are now very little read in England. The first twenty-one Propositions of Euclid's Eleventh Book are usually all the Solid Geometry that a boy reads till he meets with the subject again in the course of his analytical studies. And this is a matter of regret, because this part of Geometry is specially valuable and attractive. In it the attention of the student is strongly called to the subject matter of the reasoning ; the geometrical imagination is exercised ; the methods employed in it are more ingenious than those in Plane Geometry, and have greater difficulties to meet ; and the applications of it in practice are more varied.

Wilson (W. P.)— A TREATISE ON DYNAMICS. By W. P. WILSON, M.A., Fellow of St. John's College, Cambridge, and Professor of Mathematics in Queen's College, Belfast. 8vo. $3.

" *This treatise supplies a great educationa. need.*"—EDUCATIONAL TIMES.

Wolstenholme.—A BOOK OF MATHEMATICAL PROBLEMS, on Subjects included in the Cambridge Course. By JOSEPH WOLSTENHOLME, Fellow of Christ's College, sometime Fellow of St. John's College, and lately Lecturer in Mathematics at Christ's College. Crown 8vo. cloth. $3.

CONTENTS:—*Geometry (Euclid)—Algebra—Plane Trigonometry—Geometrical Conic Sections—Analytical Conic Sections—Theory of Equations—Differential Calculus—Integral Calculus—Solid Geometry—Statics—Elementary Dynamics—Newton—Dynamics of a Point—Dynamics of a Rigid Body—Hydrostatics—Geometrical Optics—Spherical Trigonometry and Plane Astronomy.* "*Judicious, symmetrical, and well arranged.*"— GUARDIAN.

SCIENCE.

ELEMENTARY CLASS-BOOKS.

THE importance of Science as an element of sound education is now generally acknowledged ; and accordingly it is obtaining a prominent place in the ordinary course of school instruction. It is the intention of the Publishers to produce a complete series of Scientific Manuals, affording full and accurate elementary information, conveyed in clear and lucid English. The authors are well known as among the foremost men of their several departments ; and their names form a ready guarantee for the high character of the books. Subjoined is a list of those Manuals that have already appeared, with a short account of each. Others are in active preparation ; and the whole will constitute a standard series specially adapted to the requirements of beginners, whether for private study or for school instruction.

ASTRONOMY, by the Astronomer Royal.
POPULAR ASTRONOMY. With Illustrations. By G. B. AIRY, Astronomer Royal. Seventh and cheaper Edition. 18mo. cloth. $1·50.

This work consists of six lectures, which are intended " to explain to intelligent persons the principles on which the instruments of an Observatory are constructed (omitting all details, so far as they are merely sub-

Elementary Class-Books—*continued.*

*sidiary), and the principles on which the observations made with the
instruments are treated for deduction of the distances and weights of th
bodies of the Solar System, and of a few stars, omitting all minutiæ (
formulæ, and all troublesome details of calculation." The speciality of th
volume is the direct reference of every step to the Observatory, and the fu
description of the methods and instruments of observation.*

ASTRONOMY.

MR. LOCKYER'S ELEMENTARY LESSONS IN ASTRO
NOMY. With Coloured Diagram of the Spectra of the Su
Stars, and Nebulæ, and numerous Illustrations. By J. NORMA
LOCKYER, F.R.S. Eighth Thousand. 18mo. $1·75.

*The author has here aimed to give a connected view of the whole subje.
and to supply facts, and ideas founded on the facts, to serve as a basis fo
subsequent study and discussion. The chapters treat of the Stars an
Nebulæ; the Sun; the Solar System; Apparent Movements of the Heavenl
Bodies; the Measurement of Time; Light; the Telescope and Spectroscop
Apparent Places of the Heavenly Bodies; the Real Distances and Dimen
sions; Universal Gravitation. The most recent astronomical discoveru
are incorporated. Mr. Lockyer's work supplements that of the Astronom
Royal mentioned in the previous article.* " *The book is full, clear, soun
and worthy of attention, not only as a popular exposition, but as a scientif
' Index.' "*—ATHENÆUM. " *The most fascinating of elementary boo
on the Sciences.*"—NONCONFORMIST.

QUESTIONS ON LOCKYER'S ELEMENTARY LESSON
IN ASTRONOMY. For the use of Schools. By JOHN FORBE
ROBERTSON. 18mo. cloth limp. 50 *Cents.*

PHYSIOLOGY.

PROFESSOR HUXLEY'S LESSONS IN ELEMENTAR'
PHYSIOLOGY. With numerous Illustrations. By T. H
HUXLEY, F.R.S., Professor of Natural History in the Royal Scho
of Mines. Twentieth Thousand. 18mo. cloth. $1·50.

Elementary Class-Books—*continued.*

*This book describes and explains, in a series of graduated lessons, the principles of Human Physiology; or the Structure and Functions of the Human Body. The first lesson supplies a general view of the subject. This is followed by sections on the Vascular or Venous System, and the Circulation; the Blood and the Lymph; Respiration; Sources of Loss and of Gain to the Blood; the Function of Alimentation; Motion and Locomotion; Sensations and Sensory Organs; the Organ of Sight; the Coalescence of Sensations with one another and with other States of Consciousness; the Nervous System and Innervation; Histology, or the Minute Structure of the Tissues. A Table of Anatomical and Physiological Constants is appended. The lessons are fully illustrated by numerous engravings. " Pure gold throughout."—*GUARDIAN. " Unquestionably the clearest and most complete elementary treatise on this subject that we possess in any language."—*WESTMINSTER REVIEW.

QUESTIONS ON HUXLEY'S PHYSIOLOGY FOR SCHOOLS. By T. ALCOCK, M.D. 18mo. 50 *Cents.*

These Questions were drawn up as aids to the instruction of a class of young people in Physiology.

BOTANY.

PROFESSOR OLIVER'S LESSONS IN ELEMENTARY BOTANY. With nearly Two Hundred Illustrations. Twelfth Thousand. 18mo. cloth. $1·50.

This book is designed to teach the Elements of Botany on Professor Henslow's plan of selected Types and by the use of Schedules. The earlier chapters, embracing the elements of Structural and Physiological Botany, introduce us to the methodical study of the Ordinal Types. The concluding chapters are entitled, " How to dry Plants" and "How to describe Plants." A valuable Glossary is appended to the volume. In the preparation of this work free use has been made of the manuscript materials of the late Professor Henslow.

Elementary Class-Books—*continued.*

CHEMISTRY.

PROFESSOR ROSCOE'S LESSONS IN ELEMENTARY CHEMISTRY, INORGANIC AND ORGANIC. By HENRY E. ROSCOE, F.R.S., Professor of Chemistry in Owens College, Manchester. With numerous Illustrations and Chromo-Litho of the Solar Spectrum, and of the Alkalies and Alkaline Earths. New Edition. Thirty-first Thousand. 18mo. cloth. $1·50.

It has been the endeavour of the author to arrange the most important facts and principles of Modern Chemistry in a plain but concise and scientific form, suited to the present requirements of elementary instruction. For the purpose of facilitating the attainment of exactitude in the knowledge of the subject, a series of exercises and questions upon the lessons have been added. The metric system of weights and measures, and the centigrade thermometric scale, are used throughout the work. The new Edition besides new wood-cuts, contains many additions and improvements, and includes the most important of the latest discoveries. "As a standard general text-book it deserves to take a leading place."—SPECTATOR. *"We unhesitatingly pronounce it the best of all our elementary treatises on Chemistry."*—MEDICAL TIMES.

In ordering, please specify *Macmillan's* Edition.

POLITICAL ECONOMY.

POLITICAL ECONOMY FOR BEGINNERS. By MILLICENT G. FAWCETT. New Edition. 18mo. $1.

This work has been written mainly with the hope that a short and elementary book might help to make Political Economy a more popular study in boys' and girls' schools. In order to adapt the book especially for school use, questions have been added at the end of each chapter. In the new edition each page has been carefully revised, and at the end of each chapter after the questions a few little puzzles have been added, which will add interest to the book and teach the learner to think for himself. "Clear, compact, and comprehensive."—DAILY NEWS. *" The relations of capital and labour have never been more simply or more clearly expounded."*—CONTEMPORARY REVIEW.

Elementary Class-Books—*continued.*
LOGIC.

ELEMENTARY LESSONS IN LOGIC ; Deductive and Inductive, with copious Questions and Examples, and a Vccabulary of Logical Terms. By W. STANLEY JEVONS, M.A., Professor of Logic in Owens College, Manchester. Second Edition. 18mo. $1·25.

In preparing these Lessons the author has attempted to show that Logic, even in its traditional form, can be made a highly useful subject of study, and a powerful means of mental exercise. With this view he has avoided the use of superfluous technical terms, and has abstained from entering into questions of a purely speculative or metaphysical character. For the puerile illustrations too often found in works on Logic, examples drawn from the distinct objects and ideas treated in the natural and experimental sciences have been generally substituted. At the end of almost every Lesson will be found references to the works in which the student will most profitably continue his reading of the subject treated, so that this little volume may serve as a guide to a more extended course of study. The GUARDIAN *thinks "nothing can be better for a school-book," and the* ATHENÆUM *calls it " a manual alike simple, interesting, and scientific."*

PHYSICS.

LESSONS IN ELEMENTARY PHYSICS. By BALFOUR STEWART, F.R.S., Professor of Natural Philosophy in Owens College, Manchester. With numerous Illustrations and Chromoliths of the Spectra of the Sun, Stars, and Nebulæ. Fifth Thousand. 18mo. $1·50.

A description, in an elementary manner, of the most important of those laws which regulate the phenomena of nature. The active agents, heat, light, electricity, etc., are regarded as varieties of energy, and the work is so arranged that their relation to one another, looked at in this light, and the paramount importance of the laws of energy, are clearly brought out. The volume contains all the necessary illustrations, and a plate representing the Spectra of Sun, Stars, and Nebulæ, forms a frontispiece. The EDUCATIONAL TIMES *calls this " the beau ideal of a scientific text-book, clear, accurate, and thorough."*

MANUALS FOR STUDENTS.

Flower (W. H.)—AN INTRODUCTION TO THE OSTE·OLOGY OF THE MAMMALIA. Being the substance of the Course of Lectures delivered at the Royal College of Surgeons of England in 1870. By W. H. FLOWER, F.R.S., F.R.C.S., Hunterian Professor of Comparative Anatomy and Physiology. With numerous Illustrations. Globe 8vo. $2.

Although the present work contains the substance of a Course of Lectures, the form has been changed, so as the better to adapt it as a handbook for students. Theoretical views have been almost entirely excluded: and while it is impossible in a scientific treatise to avoid the employment of technical terms, it has been the author's endeavour to use no more than absolutely necessary, and to exercise due care in selecting only those that seem most appropriate, or which have received the sanction of general adoption. With a very few exceptions the illustrations have been drawn expressly for this work from specimens in the Museum of the Royal College of Surgeons.

Hooker (Dr.)—THE STUDENT'S FLORA OF THE BRITISH ISLANDS. By J. D. HOOKER, C.B., F.R.S., M.D., D.C.L., Director of the Royal Gardens, Kew. Globe 8vo. $3·50.

The object of this work is to supply students and field-botanists with a fuller account of the Plants of the British Islands than the manuals hitherto in use aim at giving. The Ordinal, Generic, and Specific characters have been re-written, and are to a great extent original, and drawn from living or dried specimens, or both. "*Cannot fail to perfectly fulfil the purpose for which it is intended.*"—LAND AND WATER. "*Containing the fullest and most accurate manual of the kind that has yet appeared.*"—PALL MALL GAZETTE.

Oliver (Professor).—FIRST BOOK OF INDIAN BOTANY.
By DANIEL OLIVER, F.R.S., F.L.S., Keeper of the Herbarium
and Library of the Royal Gardens, Kew, and Professor of Botany
in University College, London. With numerous Illustrations.
Extra fcap. 8vo. $2·50.

*This manual is, in substance, the author's " Lessons in Elementary
Botany," adapted for use in India. In preparing it he has had in view
the want, often felt, of some handy* résumé *of Indian Botany, which might
be serviceable not only to residents of India, but also to any one about to
proceed thither, desirous of getting some preliminary idea of the Botany of
that country. " It contains a well-digested summary of all essential knowledge pertaining to Indian botany, wrought out in accordance with the best
principles of scientific arrangement."*—ALLEN'S INDIAN MAIL.

Other volumes of these Manuals will follow.

Ball (R. S., A.M.)—EXPERIMENTAL MECHANICS
A Course of Lectures delivered at the Royal College of Science
for Ireland. By ROBERT STAWELL BALL, A.M., Professor of
Applied Mathematics and Mechanics in the Royal College of
Science for Ireland (Science and Art Department). Royal 8vo.
$6.

*The author's aim has been to create in the mind of the student physical
ideas corresponding to theoretical laws, and thus to produce a work which
may be regarded either as a supplement or an introduction to manuals of
theoretic mechanics. To realize this design, the copious use of experimental
illustrations was necessary. The apparatus used in the Lectures, and
figured in the volume, has been principally built up from Professor Willis's
most admirable system. In the selection of the subjects, the question of
practical utility has in many cases been regarded as the one of paramount*

importance. The elementary truths of Mechanics are too well known to admit of novelty, but it is believed that the mode of treatment which is adopted is more or less original. This is especially the case in the Lectures relating to friction, to the mechanical powers, to the strength of timber and structures, to the laws of motion, and to the pendulum. The illustrations, drawn from the apparatus, are nearly all original, and are beautifully executed.

Cooke (Josiah P., Jun.)—FIRST PRINCIPLES OF CHEMICAL PHILOSOPHY. By JOSIAH P. COOKE, Jun., Ervine Professor of Chemistry and Mineralogy in Harvard College. Crown 8vo.

The object of the author in this book is to present the philosophy of Chemistry in such a form that it can be made with profit the subject of College recitations, and furnish the teacher with the means of testing the student's faithfulness and ability. With this view the subject has been developed in a logical order, and the principles of the science are taught independently of the experimental evidence on which they rest.

Roscoe (H. E.)—SPECTRUM ANALYSIS. Six Lectures, with Appendices, Engravings, Maps, and Chromolithographs. By H. E. ROSCOE, F.R.S., Professor of Chemistry in Owens College, Manchester. Royal 8vo. $9.

*A Second Edition of these popular Lectures, containing all the most recent discoveries and several additional Illustrations. "In six lectures he has given the history of the discovery and set forth the facts relating to the analysis of light in such a way that any reader of ordinary intelligence and information will be able to understand what 'Spectrum Analysis' is, and what are its claims to rank among the most signal triumphs of science of which even this century can boast."—NON-CONFORMIST. "The illustrations—no unimportant part of a book on such a subject—are marvels of wood-printing, and reflect the clearness which is the distinguishing merit of Mr. Roscoe's explanations."—*SATURDAY REVIEW. *"The lectures themselves furnish a most* *mirable elementary treatise on the subject, whilst by the insertion in appendices to each lecture of extracts from the most important published memoirs, the author has rendered it equally valuable as a text-book for advanced students."—*WESTMINSTER REVIEW.

Thorpe (T. E.)—A SERIES OF CHEMICAL PROBLEMS, for use in Colleges and Schools. Adapted for the preparation of Students for the Government, Science, and Society of Arts Examinations. With a Preface by Professor ROSCOE. 18mo. cloth. 50 *Cents.*

In the Preface Dr. Roscoe says—" My experience has led me to feel more and more strongly that by no method can accuracy in a knowledge of chemistry be more surely secured than by attention to the working of well-selected problems, and Dr. Thorpe's thorough acquaintance with the wants of the student is a sufficient guarantee that this selection has been carefully made. I intend largely to use these questions in my own classes, and I can confidently recommend them to all teachers and students of the science."

Wurtz.—A HISTORY OF CHEMICAL THEORY, from the Age of Lavoisier down to the present time. By AD. WURTZ. Translated by HENRY WATTS, F.R.S. Crown 8vo. $2.

*" The treatment of the subject is admirable, and the translator has evidently done his duty most efficiently."—*WESTMINSTER REVIEW.
" The discourse, as a résumé *of chemical theory and research, unites singular luminousness and grasp. A few judicious notes are added by the translator."—*PALL MALL GAZETTE.

MISCELLANEOUS.

Abbott.—A SHAKESPEARIAN GRAMMAR. An Attempt to illustrate some of the Differences between Elizabethan and Modern English. By the Rev. E. A. ABBOTT, M.A., Head Master of the City of London School. For the Use of Schools. New and Enlarged Edition. Extra fcap. 8vo. $1·75.

The object of this work is to furnish students of Shakespeare and Bacon with a short systematic account of some points of difference between Elizabethan syntax and our own. A section on Prosody is added, and Notes and Questions. The success which has attended the First and Second Editions of the "SHAKESPFBRIAN GRAMMAR," and the demand for a Third Edition within a year of the publication of the First, have encouraged the author to endeavour to make the work somewhat more useful, and to render it, as far as possible, a complete book of reference for all difficulties of Shakespearian syntax or prosody. For this purpose the whole of Shakespeare has been re-read, and an attempt has been made to include within this Edition the explanation of every idiomatic difficulty that comes within the province of a grammar as distinct from a glossary. The great object ·ring to make a useful book of reference for students, and especially for ·asses in schools, several Plays have been indexed so fully that with the aid ·a glossary and historical notes the references will serve for a complete commentary. " A critical inquiry, conducted with great skill and knowledge, and with all the appliances of modern philology . . . . We venture to believe that those who consider themselves most proficient as Shakespearians will find something to learn from its pages."—PALL MALL GAZETTE. *" Valuable not only as an aid to the critical study of Shakespeare, but as tending to familiarize the reader with Elizabethan English in general."*—ATHENÆUM.

Bates.—A CLASS-BOOK OF GEOGRAPHY. Adapted to the recent Programme of the Royal Geographical Society. By H. W. BATES, Assistant Secretary to the Royal Geographical Society.
[*In the Press.*

Berners.—FIRST LESSONS ON HEALTH. By J. BERNERS. 18mo.

This little book consists of the notes of a number of simple lessons on sanitary subjects given to a class in a National School, and listened to with great interest and intelligence. They have been made as easy and familiar as possible, and as far as they go may be deemed perfectly trustworthy. One of the author's main attempts has been, to translate the concise and accurate language of science into the colloquial nursery dialect comprehensible to children. The book will be found of the highest value to all who have the training of children, who, for want of knowing what this little book teaches, too often grow up to be unhealthy, defective men and women. The Contents are,—I. Introductory. II. Fresh Air. III. Food and Drink. IV. Warmth. V. Cleanliness. VI. Light. VII. Exercise. VIII. Rest.

Besant.—STUDIES IN EARLY FRENCH POETRY. By WALTER BESANT, M.A. Crown 8vo. $2·50.

A sort of impression rests on most minds that French literature begins with the "siècle de Louis Quatorze;" any previous literature being for the most part unknown or ignored. Few know anything of the enormous literary activity that began in the thirteenth century, was carried on by Rulebeuf, Marie de France, Gaston de Foix, Thibault de Champagne, and Lorris; was fostered by Charles of Orleans, by Margaret of Valois, by Francis the First; that gave a crowd of versifiers to France, enriched, strengthened, developed, and fixed the French language, and prepared the way for Corneille and for Racine. The present work aims to afford information and direction touching these early efforts of France in poetical literature. "In one moderately sized volume he has contrived to introduce us to the very best, if not to all of the early French poets."—ATHENÆUM. "Industry, the insight of a scholar, and a genuine enthusiasm for his subject, combine to make it of very considerable value."—SPECTATOR.

CAMEOS FROM ENGLISH HISTORY—See YONGE (C. M.).

Delamotte.—A BEGINNER'S DRAWING BOOK. By P. H. DELAMOTTE, F.S.A. Progressively arranged, with upwards of Fifty Plates. Crown 8vo. Stiff covers. 75 *Cents.*

This work is intended to give such instruction to Beginners in Drawing, and to place before them copies so easy, that they may not find any obstacle in making the first step. Thenceforward the lessons are gradually progressive. Mechanical improvements too have lent their aid. The whole of the Plates have been engraved by a new process, by means of which a varying depth of tone—up to the present time the distinguishing character-istic of pencil drawing—has been imparted to woodcuts. "*We have seen and examined a great many drawing-books, but the one now before us strikes us as being the best of them all.*"—ILLUSTRATED TIMES. "*A concise, simple, and thoroughly practical work. The letter-press is throughout intelligible and to the point.*"—GUARDIAN.

D'Oursy and Feillet.—A FRENCH GRAMMAR AT SIGHT, on an entirely new method. By A. D'OURSY and A. FEILLET. Especially adapted for Pupils preparing for Exa-mination. Fcap. 8vo. cloth extra. $1.

The method followed in this volume consists in presenting the grammar as much as possible by synoptical tables, which, striking the eye at once, and following throughout the same order—"used—not used;" "changes—does not change"—*are easily remembered. The parsing tables will enable the pupil to parse easily from the beginning. The exercises consist of translations from French into English, and from English into French; and of a number of grammatical questions.*

Freeman (Edward A.)—OLD-ENGLISH HISTORY. By EDWARD A. FREEMAN, D.C.L., late Fellow of Trinity College, Oxford. With Five Coloured Maps. Second Edition. Extra fcap. 8vo. half-bound. $1·75.

The rapid sale of the first edition and the universal approval with which it has been received, show that the author's convictions have been well *founded, that his views have been widely accepted both by teachers and learners, and that the work is eminently calculated to serve the purpose for which it was intended.   Although full of instruction and calculated highly to interest and even fascinate children, it is a work which may be and has been used with profit and pleasure by all. "I have, I hope," the author says, "shown that it is perfectly easy to teach children, from the very first, to distinguish true history alike from legend and from wilful invention, and also to understand the nature of historical authorities and to weigh one statement against another. I have throughout striven to connect the history of England with the general history of civilized Europe, and I have especially tried to make the book serve as an incentive to a more accurate study of historical geography." In the present edition the whole has been carefully revised, and such improvements as suggested themselves have been introduced. " The book indeed is full of instruction and interest to students of all ages, and he must be a well-informed man indeed who will not rise from its perusal with clearer and more accurate ideas of a too much neglected portion of English History."—*SPECTATOR.*

Hales.—LONGER ENGLISH POEMS, with Notes, Philological and Explanatory, and an Introduction on the Teaching of English. Chiefly for use in Schools. Edited by J. W. HALES, M.A., late Fellow and Assistant Tutor of Christ's College, Cambridge, Lecturer in English Literature and Classical Composition at King's College School, London, &c. &c.   Extra fcap. 8vo. $1·75.

This work has been in preparation for some years, and part of it has been used as a class-book by the Editor. It is intended as an aid to the Critical study of English Literature, and contains one or more of the larger poems, each complete, of prominent English authors, from Spenser to Shelley, including Burns' " Cotters' Saturday Night" and " Twa Dogs." In all cases the original spelling and the text of the best editions have been given ; only in one or two poems has it been deemed necessary to make slight omissions and changes, "that the reverence due to boys might be well observed." The Introduction consists of Suggestions on Teaching of English. The latter half of the volume is occupied with copious notes, critical, etymological, and explanatory, calculated to give the learner much insight into the structure and connection of the Engli: tongue. An Index to the notes is appended.

Helfenstein (James).—A COMPARATIVE GRAMMA
OF THE TEUTONIC LANGUAGES. Being at the san
time a Historical Grammar of the English Language, and comprisi;
Gothic, Anglo-Saxon, Early English, Modern English, Iceland
(Old Norse), Danish, Swedish, Old High German, Middle Hi;
German, Modern German, Old Saxon, Old Frisian, and Dutc
By JAMES HELFENSTEIN, Ph.D. 8vo. $5.

*This work traces the different stages of development through wh.
the various Teutonic languages have passed, and the laws which h
regulated their growth. The reader is thus enabled to study the relat.
which these languages bear to one another, and to the English language
particular, to which special attention is devoted throughout. In
chapters on Ancient and Middle Teutonic Languages no grammatical fo
is omitted the knowledge of which is required for the study of anc
literature, whether Gothic or Anglo-Saxon or Early English. To c
chapter is prefixed a sketch showing the relation of the Teutonic to
cognate languages, Greek, Latin, and Sanskrit. Those who have mast
the book will be in a position to proceed with intelligence to the n
elaborate works of Grimm, Bopp, Pott, Schleicher, and others.*

Hole.—A GENEALOGICAL STEMMA OF THE KINGS
ENGLAND AND FRANCE. By the Rev. C. HOLE.
Sheet. 40 *Cents.*

*The different families are printed in distinguishing colours, i
facilitating reference.*

A BRIEF BIOGRAPHICAL DICTIONARY. :Compiled
Arranged by CHARLES HOLE, M.A., Trinity College, Cambri(
Second Edition, 18mo. neatly and strongly bound in cloth. $1

*The inquiry is frequently made concerning an eminent man, when
he live, or for what was he celebrated, or what biographies have we a
him? Such information is concisely supplied in this Dictionary. It cont*

ore than 18,000 *names. Extreme care has been bestowed on the verifica-
on of the dates, and thus numerous errors current in previous works have
en corrected. Its size adapts it for the desk, portmanteau, or pocket.
'An invaluable addition to our manuals of reference, and from its
oderate price cannot fail to become as popular as it is useful."*—TIMES.

ephson.—SHAKESPEARE'S "TEMPEST." With Glossarial
and Explanatory Notes. By the Rev. J. M. JEPHSON. Second
Edition. 18mo. 50 *Cents.*

*It is important to find some substitute for classical study, and it is
lieved that such a substitute may be found in the Plays of Shakespeare.
or this purpose the present edition of the " Tempest" has been prepared.
he introduction treats briefly of the value of the study of language, the
ble of the play, and other points. The notes are intended to teach the
udent to analyse every obscure sentence and trace out the logical sequence
f the poet's thoughts ; to point out the rules of Shakespeare's versification ,
explain obsolete words and meanings ; and to guide the student's taste by
irecting his attention to such passages as seem especially worthy of note for
eir poetical beauty or truth to nature. The text is in the main founded
on that of the first collected edition of Shakespeare's Plays.*

I'Cosh (Rev. Principal).—For other Works by the same
Author, *see* PHILOSOPHICAL CATALOGUE.

HE LAWS OF DISCURSIVE THOUGHT. Being a Text-Book
of Formal Logic. By JAMES M'COSH, D.D., LL.D. 8vo.

In this treatise the Notion (*with the Term and the Relation of Thought
Language,*) *will be found to occupy a larger relative place than in any
ical work written since the time of the famous " Art of Thinking."
We heartily welcome his book as one which is likely to be of great value
Colleges and Schools."*—ATHENÆUM.

orris.—HISTORICAL OUTLINES OF ENGLISH ACCI-
DENCE, comprising Chapters on the History and Development

of the Language, and on Word-formation. By the Rev. RICHARD MORRIS, LL.D., Member of the Council of the Philol. Soc., Lecturer on English Language and Literature in King's College School, Editor of "Specimens of Early English," &c. &c. Fcap. 8vo. $1·75.

Dr. Morris has endeavoured to write a work which can be profitably used by students and by the upper forms in our public schools. English Grammar, he believes, without a reference to the older forms, must appear altogether anomalous, inconsistent, and unintelligible. His almost un-equalled knowledge of early English Literature renders him peculiarly qualified to write a work of this kind. In the writing of this volume, moreover, he has taken advantage of the researches into our language made by all the most eminent scholars in England, America, and on the Continent. The author shows the place of English among the languages of the world, expounds clearly and with great minuteness "Grimm's Law," gives a brief history of the English language and an account of the various dialects, investigates the history and principles of Phonology, Orthography, Accent, and Etymology, and devotes several chapters to the consideration of the various Parts of Speech, and the final one to Deri-vation and Word-Formation. "It makes an era in the study of the English tongue."—SATURDAY REVIEW. *"He has done his work with a fulness and completeness that leave nothing to be desired."*—NON-CONFORMIST. *"A genuine and sound book."*—ATHENÆUM.

Oppen.—FRENCH READER. For the Use of Colleges and Schools. Containing a graduated Selection from modern Authors in Prose and Verse; and copious Notes, chiefly Etymological. By EDWARD A. OPPEN. Fcap. 8vo. cloth. $1·50.

This is a Selection from the best modern authors of France. Its dis-tinctive feature consists in its etymological notes, connecting French with the classical and modern languages, including the Celtic. This subject has hitherto been little discussed even by the best-educated teachers.

SHILLING BOOK OF GOLDEN DEEDS. See YONGE (C. M.)

Sonnenschein and Meiklejohn. — THE ENGLISH
METHOD OF TEACHING TO READ. By A. SONNENSCHEIN
and J. M. D. MEIKLEJOHN, M.A. Fcap. 8vo. 40 *Cents.*

COMPRISING :

THE NURSERY BOOK, containing all the Two-Letter Words in the
Language. (Also in Large Type on Sheets for School
Walls.)

THE FIRST COURSE, consisting of Short Vowels with Single
Consonants.

THE SECOND COURSE, with Combinations and Bridges, consisting of Short Vowels with Double Consonants.

THE THIRD AND FOURTH COURSES, consisting of Long
Vowels, and all the Double Vowels in the Language.

*A Series of Books in which an attempt is made to place the process of
learning to read English on a scientific basis. This has been done by
separating the perfectly regular parts of the language from the irregular,
and by giving the regular parts to the learner in the exact order of their
difficulty. The child begins with the smallest possible element, and adds to
that element one letter—in only one of its functions—at one time. Thus
the sequence is natural and complete. " These are admirable books, because
they are constructed on a principle, and that the simplest principle on which
it is possible to learn to read English."*—SPECTATOR.

Thring.—Works by EDWARD THRING, M.A., Head Master of
Uppingham.

THE ELEMENTS OF GRAMMAR TAUGHT IN ENGLISH,
with Questions. Fourth Edition. 18mo. 75 *Cents.*

*This little work is chiefly intended for teachers and learners. It took its
rise from questionings in National Schools, and the whole of the first part
is merely the writing out in order the answers to questions which have been
used already with success. A chapter on Learning Language is especially
addressed to teachers.*

Thring—*continued.*

THE CHILD'S GRAMMAR. Being the Substance of "The Elements of Grammar taught in English," adapted for the Use of Junior Classes. **A New Edition.** 18mo. 40 *Cents.*

SCHOOL SONGS. A Collection of Songs for Schools. With the Music arranged for four Voices. Edited by the **Rev. E. THRING** and **H. RICCIUS.** Folio.

There is a tendency in schools to stereotype the forms of life. Any genial solvent is valuable. Games do much ; but games do not penetrate to domestic life, and are much limited by age. Music supplies the want. The collection includes the " Agnus Dei," Tennyson's " Light Brigade," Macaulay's " Ivry," &c. among other pieces.

Trench (Archbishop).—HOUSEHOLD BOOK OF ENG-LISH POETRY. Selected and Arranged, with Notes, by **R. C. TRENCH, D.D.,** Archbishop of Dublin. **Extra fcap. 8vo.** $2·25. Second Edition.

*This volume is called a " Household Book," by this name implying that it is a book for all—that there is nothing in it to prevent it from being confidently placed in the hands of every member of the household. Speci-mens of all classes of poetry are given, including selections from living authors. The Editor has aimed to produce a book " which the emigrant, finding room for little not absolutely necessary, might yet find room for in his trunk, and the traveller in his knapsack, and that on some narrow shelves where there are few books this might be one." " The Archbishop has conferred in this delightful volume an important gift on the whole English-speaking population of the world."—*PALL MALL GAZETTE.

ON THE STUDY OF WORDS. Lectures addressed (originally) to the Pupils at the Diocesan Training School, Winchester. Thirteenth Edition. Revised and Enlarged. Fcap. 8vo. $1·25.

This, it is believed, was probably the first work which drew general attention in this country to the importance and interest of the critical and istorical study of English. It still retains its place as one of the most uccessful, if not the only, exponent of those aspects of words of which it reats. The subjects of the several Lectures are, (1) Introduction; (2))n the Poetry of Words; (3) On the Morality of Words; (4) On the History of Words; (5) On the Rise of New Words; (6) On the Dis- nction of Words; (7) The Schoolmaster's Use of Words.

NGLISH, PAST AND PRESENT. Seventh Edition, revised and improved. Fcap. 8vo. **$1·25.**

This is a series of Eight Lectures, in the first of which Archbishop Trench considers the English language as it now is, decomposes some pecimens of it, and thus discovers of what element it is compact. In he second Lecture he considers what the language might have been if the Norman Conquest had never taken place. In the following six Lectures e institutes from various points of view a comparison between the present anguage and the past, points out gains which it has made, losses which it as endured, and generally calls attention to some of the more important hanges through which it has passed, or is at present passing.

SELECT GLOSSARY OF ENGLISH WORDS, used formerly in Senses Different from their Present. Third Edition. Fcap. 8vo. **$1.**

This alphabetically arranged Glossary contains many of the most im- rtant of those English words which in the course of time have gradually hanged their meanings. The author's object is to point out some of these hanges, to suggest how many more there may be, to show how slight and btle, while yet most real, these changes have often been, to trace here and ere the progressive steps by which the old meaning has been put off and the w put on,—the exact road which a word has travelled. The author thus pes to render some assistance to those who regard this as a serviceable scipline in the training of their own minds or the minds of others. lthough the book is in the form of a Glossary, it will be found as interest- g as a series of brief well-told biographies.

Yonge (Charlotte M.)—A PARALLEL HISTORY O[F]
FRANCE AND ENGLAND : consisting of Outlines and Dat[es].
By CHARLOTTE M. YONGE, Author of "The Heir of Redclyff[e],"
"Cameos of English History," &c., &c. Oblong 4to. $1·25.

*This tabular history has been drawn up to supply a want felt by ma[ny]
teachers of some means of making their pupils realize what events in [the]
two countries were contemporary. A skeleton narrative has been c[on-]
structed of the chief transactions in either country, placing a colu[mn]
between for what affected both alike, by which means it is hoped that yo[ung]
people may be assisted in grasping the mutual relation of events. "[I]
can imagine few more really advantageous courses ·of historical study [for]
a young mind than going carefully and steadily through Miss Yong[e's]
excellent little book."*—EDUCATIONAL TIMES.

CAMEOS FROM ENGLISH HISTORY. From Rollo to Edw[ard]
II. By the Author of "The Heir of Redclyffe." Extra fc[ap.]
8vo. Second Edition, enlarged. $1·50.

*The endeavour has not been to chronicle facts, but to put together a se[ries]
of pictures of persons and events, so as to arrest the attention, and g[ive]
some individuality and distinctness to the recollection, by gathering toge[ther]
details at the most memorable moments. The "Cameos" are intend[ed]
a book for young people just beyond the elementary histories of Engla[nd]
and able to enter in some degree into the real spirit of events, and t[o be]
struck with characters and scenes presented in some relief. "Instea[d of]
dry details," says the* NONCONFORMIST, *"we have living pictures, fa[ith-]
ful, vivid, and striking."*

A SECOND SERIES OF CAMEOS FROM ENGLISH HISTOR[Y.]
THE WARS IN FRANCE. Extra fcap. 8vo. pp. xi. 415. $1·50.

*This new volume, closing with the Treaty of Arras, is the history of [the]
struggles of Plantagenet and Valois. It refers, accordingly, to one of [the]
most stirring epochs in the mediæval era, including the battle of Poictie[rs,]
the great Schism of the West, the Lollards, Agincourt and Joan of A[rc.]
The authoress reminds her readers that she aims merely at "collecting fr[om]*

Yonge (Charlotte M.)—*continued.*

the best authorities such details as may present scenes and personages to the eye in some fulness;" her CAMEOS *are a "collection of historical scenes and portraits such as the young might find it difficult to form for themselves without access to a very complete library." " Though mainly intended," says the* JOHN BULL, *"for young readers, they will, if we mistake not, be found very acceptable to those of more mature years, and the life and reality imparted to the dry bones of history cannot fail to be attractive to readers of every age."*

EUROPEAN HISTORY. Narrated in a Series of Historical Selections from the Best Authorities. Edited and arranged by E. M. SEWELL and C. M. YONGE. First Series, 1003—1154. Crown 8vo. $1·75. Second Series, 1088—1228. Crown 8vo. $1·75.

When young children have acquired the outlines of History from abridgments and catechisms, and it becomes desirable to give a more enlarged view of the subject, in order to render it really useful and interesting, a difficulty often arises as to the choice of books. Two courses are open, either to take a general and consequently dry history of facts, such as Russel's Modern Europe, or to choose some work treating of a particular period or subject, such as the works of Macaulay and Froude. The former course usually renders history uninteresting; the latter is unsatisfactory because it is not sufficiently comprehensive. To remedy this difficulty, selections, continuous and chronological, have, in the present volume, been taken from the larger works of Freeman, Milman, Palgrave, and others, which may serve as distinct landmarks of historical reading. " We know of scarcely anything," says the GUARDIAN *of this volume, "which is so likely to raise to a higher level the average standard of English education."*

THE ABRIDGED BOOK OF GOLDEN DEEDS. A Reading Book for Schools and General Readers. By the Author of "The Heir of Redclyffe." 18mo. cloth. 50 *Cents.*

A record of some of the good and great deeds of all time, abridged from the larger work of the same author in the Golden Treasury Series.

E

DIVINITY.

*** For other Works by these Authors, see THEOLOGICAL CATALOGUE.

Abbott (Rev. E. A.)—BIBLE LESSONS. By the Rev. E. A. ABBOTT, M.A., Head Master of the City of London School. Second Edition. Crown 8vo. $1·50.

This book is written in the form of dialogues carried on between a teacher and pupil, and its main object is to make the scholar think for himself. The great bulk of the dialogues represents in the spirit, and often in the words, the religious instruction which the author has been in the habit of giving to the Fifth and Sixth Forms of the City of London School. The Author has endeavoured to make the dialogues thoroughly unsectarian. " Wise, suggestive,' and really profound initiation into religious thought."—GUARDIAN. *" I think nobody could read them without being both the better for them himself, and being also able to see how this difficult duty of imparting a sound religious education may be effected."—From* BISHOP OF ST. DAVID'S SPEECH AT THE EDUCATION CONFERENCE AT ABERGWILLY.

Arnold.—A BIBLE-READING BOOK FOR SCHOOLS. The GREAT PROPHECY OF ISRAEL'S RESTORATION (Isaiah, Chapters 40—66). Arranged and Edited for Young Learners. By MAT-THEW ARNOLD, D.C.L., formerly Professor of Poetry in the University of Oxford, and Fellow of Oriel. 18mo. cloth. 50 *Cents.*

" Schools for the people," the power of letters—which embraces nothing less than the whole history of the human spirit—has hardly been brought

*to bear at all. Mr. Arnold, in this little volume, attempts to remedy this defect, by doing for the Bible what has been so abundantly done for Greek and Roman, as well as English authors, viz.—taking " some whole, of admirable literary beauty in style and treatment, of manageable length, within defined limits ; and presenting this to the learner in an intelligible shape, adding such explanations and helps as may enable him to grasp it as a connected and complete work." Mr. Arnold thinks it clear that nothing could more exactly suit the purpose than what the Old Testament gives us in the last twenty-seven chapters of the Book of Isaiah, beginning " Comfort ye" &c. He has endeavoured to present a perfectly correct text, maintaining at the same time the unparalleled balance and rhythm of the Authorised Version. In an Introductory note, Mr. Arnold briefly sums up the events of Jewish history to the starting-point of the chapters chosen ; and in the copious notes appended, every assistance is given to the complete understanding of the text. There is nothing in the book to hinder the adherent of any school of interpretation or of religious belief from using it, and from putting it into the hands of children. The Preface contains much that is interesting and valuable on the relation of " letters" to education, of the principles that ought to guide the makers of a new version of the Bible, and other important matters. Altogether, it is believed, the volume will be found to form a text-book of the greatest value to schools of all classes. " Mr. Arnold has done the greatest possible service to the public. We never read any translation of Isaiah which interfered so little with the musical rhythm and associations of our English Bible translation, while doing so much to display the missing links in the con-- nection of the parts."—*Spectator.*

Cheyne (T. K.)—THE BOOK OF ISAIAH CHRONO-- LOGICALLY ARRANGED. An Amended Version, with Historical and Critical Introductions and Explanatory Notes. By T. K. CHEYNE, M. A., Fellow of Balliol College, Oxford. Crown 8vo. $2·25.

The object of this edition is simply to restore the probable meaning of Isaiah, so far as this can be expressed in modern English. The basis of the version is the revised translation of 1611, but no scruple has been felt in introducing alterations, wherever the true sense of the prophecies appeared to require it. "A piece of scholarly work, very carefully and considerately done."—WESTMINSTER REVIEW.

Golden Treasury Psalter.—Students' Edition. Being an Edition of "The Psalms Chronologically Arranged, by Four Friends," with briefer Notes. 18mo. $1·25.

In making this abridgment of "The Psalms Chronologically Arranged," the editors have endeavoured to meet the requirements of readers of a different class from those for whom the larger edition was intended. Some who found the large book useful for private reading, have asked for an edition of a smaller size and at a lower price, for family use, while at the same time some Teachers in Public Schools have suggested that it would be convenient for them to have a simpler book, which they could put into the hands of younger pupils. "It is a gem," says the NONCONFORMIST.

Hardwick.—A HISTORY OF THE CHRISTIAN CHURCH. Middle Age. From Gregory the Great to the Excommunication of Luther. Edited by WILLIAM STUBBS, M.A., Regius Professor of Modern History in the University of Oxford. With Four Maps constructed for this work by A. KEITH JOHNSTON. Third Edition. Crown 8vo. $3.

*Although the ground-plan of this treatise coincides in many points with that of the colossal work of Schröckh, yet in arranging the materials a very different course has frequently been pursued. With regard to his opinions the late author avowed distinctly that he construed history with the specific prepossessions of an Englishman and a member of the English Church. The reader is constantly referred to the authorities, both original and critical, on which the statements are founded. For this edition Professor Stubbs has carefully revised both text and notes, making such corrections of facts, dates, and the like as the results of recent research warrant. The doctrinal, historical, and generally speculative views of the late author have been preserved intact. "As a manual for the student of ecclesiastical history in the Middle Ages, we know no English work which can be compared to Mr. Hardwick's book."—*GUARDIAN.

Hardwick—*continued.*

A HISTORY OF THE CHRISTIAN CHURCH DURING THE
REFORMATION. By Archdeacon Hardwick. Revised by
Francis Procter, M.A. Second Edition. Crown 8vo.
[*In the Press.*

*This volume is intended as a sequel and companion to the " History of
the Christian Church during the Middle Age." The author's earnest
wish has been to give the reader a trustworthy version of those stirring
incidents which mark the Reformation period, without relinquishing his
former claim to characterise peculiar systems, persons, and events according
to the shades and colours they assume, when contemplated from an English
point of view, and by a member of the Church of England.*

Maclear.—Works by the Rev. G. F. MACLEAR, D.D., Head
Master of King's College School, and Preacher at the Temple
Church.

A CLASS-BOOK OF OLD TESTAMENT HISTORY.   Sixth
Edition, with Four Maps.   18mo. cloth. $1·50.

*This volume forms a Class-book of Old Testament History from the
earliest times to those of Ezra and Nehemiah. In its preparation the
most recent authorities have been consulted, and wherever it has appeared
useful, Notes have been subjoined illustrative of the Text, and, for the sake
of more advanced students, references added to larger works. The Index
has been so arranged as to form a concise dictionary of the persons and
places mentioned in the course of the narrative; while the Maps, which have
been prepared with considerable care at Stanford's Geographical Establish-
ment, will, it is hoped, materially add to the value and usefulness of the
Book. " A careful and elaborate though brief compendium of all that
modern research has done for the illustration of the Old Testament. We
know of no work which contains so much important information in so
small a compass."*—British Quarterly Review.

A CLASS-BOOK OF NEW TESTAMENT HISTORY, including
the Connexion of the Old and New Testament.   With Four Maps.
Third Edition.   18mo. cloth. $1·50.

*A sequel to the author's Class-book of Old Testament History, continuing
the narrative from the point at which it there ends, and carrying it on to*

Maclear—*continued.*

the close of St. Paul's second imprisonment at Rome. In its preparation, as in that of the former volume, the most recent and trustworthy authorities have been consulted, notes subjoined, and references to larger works added. It is thus hoped that it may prove at once an useful class-book and a convenient companion to the study of the Greek Testament. "A singularly clear and orderly arrangement of the Sacred Story. His work is solidly and completely done."—ATHENÆUM.

ABRIDGED CLASS-BOOK OF OLD TESTAMENT HIS-TORY, for National and Elementary Schools. With Map. 18mo. cloth. *50 Cents.*

ABRIDGED CLASS-BOOK OF NEW TESTAMENT HIS-TORY, for National and Elementary Schools. With Map. 18mo. cloth. *50 Cents.*

These works have been carefully abridged from the author's larger manuals.

CLASS-BOOK OF THE CATECHISM OF THE CHURCH OF ENGLAND. Second Edition. 18mo. cloth. *75 Cents.*

This may be regarded as a sequel to the Class-books of Old and New Testament History. Like them, it is furnished with notes and references to larger works, and it is hoped that it may be found, especially in the higher forms of our Public Schools, to supply a suitable manual of instruction in the chief doctrines of the English Church, and a useful help in the preparation of candidates for Confirmation. "It is indeed the work of a scholar and divine, and as such, though extremely simple, it is also extremely instructive. There are few clergymen who would not find it useful in preparing candidates for Confirmation ; and there are not a few who would find it useful to themselves as well."—LITERARY CHURCHMAN.

A FIRST CLASS-BOOK OF THE CATECHISM OF THE CHURCH OF ENGLAND, with Scripture Proofs, for Junior Classes and Schools. 18mo. *20 Cents.*

THE ORDER OF CONFIRMATION. A Sequel to the Class Book of the Catechism. For the use of Candidates for Confirmation. With Prayers and Collects. 18mo. *10 Cents.*

Maurice.—THE LORD'S PRAYER, THE CREED, AND THE COMMANDMENTS. A Manual for Parents and School-masters. To which is added the Order of the Scriptures. By the Rev. F. DENISON MAURICE, M.A. Professor of Moral Philosophy in the University of Cambridge. 18mo. cloth limp. 50 *Cents.*

Procter.—A HISTORY OF THE BOOK OF COMMON PRAYER, with a Rationale of its Offices. By FRANCIS PROCTER, M.A. Tenth Edition, revised and enlarged. Crown 8vo. $3·50.

*In the course of the last twenty years the whole question of Liturgical knowledge has been reopened with great learning and accurate research ; and it is mainly with the view of epitomizing extensive publications, and correcting the errors and misconceptions which had obtained currency, that the present volume has been put together. "We admire the author's diligence, and bear willing testimony to the extent and accuracy of his reading. The origin of every part of the Prayer Book has been diligently investigated, and there are few questions of facts connected with it which are not either sufficiently explained, or so referred to that persons interested may work out the truth for themselves."—*ATHENÆUM.

Procter and Maclear.—AN ELEMENTARY INTRO-DUCTION TO THE BOOK OF COMMON PRAYER. Re-arranged and supplemented by an Explanation of the Morning and Evening Prayer and the Litany. By the Rev. F. PROCTER and the Rev. G. F. MACLEAR. Fourth Edition. 18mo. 75 *Cents.*

As in the other Class-books of the series, notes have also been subjoined, and references given to larger works, and it is hoped that the volume will be found adapted for use in the higher forms of our Public Schools, and a suitable manual for those preparing for the Oxford and Cambridge local examinations. This new Edition has been considerably altered, and several important additions have been made. Besides a re-arrangement of the work generally, the Historical Portion has been supplemented by an Explanation of the Morning and Evening Prayer and of the Litany.

Psalms of David Chronologically Arranged. By Four Friends.

An Amended Version, with Historical Introduction and Explanatory Notes. Second and Cheaper Edition, with Additions and Corrections. Crown 8vo. $2·25.

To restore the Psalter as far as possible to the order in which the Psalms were written,—to give the division of each Psalm into strophes, of each strophe into the lines which composed it,—to amend the errors of translation, is the object of the present Edition. Professor Ewald's works, especially that on the Psalms, have been extensively consulted. This book has been used with satisfaction by masters for private work in higher classes in schools. The Spectator *calls this "one of the most instructive and valuable books that has been published for many years."*

Ramsay.—THE CATECHISER'S MANUAL; or, the Church

Catechism Illustrated and Explained, for the use of Clergymen, Schoolmasters, and Teachers. By the Rev. Arthur Ramsay, M.A. Second Edition. 18mo. 50 *Cents.*

A clear explanation of the Catechism, by way of Question and Answer. "This is by far the best Manual on the Catechism we have met with." —English Journal of Education.

Simpson.—AN EPITOME OF THE HISTORY OF THE

CHRISTIAN CHURCH. By William Simpson, M.A. Fifth Edition. Fcap. 8vo. $1.

A compendious summary of Church History.

Swainson.—A HANDBOOK to BUTLER'S ANALOGY. By

C. A. Swainson, D.D., Canon of Chichester. Crown 8vo. 75 *Cents.*

This manual is designed to serve as a handbook or road-book to the Student in reading the Analogy, to give the Student a sketch or outline map of the country on which he is entering, and to point out to him matters of nterest as he passes along.

Trench.—SYNONYMS OF THE NEW TESTAMENT. By R. CHEVENIX TRENCH, D.D., Archbishop of Dublin. New Edition, enlarged. 8vo. cloth. $3·50.

The study of synonyms in any language is valuable as a discipline for training the mind to close and accurate habits of thought : more specially is this the case in Greek—" a language spoken by a people of the finest and subtlest intellect ; who saw distinctions where others saw none ; who divided out to different words what others often were content to huddle confusedly under a common term.   This work is recognised as a valuable companion to every student of the New Testament in the original.   This, the Seventh Edition, has been carefully revised, and a considerable number of new synonyms added.   Appended is an Index to the Synonyms, and an Index to many other words alluded to or explained throughout the work. 'He is," the ATHENÆUM *says, " a guide in this department of knowledge to whom his readers may intrust themselves with confidence.   His sober judgment and sound sense are barriers against the misleading influence of arbitrary hypotheses."*

Westcott.—Works by BROOKE FOSS WESTCOTT, B.D., Canon of Peterborough.

A GENERAL SURVEY OF THE HISTORY OF THE CANON OF THE NEW TESTAMENT DURING THE FIRST FOUR CENTURIES. Third Edition, revised. Crown 8vo. $3·50.

The author has endeavoured to connect the history of the New Testament Canon with the growth and consolidation of the Church, and to point out the relation existing between the amount of evidence for the authenticity of its component parts, and the whole mass of Christian literature.   Such a method of inquiry will convey both the truest notion of the connection of the written Word with the living Body of Christ, and the surest conviction of its divine authority.   Of this work the SATURDAY REVIEW *writes: " Theological students, and not they only, but the general public, owe a deep debt of gratitude to Mr. Westcott for bringing this subject fairly before them in this candid and comprehensive essay. . . . . As a theological work it is at once perfectly fair and impartial, and imbued with a thoroughly religious spirit; and as a manual it exhibits, in a lucid form and in a narrow compass, the results of extensive research and accurate thought. We cordially recommend it."*

INTRODUCTION TO THE STUDY OF THE FOUR GOSPELS. Fourth Edition. Crown 8vo. $3·50.

The Author's chief object in this work is to show that there is a true mean between the idea of a formal harmonization of the Gospels and the abandonment of their absolute truth. The treatise consists of eight chapters:—I. The Preparation for the Gospel. II. The Jewish Doctrine of the Messiah. III. The Origin of the Gospels. IV. The Characteristics of the Gospels. V. The Gospel of St. John. VI. & VII. The Differences in detail and of arrangement in the Synoptic Evangelists. VIII. The Difficulties of the Gospels. "*To a learning and accuracy which commands respect and confidence, he unites what are not always to be found in union with these qualities, the no less valuable faculties of lucid arrangement and graceful and facile expression.*"—LONDON QUARTERLY REVIEW.

A GENERAL VIEW OF THE HISTORY OF THE ENGLISH BIBLE. Crown 8vo. $3·50.

"*The first trustworthy account we have had of that unique and marvellous monument of the piety of our ancestors.*"—DAILY NEWS.

"*A brief, scholarly, and, to a great extent, an original contribution to theological literature. He is the first to offer any considerable contributions to what he calls their internal history, which deals with their relation to other texts, with their filiation one on another, and with the principles by which they have been successively modified.*"—PALL MALL GAZETTE.

THE BIBLE IN THE CHURCH. A Popular Account of the Collection and Reception of the Holy Scriptures in the Christian Churches. Third Edition. 18mo. cloth. $1·25.

The present book is an attempt to answer a request, which has been made from time to time, to place in a simple form, for the use of general readers, *the substance of the author's "History of the Canon of the New Testament." An elaborate and comprehensive Introduction is followed by chapters on the Bible of the Apostolic Age; on the Growth of the New Testament; the Apostolic Fathers; the Age of the Apologists; the First Christian Bible; the Bible Proscribed and Restored; the Age of Jerome and Augustine; the Bible of the Middle Ages in the West and in the East, and in the Sixteenth Century. Two appendices on the History of the Old Testament Canon before the Christian Era, and on the Contents of the most ancient MSS. of the Christian Bible, complete the volume. "We would recommend every one who loves and studies the Bible to read and ponder this exquisite little book. Mr. Westcott's account of the 'Canon' is true history in its highest sense."—*LITERARY CHURCHMAN.*

THE GOSPEL OF THE RESURRECTION. Thoughts on its Relation to Reason and History. New Edition. Fcap. 8vo. $1·50.

This Essay is an endeavour to consider some of the elementary truths of Christianity as a miraculous Revelation, from the side of History and Reason. If the arguments which are here adduced are valid, they will go far to prove that the Resurrection, with all that it includes, is the key to the history of man, and the complement of reason.

Wilson.—THE BIBLE STUDENTS' GUIDE to the more Correct Understanding of the English translation of the Old Testament, by reference to the Original Hebrew. By WILLIAM WILSON, D.D., Canon of Winchester, late Fellow of Queen's College, Oxford. Second Edition, carefully Revised. 4to. cloth. $10.

This work is the result of almost incredible labour bestowed on it during many years. Its object is to enable the readers of the Old Testament Scriptures to penetrate into the real meaning of the sacred writers. All the English words used in the Authorized Version are alphabetically arranged, and beneath them are given the Hebrew equivalents, with a careful explanation of the peculiar signification and construction of each term. The knowledge of the Hebrew language is not absolutely necessary to the profitable use of the work. Devout and accurate students of the Bible, entirely unacquainted with Hebrew, may derive great advantage from frequent

reference to it.   It is especially adapted for the use of the clergy.   "For a
earnest students of the Old-Testament Scriptures it is a most valuab
Manual.   Its arrangement is so simple that those who possess only tha
mother-tongue, if they will take a little pains, may employ it with grea
profit."—NONCONFORMIST.

Yonge (Charlotte M.)—SCRIPTURE READINGS FOI
SCHOOLS AND FAMILIES.   By CHARLOTTE M. YONGE
Author of "The Heir of Redclyffe."   Globe 8vo.   75 *Cents*
With Comments, $1·50.

A SECOND SERIES.   From JOSHUA to SOLOMON.   Extra fcap
75 *Cents.*   With Comments, $1·50.

Actual need has led the author to endeavour to prepare a reading book con
venient for study with children, containing the very words of the Bible, wit
only a few expedient omissions, and arranged in Lessons of such length as b
experience she has found to suit with children's ordinary power of accura
attentive interest.   The verse form has been retained, because of its con
venience for children reading in class, and as more resembling their Bible
but the poetical portions have been given in their lines.   When Psalms o
portions from the Prophets illustrate or fall in with the narrative they ar
given in their chronological sequence.   The Scripture portion, with a ver
few notes explanatory of mere words, is bound up apart, to be used b
children, while the same is also supplied with a brief comment, the purpo
of which is either to assist the teacher in explaining the lesson, or to b
used by more advanced young people to whom it may not be possible to gi
access to the authorities whence it has been taken.   Professor Huxley, at
meeting of the London School Board, particularly mentioned the selectio
made by Miss Yonge as an example of how selections might be made fro
the Bible for School Reading. See TIMES, *March* 30, 1871.

38, BLEECKER STREET,
NEW YORK.

CLARENDON PRESS SERIES.

The attention of College Lecturers, Schoolmasters, and all persons interested in Education is especially directed to the following series of works, most of which have been lately issued from the Clarendon Press, and are written with immediate reference to the present state of science and learning, and to urgent educational needs.

---

*"Such manuals, so admirable in matter, arrangement, and type, were never before given to the world at the same moderate price."—*SPECTATOR.

I.—PROFESSOR BREWER'S SERIES OF ENGLISH CLASSICS.

Chaucer.—THE PROLOGUE TO THE CANTERBURY TALES ; The Knightes Tale ; The Nonne Prestes Tale. Edited by R. MORRIS. Extra fcap. 8vo., cloth, $1.

*" With such assistance the ordinary reader will have no difficulty in appreciating Chaucer, and will be grateful to Mr. Morris for having guided him in such a pleasant path."—*SPECTATOR.

Spenser's FAERY QUEENE. Books I. and II. Designed chiefly for the use of Schools. With Introduction, Notes, and Glossary. By G. W. KITCHIN, M.A. Extra fcap. 8vo., cloth, $1 each.

"*Admirably fitted for use in Schools and Colleges where the English language forms, as it ought to do everywhere, a part of the ordinary curriculum.*"—PALL MALL GAZETTE.

Hooker.—ECCLESIASTICAL POLITY, Book I. Edited by the Rev. R. W. CHURCH, M.A.; formerly Fellow of Oriel College. Extra fcap. 8vo., cloth, $1.

"*This volume merits our commendation for the care and completeness with which it is edited.*"—EDUCATIONAL TIMES.

Shakespeare.—Select Plays. Edited by W. G. CLARK, M.A., Fellow of Trinity College, Cambridge; and W. ALDIS WRIGHT, M.A., Trinity College, Cambridge.

  I. THE MERCHANT OF VENICE. Extra fcap. 8vo. 40 *Cents.*

  II. RICHARD THE SECOND. Extra fcap. 8vo. 60 *Cents.*

  III. MACBETH. Extra fcap. 8vo. 60 *Cents.*

  IV. HAMLET. Extra fcap. 8vo. 75 *Cents.*

"*The notes are copious and exhaustive, and leave no difficulty of the text unexplained.*"—EDUCATIONAL TIMES.

Bacon.—ADVANCEMENT OF LEARNING. Edited by W. ALDIS WRIGHT, M.A. Extra fcap. 8vo. cloth, $1·75.

"*We do not know what could be done more for the illustration of a great work than Mr Wright has done.*"—PALL MALL GAZETTE.

Milton.—POEMS. Edited by R. C. BROWNE, M.A., and Associate of King's College, London. 2 vols. Extra fcap. 8vo., cloth, $2·25. Separately, Vol. I., $1·25; Vol. II., $1·25.

Milton—*continued.*

"*A first-rate School or College edition, and we should hope that the study of our mother tongue is so far advancing among us that there may be many schools and colleges where it will be gladly welcomed and largely used.*"—LITERARY CHURCHMAN.

Dryden.—SELECT POEMS. Stanzas on the Death of Oliver Cromwell; Astræa Redux; Annus Mirabilis; Absalom and Ahitophel; Religio Laici; the Hind and the Panther. Edited by W. D. CHRISTIE, M.A., Trinity College, Cambridge. Extra fcap. 8vo., cloth, $1·50.

"*The poems selected are all of importance, and the excellent notes, and the biography of the poet, leave very little to be desired. For convenience, for excellence of editing, and for clearness of type, Mr. Christie's book is much to be commended.*"—ACADEMY.

Pope.—ESSAY ON MAN. With Introduction and Notes. By MARK PATTISON, B.D., Rector of Lincoln College, Oxford. Extra fcap. 8vo., stiff covers, 50 *Cents.*

"*Every page shows the refinement and subtlety of thought of the distinguished editor, and his intimate acquaintance, not merely with the literature, but also with the sources of the literature, of our so-called Augustan age.*"—CONTEMPORARY REVIEW.

Pope.—SATIRES AND EPISTLES. By the same Editor. Extra fcap. 8vo., 75 *Cents.*

"*This is really a signal example of elegant and faithful elucidation and comment. The work is done here with such fulness of knowledge and liveliness of illustration that the notes are fully as interesting in their way as the poems they explain.*"—LITERARY CHURCHMAN.

"*No one that has any real interest in Pope should omit to read the introductory remarks on the merits and demerits of his satirical poetry.*"—GUARDIAN.

SPECIMENS OF EARLY ENGLISH.   A new and revised Edition. With Introduction, Notes, and Glossarial Index.   By R. MORRIS, LL.D., and W. W. SKEAT, M.A.   Part II.   From Robert of Gloucester to Gower (A.D. 1298—A.D. 1393).   Extra fcap. 8vo., cloth, $3.

SPECIMENS OF ENGLISH LITERATURE, from the "Ploughmans Crede" to the "Shepheardes Calender" (A.D. 1394—A.D. 1579).   With Introduction, Notes, and Glossarial Index.   By W. W. SKEAT, M.A.   Extra fcap. 8vo., cloth, $3.

" *Two admirable volumes.   The selections are exactly what they should be, and each volume has an independent glossary, and ample help in the notes for all attentive students.*"—STANDARD.

II.—ENGLISH LANGUAGE AND LITERATURE.

THE PHILOLOGY OF THE ENGLISH TONGUE.   By J. EARLE, M.A., formerly Fellow of Oriel College, and Professor of Anglo-Saxon, Oxford.   Extra fcap. 8vo., cloth, $2.

" *The work of a competent scholar, illustrating with much copiousness the subject with which he has been long familiar . . . Its great essential merit is sure to be ultimately recognized.*"—GUARDIAN.

" *Every page of the work attests Mr. Earle's thorough knowledge of English in all its stages, and of the living Teutonic languages.*"—ACADEMY.

" *Mr. Earle's book commends itself as the mature fruit of wide scholarship and practised philological ingenuity.*"—EXAMINER.

" *It is a book which ought to be in every good school and in every house; especially where there are young people whom it is desirable to win to the love of an intelligent comprehension of their own tongue.*"—LITERARY CHURCHMAN.

" *We believe it will become a standard work, superseding (as it ought to do) all others.*"—ENGLISH CHURCHMAN.

THE VISION OF WILLIAM CONCERNING PIERS THE PLOWMAN. By WILLIAM LANGLAND. Edited, with Introduction and Notes, by W. W. SKEAT, M.A., formerly Fellow of Christ's College, Cambridge. Extra fcap. 8vo., cloth, $1.

" The editor contributes an Introduction in which all the information that is necessary is given concerning the poem and its author, a body of Notes which are very satisfactory, and a Glossary which is indispensable for the use of the volume for educational purposes. It is an admirable form in which to make acquaintance with Langland's work."—LONDON QUARTERLY REVIEW.

TYPICAL SELECTIONS FROM THE BEST ENGLISH AUTHORS from the Sixteenth to the Nineteenth Century (to serve as a higher Reading Book), with Introductory Notices and Notes, being a Contribution towards a History of English Literature. Extra fcap. 8vo., cloth, $1·50.

" A beautifully printed and judiciously selected reading book for the use of schools, containing extracts from fifty-nine of our best prose authors ; each extract being preceded by an introductory notice of the author, supplying really sound and useful criticism on his literary merits and defects."—EDUCATIONAL TIMES.

A FIRST READING BOOK. By MARIE EICHENS, of Berlin ; edited by ANNE J. CLOUGH. Extra fcap. 8vo., stiff covers, 15 Cents.

" It makes good its claim to special consideration, as proceeding on a more natural system than ordinary pioneers, and therefore as being more attractive and likely to be useful."—STANDARD.

OXFORD READING BOOK. For Junior Classes. Extra fcap. 8vo., stiff covers, 60 Cents.

" A very healthy and amusing collection of short extracts in prose and verse, such as boys and girls who are able to read with tolerable fluency will delight in."—GUARDIAN.

F

ON THE PRINCIPLES OF GRAMMAR. By E. THRING, M.A., Head Master of Uppingham School. Extra fcap. 8vo., cloth, $1·50.

GRAMMATICAL ANALYSIS. By the same Author. Extra fcap. 8vo., cloth, $1.

III.—FRENCH CLASSICS.

Edited, with Introductions and Notes, by GUSTAVE MASSON, B.A., Univ. Gallic., Assistant Master in Harrow School.

CORNEILLE'S CINNA, and MOLIÈRE'S LES FEMMES SAVANTES. Extra fcap. 8vo., cloth, $1.

RACINE'S ANDROMAQUE, and CORNEILLE'S LE MEN-TEUR. With Louis Racine's Life of his Father. Extra fcap. 8vo., cloth, $1.

MOLIÈRE'S LES FOURBERIES DE SCAPIN, and RACINE'S ATHALIE. With Voltaire's Life of Molière. Extra fcap. 8vo., cloth, $1.

SELECTIONS FROM THE CORRESPONDENCE OF MADAME DE SÉVIGNÉ and HER CHIEF CONTEM-PORARIES. Intended more especially for Girls' Schools. Extra fcap. 8vo., cloth, $1.

VOYAGE AUTOUR DE MA CHAMBRE, by XAVIER DE MAIS-TRE ; OURIKA, by MADAME DE DURAS ; LA DOT DE SUZETTE, by FIEVÉE ; LES JUMEAUX DE L'HOTEL CORNEILLE, by EDMOND ABOUT ; MÉSAVENTURES D'UN ÉCOLIER, by RODOLPHE TÖPFFER. Extra fcap. 8vo., cloth, $1.

"*Students of French ought to make acquaintance with modern French literature, and M. Masson is well qualified to be their guide.*"— NONCONFORMIST.

BRACHET'S HISTORICAL GRAMMAR OF THE FRENCH LANGUAGE. Translated into English by G. W. KITCHIN, M. A. Extra fcap. 8vo., cloth, $1·25.

" *This admirable study of the French tongue, in its relation to ancient and modern languages, should find its way into the hands of all those who are interested in Comparative Philology.*"—EDUCATIONAL TIMES.

IV.—GERMAN CLASSICS.

By Dr. BUCHHEIM, Professor of the German Language and Literature in King's College, London ; and Examiner in German to the University of London.

GOETHE'S EGMONT. With a Life of Goethe ; an Historical and Critical Introduction, Arguments to the Acts, and Commentary. Ext. fcap. 8vo., cloth, $1·25.

SCHILLER'S WILHELM TELL. With a Life of Schiller, an Historical and Critical Introduction, Arguments, and a complete Commentary. Ext. fcap. 8vo., cloth, $1·25.

" *The 'Tell' of Schiller has been edited in the same intelligent and scholarly manner as the 'Egmont.' Both books are worthy of the Clarendon Press Series, and will be of great value to the student of the German language and literature.*"—MORNING POST.

V.—LATIN CLASSICS.

CÆSAR. The Commentaries (for Schools). Part I. The Gallic War, with Notes, Maps, &c., by CHARLES E. MOBERLY, M.A., Assistant Master in Rugby School ; formerly Scholar of Balliol College, Oxford. Ext. fcap. 8vo., cloth, $1·50.

"*An admirable edition, and will be found a most useful school-book.*" –JOHN BULL.

Part II. The Civil War. Book I. By the same Editor. 75 *Cents.*
[Just published.

CICERO'S PHILIPPIC ORATIONS. With English Notes, by the Rev. J. R. KING, M.A., formerly Fellow and Tutor of Merton College, Oxford. Demy 8vo., $3·50.

CICERO. SELECT LETTERS. With Introductions, Notes, and Appendices, by ALBERT WATSON, M.A., Fellow and Tutor of Brasenose College, Oxford. Demy 8vo., cloth, $6·50.

"Mr. Watson's critical labours are soundly and sensibly executed, and we make no doubt that his 'Select Letters' will be found a very serviceable volume to scholars, younger and older."—SATURDAY REVIEW.

" The Notes are careful, clear, and adequate ; and would alone render the volume a valuable addition to the Series in which it appears."—THE ACADEMY.

CICERO. SELECTED LETTERS (for Schools). With Notes. By the late C. E. PRICHARD, M.A., formerly Fellow of Balliol College, Oxford, and E. R. BERNARD, M.A., Fellow of Magdalen College, Oxford. Extra fcap. 8vo., cloth, $1.

" In the selection of the letters due care has been taken to secure variety of interest, and the specimens given are well fitted to inspire intelligent pupils with a real liking for classical literature. Ample notes supply all that seems necessary in the way of philological exposition and historical illustration."—SCOTSMAN.

CICERO PRO CLUENTIO. With Introduction and English Notes. By the late Professor W. RAMSAY, M.A. Edited by G. G. RAMSAY, M.A, Professor of Humanity, Glasgow College. Extra fcap. 8vo., cloth, $1·25.

" The exceedingly difficult and complicated questions of Roman law involved in the case are treated with clearness and precision, and the tangled web of the story told in the Oration is made plain. . . . The student could not have a better guide than he will find here."—SPECTATOR.

CICERO. SELECTION OF INTERESTING AND DESCRIP-
TIVE PASSAGES. With Notes. By HENRY WALFORD, M.A.,
Wadham College, Oxford, Assistant Master at Haileybury College.
In three Parts. Extra fcap. 8vo., cloth, $1·50.

Each Part separately, in limp cloth, 60 Cents.

Part I. Anecdotes from Grecian and Roman History.
Part II. Omens and Dreams : Beauties of Nature.
Part III. Rome's Rule of her Provinces.

*"A serviceable school book, containing all needful explanatory and
illustrative information."*—ATHENÆUM.

CORNELIUS NEPOS. With English Notes. By OSCAR BROWNING,
M.A. Extra fcap. 8vo., $1.

LIVY, BOOKS I—X. By J. R. SEELEY, M.A., Fellow of Christ's
College, and Regius Professor of Modern History, Cambridge.
Book I. 8vo., cloth, $2·50.

*"The historical part is characterised by a judicial impartiality which
carries conviction; the scholarship bears the marks of being written by
one who has had the training of being Professor of Latin before he was
Professor of History."*—THE GLOBE.

*"We are convinced that if Mr. Seeley's continuation of his editorial
task upon Livy is as thorough as its commencement, he will not only succeed in making the ground of early Roman history safer and surer footing,
but also will enhance appreciably the already sensible pleasure of studying
one of the most brilliant and pictorial of ancient historians."*—SATURDAY
REVIEW.

OVID. SELECTIONS FOR THE USE OF SCHOOLS. With
Introductions and Notes, and an Appendix on the Roman Calendar.
By the late Professor W. RAMSAY, M.A. Edited by G. G. RAMSAY,
M.A., Professor of Humanity, Glasgow College. Second Edition.
Extra fcap. 8vo., $1·75.

SELECTIONS FROM THE LESS KNOWN LATIN POETS. By NORTH PINDER, M.A., formerly Fellow of Trinity College, Oxford. Demy 8vo., cloth, $6·50.

PASSAGES FOR TRANSLATION INTO LATIN. For the use of Passmen and others. Selected by J. Y. SARGENT, M.A., Tutor. and formerly Fellow, of Magdalen College, Oxford. Second Edition. Extra fcap. 8vo., cloth, $1.

PERSIUS. THE SATIRES. With a Translation and Commentary. By JOHN CONINGTON, M.A., late Corpus Professor of Latin in the University of Oxford. Edited by HENRY NETTLESHIP. M.A., formerly Fellow of Lincoln College, Oxford. 8vo., cloth, $3.

PLINY. SELECTED LETTERS (for Schools). By the late C. E. PRICHARD, M.A., formerly Fellow of Balliol College, Oxford, and E. R. BERNARD, M.A., Fellow of Magdalen College, Oxford. Extra fcap. 8vo., cloth, $1.

VI.—GREEK CLASSICS.

A GREEK PRIMER IN ENGLISH, for the use of beginners. By the Right Rev. CHARLES WORDSWORTH, D.C.L. Extra fcap. 8vo., cloth, 60 *Cents.*

" *We need scarcely say more of it than that it is an adaptation by Dr. Wordsworth of his own well-known ' Greek Grammar ' to the special wants of those who are beginning to learn Greek. It would be difficult to suggest any improvement in it.*"—STANDARD.

GREEK VERBS, IRREGULAR AND DEFECTIVE ; their forms meaning, and quantity ; embracing all the Tenses used by Greek writers, with references to the passages in which they are found. By W. VEITCH, LL.D. New Edition. Crown 8vo., cloth, $4

"*A work of priceless value to every scholar.*"—EDUCATIONAL TIMES.

THE GOLDEN TREASURY OF ANCIENT GREEK POETRY :
being a collection of the finest passages in the Greek Classic Poets,
with Introductory Notices and Notes.   By R. S. WRIGHT, M.A.,
Fellow of Oriel College, Oxford.   Extra fcap. 8vo., cloth, $4.50.

THE GOLDEN TREASURY OF GREEK PROSE, being a collection of the finest passages in the principal Greek Prose Writers,
with Introductory Notices and Notes.   By R. S. WRIGHT, M.A.,
Fellow of Oriel College, Oxford ; and J. E. L. SHADWELL, M.A.,
Student of Christ Church.   Extra fcap. 8vo., cloth, $2.25.

THE ELEMENTS OF GREEK ACCENTUATION (for Schools):
abridged from his larger work by H. W. CHANDLER, M.A.,
Waynflete Professor of Moral and Metaphysical Philosophy, Oxford
Extra fcap. 8vo., cloth, $1.

SOPHOCLES.   THE PLAYS AND FRAGMENTS.   With English
Notes and Introductions.   By LEWIS CAMPBELL, M.A., Professor
of Greek, St. Andrew's, formerly Fellow of Queen's College,
Oxford.   In Two Volumes.

Vol. I. ŒDIPUS TYRANNUS. ŒDIPUS COLONEUS. ANTIGONE.
8vo., cloth, $6.

"*This edition is one which no one can read without finding his knowledge of Sophocles substantially increased.*"—THE ACADEMY.

"*The notes appended to the text are of the most complete and comprehensive character, clearing up every difficulty and obscurity likely to
puzzle the student. . . . The student who seeks Professor Campbell's assistance to help him to a knowledge of Greek tragedy will find at once a most
agreeable and a most competent guide.*"—SCOTSMAN.

SOPHOCLES.   ŒDIPUS REX, DINDORF'S TEXT.   With
English Notes by the Ven. Archdeacon BASIL JONES, M.A.,
formerly Fellow of University College.   Extra fcap. 8vo., cloth
60 *Cents.*

THEOCRITUS (for Schools). With Notes. By H. Snow, M.A., Assistant Master at Eton College, formerly Fellow of St. John's College, Cambridge. Extra fcap. 8vo., cloth, $1·50.

HOMER, ODYSSEY I—XII (for Schools). By the Rev. W. W. Merry, M.A., Fellow and Lecturer of Lincoln College, Oxford. Extra fcap. 8vo., cloth, $1·50.

"The book before us is singularly good and complete for a school-book. It reminds us more of a critical edition, reduced in scale. The sketch of the Homeric forms and elucidation of the syntax is especially good and useful."—Literary Churchman.

"A good school-book, with features likely to be particularly attractive to boys."—Guardian.

XENOPHON. SELECTIONS (for Schools). With Notes and Maps, by J. S. Phillpotts, M.A., Assistant Master in Rugby School, formerly Fellow of New College, Oxford. Extra fcap. 8vo., cloth, $1·25.

"Mr. Phillpotts has attempted to 'forge Xenophon's Hellenics into another weapon for the teachers armoury,' and we congratulate him upon the brilliancy and perfection of his weapon. We would most strongly recommend his excellent notes to the teachers in our Northern schools."—Scotsman.

"It is not often our good fortune to meet with a work at once so scholarly and so practical."—Athenæum.

VII.—HISTORY.

SELECT CHARTERS AND OTHER HISTORICAL DOCUMENTS, illustrative of the Constitutional History of the English Nation from the Earliest Times to the reign of Edward I. By W. Stubbs, M.A., Regius Professor of Modern History in the University of Oxford. Crown 8vo., cloth, $3·50.

"Here is a book of Select Charters which Mr. Stubbs simply claims to have 'arranged and edited.' No one would guess from this that he has thrown in, in the casual way in which he does throw things in, a sketch

of the early constitutional history of England, such as has never been written before. . . . . In the Introductory Sketch we get the constitutional history of our race for about thirteen hundred years, written with such combined learning, power, and clearness as to put it beyond the reach of living competition."—SATURDAY REVIEW.

A MANUAL OF ANCIENT HISTORY. By GEORGE RAWLINSON, M.A., Camden Professor of Ancient History, formerly Fellow of Exeter College, Oxford. Demy 8vo., cloth, $3.

VIII.—PHYSICAL SCIENCE AND MATHEMATICS.

A TREATISE ON NATURAL PHILOSOPHY. Vol. I. By Sir W. THOMSON, LL.D., D.C.L., F.R.S., Professor of Natural Philosophy in the University of Glasgow, and P. G. TAIT, M.A., Professor of Natural Philosophy in the University of Edinburgh; formerly Fellows of St. Peter's College, Cambridge. New Edition.

[*In the Press.*

ELEMENTS OF NATURAL PHILOSOPHY. By the same Authors. Part I.

[*Nearly ready.*

AN ELEMENTARY TREATISE ON QUATERNIONS. By P. G. TAIT, M.A., Professor of Natural Philosophy in the University of Edinburgh; formerly Fellow of St. Peter's College, Cambridge. Demy 8vo., $6.

AN ELEMENTARY TREATISE ON HEAT, with numerous Woodcuts and Diagrams. By BALFOUR STEWART, LL.D., F.R.S., Director of the Observatory at Kew. Second Edition. Extra fcap. 8vo., cloth, $2·50.

A TREATISE ON ACOUSTICS. By W. F. DONKIN, M.A. F.R.S., Savilian Professor of Astronomy, Oxford. Crown 8vo., cloth, $3·50.

DESCRIPTIVE ASTRONOMY. A Handbook for the General Reader, and also for practical Observatory work. With 224 illustrations and numerous tables. By G. F. CHAMBERS, F.R.A.S. Demy 8vo., cloth, $8.

CHEMISTRY FOR STUDENTS. By A. W. WILLIAMSON, Phil. Doc., F.R.S., Professor of Chemistry, University College, London. Second Edition, with Solutions. Extra fcap. 8vo., cloth, $2·50.

EXERCISES IN PRACTICAL CHEMISTRY. By A. G. VERNON HARCOURT, M.A., F.R.S., Senior Student of Christ Church, and Lee's Reader in Chemistry ; and H. G. MADAN, M.A., Fellow of Queen's College, Oxford. Series I. Qualitative Exercises. Crown 8vo., cloth, $3.

"An invaluable work for those who are beginning to learn practically the beautiful science of Chemistry."—MEDICAL PRESS AND CIRCULAR.

FORMS OF ANIMAL LIFE. Illustrated by Descriptions and Drawings of Dissections. By G. ROLLESTON, M.D., F.R.S., Linacre Professor of Physiology, Oxford. Demy 8vo., cloth, $6.

" To students attending classes in our Universities and elsewhere, to those working in their own studies, to all interested in any branch of Comparative Anatomy, we most earnestly, and with the confidence which comes of experience, commend 'Forms of Animal Life' as a thorough piece of work, and certainly the best book on Comparative Anatomy in our language."—QUARTERLY JOURNAL OF MICROSCOPICAL SCIENCE.

BOOK-KEEPING. By R. G. C. HAMILTON, Accountant to the Board of Trade, and JOHN BALL (of the firm of Messrs. Quilter, Ball, and Co.), Examiners in Book-keeping for the Society of Arts' Examination. Third Edition. Extra fcap. 8vo., limp cloth. 60 *Cents.*

"How many a fine young, nay even old, fellow has been cast away and

wrecked by not knowing how to keep a cash account, or to make up a balance sheet. A prudent man ought to be 'au fait' at both, and Messrs. Hamilton and Ball show in the most provokingly easy manner how the tasks can be accomplished. The authors modestly say that their treatise is one of an elementary character, but to us they appear to have exhausted their subject."—ARMY AND NAVY GAZETTE.

IX.—MENTAL AND MORAL PHILOSOPHY.

THE ELEMENTS OF DEDUCTIVE LOGIC, designed mainly for the use of Junior Students in the Universities. By T. FOWLER, M.A., Fellow and Tutor of Lincoln College, Oxford. Fourth Edition, with a Collection of Examples. Extra fcap. 8vo., cloth, $1.

"*Mr. Fowler appears to us to have accomplished his task skilfully and usefully. His book contains all the essential details of its subject, is clearly expressed, and embodies the result of much accurate thought.*"—GUARDIAN.

THE ELEMENTS OF INDUCTIVE LOGIC, designed mainly for the use of Students in the Universities. By the same Author. Extra fcap. 8vo., cloth, $1·50.

"*A most useful handbook, mainly intended for University students, but which will be a convenient book, also, for those whose student days are over, but who wish to keep up with more recent methods.*"—LITERARY CHURCHMAN.

A MANUAL OF POLITICAL ECONOMY. By J. E. THOROLD ROGERS, M.A., formerly Professor of Political Economy, Oxford. Extra fcap. 8vo., cloth, $1·25. Second Edition, with Index.

"*Political economy is not a subject of which in these days sensible men can afford to be ignorant. Much of the ignorance which prevails respecting it will be cut at the root, if the able manual of Mr. Rogers is used extensively in our schools and colleges.*"—GUARDIAN.

X.—ART.

A HANDBOOK OF PICTORIAL ART. By the Rev. R. St. J.
Tyrwhitt, M.A., formerly Student and Tutor of Christ Church,
Oxford. With coloured Illustrations, Photographs, and a chapter
on Perspective, by A. Macdonald. 8vo., half morocco, $8.

"*Past experience of Mr. Tyrwhitt's powers as an observer and a
writer had led us to anticipate a good book on the subject of art, and we
have not been disappointed. His work is not only well and pleasantly
written, but full of useful information and valuable suggestions.*"—Cambridge University Gazette.

A TREATISE ON HARMONY. By the Rev. Sir F. A. Gore
Ouseley, Bart., Mus. Doc., Professor of Music in the University
of Oxford. 4to., cloth, $4·50.

"*The whole of the subject is expounded with such perspicuity that it
must be the fault of those who study it if they do not thoroughly master
all that is set before them.*"—St. James's Chronicle.

A TREATISE ON COUNTERPOINT, CANON, AND FUGUE,
based upon that of Cherubini. By the Rev. Sir F. A. Gore
Ouseley, Bart., M.A., Mus. Doc., Professor of Music in the
University of Oxford. 4to., $6.

"*We can approve the work as one likely to do excellent service at a
time when the study of musical theory is fast spreading.*"—Pall Mall
Gazette.

THE CULTIVATION OF THE SPEAKING VOICE. By John
Hullah. Crown 8vo., cloth, $1·25.

"*The volume, if rightly employed, may be one of the most useful
books in the excellent series to which it belongs.*"—Glasgow Daily
Herald.

XI.—LAW.

GAII INSTITUTIONUM JURIS CIVILIS COMMENTARII
QUATUOR; or, Elements of Roman Law by Gaius. With a
Translation and Commentary, by EDWARD POSTE, M.A., Barrister-at-Law, and Fellow of Oriel College, Oxford. 8vo., cloth,
$6.

*" Our author has given us an admirable version, and though he
often uses a paraphrase where the sentence could be literary translated,
it is allowable, because the paraphrase is the truest rendition of the idea
intended to be conveyed by the original. Mr. Poste's commentary
shows that he has read much, and that he has digested what he has
read. It is learned, searching, and suggestive."*—SCHOOL BOARD
CHRONICLE.

ELEMENTS OF LAW, CONSIDERED WITH REFERENCE
TO PRINCIPLES OF GENERAL JURISPRUDENCE. By
WM. MARKBY, M.A., Judge of the High Court of Judicature
Calcutta. Crown 8vo., cloth, $2·50.

*" One of the best works that have appeared on the subject of General
Jurisprudence since the publication of Mr. Austin's Lectures."*—WEST
MINSTER REVIEW.

OUTLINES OF TEXTUAL CRITICISM APPLIED TO THE
NEW TESTAMENT. By C. E. HAMMOND, M.A., Fellow and
Tutor of Exeter College, Oxford.   Extra fcap. 8vo., cloth, $1·50.

*" One of the most practically useful handbooks we have ever seen. . .
We wish that our Bishops were able to insist on all their candidates for
Holy Orders being well up in such a handbook as this."*—THE LITERARY
CHURCHMAN.

THE MODERN GREEK LANGUAGE IN ITS RELATION TO
ANCIENT GREEK.   By E. M. GELDART, B.A., formerly
Scholar of Balliol College, Oxford. Extra fcap. 8vo., cloth, $1·25.

A SYSTEM OF PHYSICAL EDUCATION : THEORETICAL
  AND PRACTICAL.   With 346 Illustrations drawn by A. Mac-
  donald, of the Oxford School of Art. By ARCHIBALD MACLAREN,
  The Gymnasium, Oxford.   Extra fcap. 8vo., cloth, $2·25.

  "*The work before us is one which should be in the hands of every
  schoolmaster and schoolmistress.   It is marked in every line by good
  sense, and is so clearly written that no one can mistake its rules.*"—
  LANCET.

LEXICONS.

A GREEK-ENGLISH LEXICON.   By HENRY GEORGE LIDDELL,
  D.D., and ROBERT SCOTT, D.D.   Sixth Edition, Revised and
  Augmented.   1870.   4to., cloth, $12.

A GREEK-ENGLISH LEXICON, abridged from the above, chiefly
  for the Use of Schools.   Fourteenth Edition, carefully revised
  throughout.   1871.   Square 12mo., cloth, $3.